JN087562

ケベック　Le Québec

モントリオール，ノートルダム大聖堂

ケベックの街並み

ケベックの家々

ケベックのコンビニ，ストリートアート

ベナン　Le Bénin

（南部経済首都コトヌー郊外）野菜・果物，スパイスなどの調味料，卵，油，コーヒー，パスタなどたいていの食材をそろえることができる．

（コトヌー郊外）夕食の準備
鶏肉は家庭で飼われている鶏や市場などで購入した鶏を屠って食べる．たいていの場合役割分担が決まっており，鶏の世話と屠って丸鶏の状態にするのは子ども，肉を切り分けるのは父または長男，調理は母．子どもが10歳くらいになると父が子どもに屠る作法を教え始める．

（コトヌー）生地専門店
好きな生地を仕立て屋に持ち込みオリジナルのデザインの服を作る事ができる．既製服とともに日常的に着用されている．

（ベナン中部）サバルーのヤムイモ祭り　8月15日
その年の新しいヤムを神に捧げる祭りがベナン中部のサバルーで行われる．写真はサバルーの王族（マヒ族）の女性が伝統衣装を身につけ太鼓と鐘のリズムに合わせて歌い踊りながら王宮へ向かうパレードの様子．当日はベナン全土で祝日となる．

（ベナン北西部）ソンバ族の伝統的住居「タタソンバ」
タタソンバは現地の言葉で「ソンバ族の家（要塞）」．土壁の2階建てで，1階は家畜用，2階は居住スペース．2階の各居住部分の上の藁ぶき屋根を外すと穀物が保存できるようになっている．

マルティニーク　La Martinique

カーニヴァル（フォール=ド=フランス，2010年）

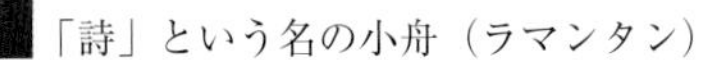

「詩」という名の小舟（ラマンタン）

島から海を望む（ル・ディアマン）

トゥールーズ　Toulouse

バラ色の街

キャピトール広場

ガロンヌ河

スタド・トゥルザンと呼ばれている
現地のラグビーチームの試合

すべての写真 © Rémi Deligeon

アヴィニョン Avignon

教皇宮殿

教皇宮殿　正面前庭（アヴィニョン演劇祭のために，客席を設置，2017 年 7 月）

だまし絵

タヒチ　Tahiti

タトゥーの起源は，タヒチの島々の神聖な「タタウ」とされる　© Grégoire Le Bacon

市場では色鮮やかなパレオやレイが並ぶ
© Grégoire Le Bacon

リズムによって「マナ」の精神を表現
© Tahiti Tourisme

画像提供：タヒチ観光局

ニューカレドニア　La Nouvelle-Calédonie

カナック族の結婚式　Les embrassades – Mariage Kanak-Canala-Nouvelle Calédonie –

© Sébastien LEBÈGUE

フランコフォニー（フランス語圏） La francophonie

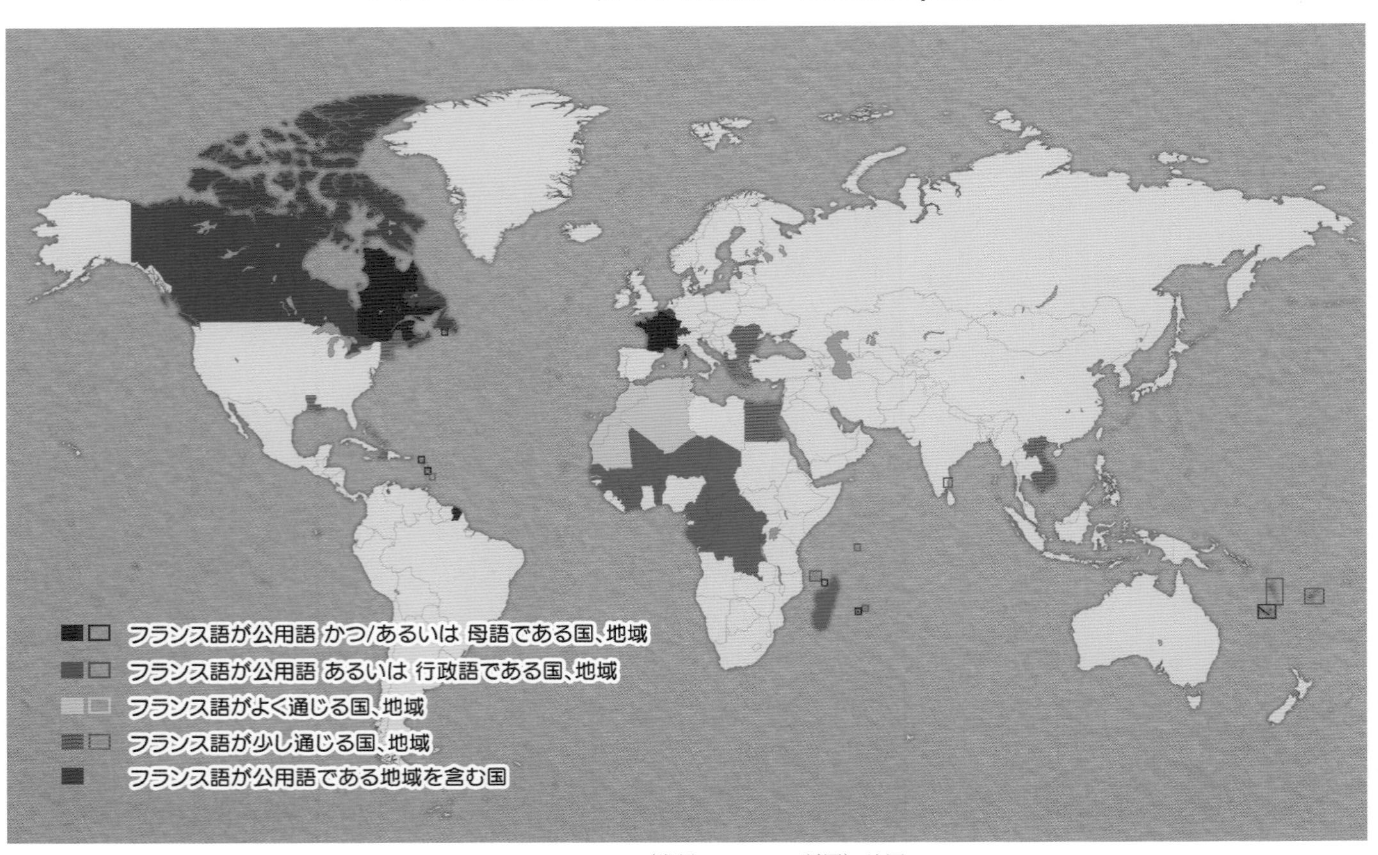

フランコフォニー（世界のフランス語圏）地図

フランス語Ⅱ('24)

フランス語Ⅱ（'24）

装丁デザイン：牧野剛士
本文デザイン：畑中　猛

o-1

まえがき

フランス語へようこそ
〜 いつからはじめても遅くないフランス語 〜

On n'habite pas un pays, on habite une langue.
「人は国に住むのではなく，言語に住むのだ」

と，思想家エミール・シオランは書いています．シオランは1911年ルーマニア生まれ，1937年にフランスに移住して，フランス語で文筆活動をしました．

母語ではなく，学んだフランス語で表現し，高く評価される文筆家はほかにも多くいます．サミュエル・ベケット（アイルランドからフランスに移住，『ゴドーを待ちながら』），ミラン・クンデラ（チェコスロバキア出身フランスに移住，『存在の耐えられない軽さ』），アゴタ・クリストフ（ハンガリー出身スイスに移住，『悪童日記』）以外に，37歳でモントリオールに移住，41歳でフランス語を学び始めて，フランス語で発表した小説で文学賞を受賞したアキ・シマダ（日本出身カナダに移住，『椿』）もいます．

以上，外国語であるフランス語で表現する作家を紹介しましたが，私たちも母語を抜け出してみると，同じ世界であるはずなのに，ちがって見えてくることがあります．

そんなことを予感しながら，『フランス語 I』で身につけたフランス語の奥深い世界に，さらに踏み込んで行きませんか．授業では，Dialogueで，観光ガイドのアレクサンドルが，世界中を旅します．フランス語圏の国・地域の風景も眺め，その地域に根ざしたフランス語を聞きながら，一緒に旅をしましょう．

『フランス語 II』では，フランスから飛び出して，世界でフランス語が使われている国・地域を訪れます．カナダでは英語と並んで，フランス語が公用語になっています．そのほか，ヨーロッパでは，スイス，ベルギー，かつてフランス領だったことから，フランス語が使われ続けているアフリカの国々や，同じく旧植民地ベトナム，また，フランスの海外県であるタヒチや，ニューカレドニア，マルティニークも訪れます．『フランス語 I』で紹介しきれなかった，フランスの地方やパリ郊外もご紹介します．パリのフランス語だけがフランス語ではありません．地域のフランス語から，その文化を知ることになります．アレクサンドルは日本も旅しますよ．『フランス語 II』を受講すれば，フランス語の世界がさらに広がります．

この科目に取り組むと，できるようになることがあります．身近なフランス語の意味がわかるようになる，映画や動画を少しでも字幕なしで見られる，フランス語の曲を口ずさめる，好きな本の一節，あるいはそれ以上をフランス語で読める，インターネットでフランス語のニュースを見たり聞いたりすることができる，フランス語話者の友人と交流できる，フランス語検定試験にチャレンジできる，将来フランス語が話されている地域に行って現地のことばで文化体験することができる，日本文化をフランス語で発信できる…　このような体験を通じて，フランス語でつながる世界に分け入ると，人生に大きな喜びをもたらしてくれますね．

実は，外国語教育には別の効用もあります．

ヨーロッパで共有されている価値観をご紹介しましょう．「ヨーロッパ言語共通参照枠」（CEFR）は外国語の運用能力を同一の基準で測ることが出来る国際標準ですが，これを共通の参照枠としているEUの言語政策の要になるのが，他者を理解するための外国語教育という考え方です．

人間は，自説のみが正しいと信じたくなるものですし，見たいものしか見ない傾向があります．それが高じると，人類の不幸に発展します．

戦争，不和といった人類の不幸の多くは，自己中心的な思考と，他者への想像力の欠如，あるいは傍観，思考停止から生まれています．外国語を学ぶとき，それをただの道具として使うだけではなく，ことばの背後にある考え方を，自分の中に取り込むことができれば，共感や連帯が生まれます．また，外から母語を眺める相対的な視点が生まれるので，自分や自文化を客観的，反省的に見ることができるようになります．人間は成長をやめることがありません．反省的な視点に立つと，これまで見えなかったことが見えるようになり，さらなる成長の高みに至るでしょう．

このヨーロッパ（フランス）の価値観を，あなたも共有してくださるのではないかと，期待しつつ…

2024年2月
田口 亜紀

謝 辞

印刷教材・放送教材の作成にあたって，協力してくださった方々に厚く御礼申し上げます．

まず，分担協力講師の Rodolphe Bourgeois さんは，主任講師からの難しい注文を盛り込んで，各章の会話文 Dialogue を執筆してくださいました．放送教材では，ネイティブスピーカーとして，ともに番組に参加してくださいました．円滑なコミュニケーションで，意見交換をし，よりよい番組を目指して制作する中で，大きな貢献をしてくださいました．

放送大学プロデューサー・ディレクターの野口琢磨さんは，早い段階から主任講師の相談に乗ってくださり，放送教材の準備，収録の各段階では，的確かつ素敵なアイデアをご提案くださいました．出演者，スタッフへの行き届いた目配りと全体を見通す構想力のおかげで，順調なスケジュールで番組制作を進めることができました．著作権のむずかしい問題の解決にも尽力してくださいました．番組のテーマ曲にジャック・タチの『ぼくの伯父さん』*Mon oncle* の複数楽器バージョンが使えたのも野口さんのおかげです．

放送教材では，録音スタジオ技師の下田弘司さんの高い技術力に支えられました．

共立女子大学名誉教授 Janick Magne さんには，多くのアドバイスをいただきました．NHK ラジオ，テレビのフランス語講座，放送大学のフランス語ラジオ講座での豊富な経験と知恵に助けられる場面もありました．

各回の会話 Dialogue に出演してくださった方々にも御礼申し上げます．Rodolphe Bourgeois さんに加え，Janick Magne さん（共立女子大学名誉教授），Nathalie Lo Bue さん（横浜市立大学他），Adonis Russell Ekpélikpézé さん（筑波大学大学院博士課程）．

「文化コーナー」にご協力くださった方々にも感謝いたします．放送教材に出演して，インタビューに答えてくださり，印刷教材に文章や写真をお寄せくださったことで，フランス語圏の各地域の文化が生き生きと伝わってきます．

最後に，印刷教材の編集者である上野名保子さんには，『フランス語 I ('24)』に引き続き，本印刷教材の編集中，伴走してくださったことに対して，深い感謝の意を表します．著者の意図に沿った的確なアドバイス，説得力あるご指摘，きめ細やかな校正作業，スケジュール管理に，筆者はどれだけ助けられたことでしょう．

以上，本教材は多くの方々に助けられながら，完成しました．「フランス語 II」の制作・編集チームの成果として本科目を開講できることをうれしく思います．

完成まで見守ってくださった放送大学教授の野崎歓先生に感謝申し上げます．

2024 年 2 月
田口 亜紀

学習のしかた

本書（印刷教材）の構成

通信指導問題と単位認定試験の出題範囲

各章の「できるようになること」,「わかるようになる表現（キーフレーズ)」および「学習しましょう」の関連する項目から出題されます．各章の扉ページに「できるようになること」に対応するフランス語文が示されています．これが「わかるようになる表現（キーフレーズ)」です．「学習しましょう」のコーナーでこれらの文が説明されています．また，各章の終わりにある練習問題で理解を深めて行きましょう．

印刷教材と放送教材

印刷教材の扉ページ・「できるようになること」・「わかるようになる表現（キーフレーズ)」

各章の扉ページ上段に「できるようになること」そしてかっこ内に文法事項，下段にそれに対応する各項目に該当するフランス語文が紹介されています．

Dialogueには，観光ガイドのAlexandre，その妻で，絵画修復家のHélène，2人の娘で，インターンシップのためにカナダはケベックにいるMathildeが出てきます．Alexandreが世界各地を旅して，現地の人と交流します．

・Dialogueと対訳，Vocabulaire

各章のDialogueに含まれている「わかるようになる表現（キーフレーズ)」を理解するようにしましょう．このパートの会話文全部を完全に理解しようとする必要はありません．もちろん，よく使う言い回しや便利な表現もふくまれているので，余裕があれば，口に出して練習したり，書いてみたりしましょう．対訳はほぼ「直訳」です．フランス語との対応関係がわかるように，あえて直訳になっています．そのため，日本語としてはやや不自然な感じもするかもしれません．自分で訳すとどのような日本語訳になるかと考えながら，学習をするのもよいでしょう．

Vocabulaireは「語い」という意味です．Dialogueに出てきた単語の，会話文での文脈に合う意味が出ています．フランス語の単語には，それ以外にも意味があるので，実際に辞書を引いて，項目を確かめることをおすすめします．辞書を引くと，派生語や別の品詞の形が確認できます．Vocabulaireには，動詞の活用形，形容詞の変化形も示されています．「suis < être」のように記載されていたら，「suisはêtreの変化形（ここでは動詞の活用形）」であるという意味です．既出の単語は以前の章のVocabulaireでたしかめてください．なお，動詞の活用形は巻末の「動詞活用表」，重要な単語は「基本語い集」でおさらいしましょう．

・学習しましょう

「できるようになること」の文法事項が解説されています．

☸は各章の鍵となるキーフレーズの文です．文法的にどのような構造になっているのか，あるいは変化形や動詞の活用形・用法をしっかり押さえましょう．上述されているように，Dialogueには，未習の単語，文や文法事項が出てくることもありますが，各章で重要なのは☸のしるしで示された文ですから，その点についての理解を深めましょう．

本書は，自習できるように，文法項目を詳しく説明しています．くどく感じられるかもしれませんが，読んで理解できる工夫だとご理解ください．

Plus loinは「もっと遠くに」という意味です．「発展学習」です．各章での内容の先を学びたい場合に，参考にしてください．

・印刷教材でのフランス語についているカタカナについて

フランス語では，スペルと発音が規則的に対応しています．例えば，au と書いてあったら，「オ」の発音になる，などです．フランス語と日本語とでは，音韻体系が違うので，フランス語の音をカタカナで表記することには慎重であるべきですが，そうは言っても，初学者にとっては，何らかの指標でも，あれば，聞き取る上での助けになるでしょう．

フランス語の R の子音は [r] で表記されています．R が母音と結合した音はひらがなの「ら音」で表記されています．また，子音と鼻母音は上付き文字になっています．

印刷教材では動詞の活用表などで，初めの数章で，便宜上カタカナがついていることがあります．しかし，なるべくこれに頼らずに，放送教材で「音」を確かめてください．

・文化コーナー

フランス，フランス語圏にまつわる文化が紹介されています．放送教材で取り上げられているトピック，あるいは独立して印刷教材で扱われている読み物があります．

・Exercices（練習問題）

「できるようになること」で学習した内容が定着しているかを確認しましょう．解答は，紙幅の関係で便宜上，選択肢の番号を答える形式が多いのですが，ぜひともフランス語の文をノートに書いて，その上で解答してください．解答は巻末にあります．

・ふりかえり

語学の学習は，週に 1 回，いっきに行うよりも，短時間でも毎日継続的に行う方が，学習内容の定着がよいことが脳科学的に証明されています．あなたも，繰り返し，学習内容を確認しましょう．

「理解したら，1 つめの □ にチェックを入れましょう．1 週間後に復習したら，2 つめの □ にチェックを入れましょう．試験の前に確認したら，3 つめの □ にチェックを入れましょう．」

・巻末「動詞活用表」「基本語い集」

巻末には「動詞活用表」があります．頭の中を整理するのに役立ててください．さらに「基本語い集」も参照してください．『フランス語 I』のあとに『フランス語 II』の「基本語い集」をチェックすると効果的です．

フランス語検定試験でフランス語力の腕試しをすると，励みになります．「動詞活用表」と「基本語い集」は文部科学省後援「実用フランス語技能検定試験」5級，4級の出題範囲をほぼカバーしています．

登場人物について

Alexandre と Hélène の夫婦を中心とし，Alexandre が旅で出会った人と交流します．

父 Alexandre Lefebvre 観光ガイド．Hélène の夫．

母 Hélène Forestier-Lefebvre 絵画修復家．古美術商店を営んでいる．Alexandre の妻．

娘 Mathilde Lefebvre インターナショナル・スクールの学生．父 Alexandre，母 Hélène から離れて，カナダ・ケベック州のモントリオールでインターンをしている．

息子 Clément Lefebvre ソムリエ．ワインバーを経営している．独立している．(dialogue には登場しません)

各章には，現地の登場人物が出てきます．フランス本国とちがう語いや，イントネーション，アクセントで話している場面もあります．放送教材の音で，フランス語圏の広がりを感じていただけたらと思います．なお，文法や語いの解説時には，分担協力講師の Rodolphe Bourgeois さんが，標準的なフランス語に言い直しています．

目次

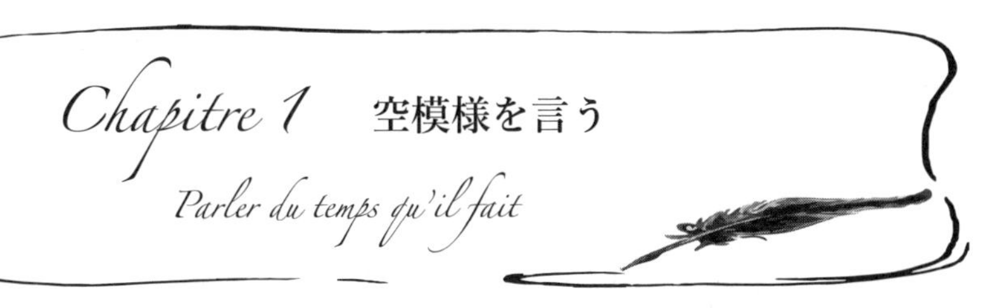

Chapitre 1　空模様を言う

Parler du temps qu'il fait

できるように なること

1. 担当していること，興味があることを言う，楽しんでいると言う（代名動詞Ⅰ）
2. 存在，時刻，天候，気温が言える（非人称構文）
3. 人を強調して言う（人称代名詞の強勢形）

1. **Je m'occupe des commandes.**
   Je m'intéresse aussi à la comptabilité.
   Tu t'amuses bien ?
2. **1) 存在　Il y a combien d'employés dans ta société ?**
   Il y a environ 250 personnes ici.
   2) 時刻　Il est quelle heure maintenant chez toi ?
   Maintenant, il est huit heures du matin.
   3) 天候　Quel temps fait-il maintenant à Montréal ?
   Il fait beau et doux.
   4) 気温　Il fait quelle température en hiver ?
   Il fait environ douze degrés le matin et dix-huit l'après-midi.

3. **Et toi Papa, tu vas voyager bientôt ?**
   Thomas, lui, il est sénégalais.
   Il est quelle heure maintenant chez toi ?

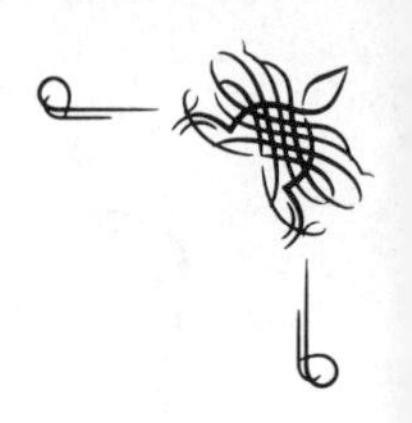

Dialogue

Mathilde est installée à Montréal depuis six mois. Elle téléphone en France chez ses parents et parle avec son père Alexandre.

Alexandre : Allô.

Mathilde : Allô, Papa ? C'est Mathilde.

Alexandre : Allô, Mathilde, ma chérie ! Ça fait longtemps ! Comment ça va à Montréal ? Il est quelle heure maintenant chez toi ?

Mathilde : Ça va bien, Papa. Maintenant, il est huit heures du matin.

Alexandre : Comment ça se passe, ton travail ? C'est difficile ?

Mathilde : Ça se passe très bien. Non, ce n'est pas difficile et c'est intéressant. Je travaille beaucoup et je suis occupée mais c'est bien ! Je suis juste un peu fatiguée.

Alexandre : Qu'est-ce que tu fais dans ton stage ?

Mathilde : Je téléphone aux clients. Je m'occupe des commandes. J'utilise l'ordinateur toute la journée, j'écris des courriels. Et je m'intéresse aussi à la comptabilité.

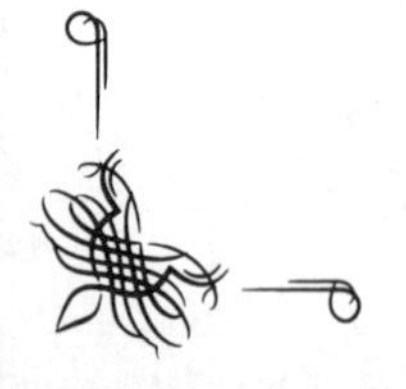

(マチルドは6ヶ月前から，モントリオールに居を構えている．フランスの両親の家に電話をし，父アレクサンドルと話す)

アレクサンドル：もしもし．

マチルド：もしもし，パパ？マチルドよ．

アレクサンドル：もしもし，マチルド（大切な娘）！久しぶりだなあ！モントリオールはどう？おまえのところは今，何時なの？

マチルド：元気よ，パパ．今は朝8時なの．

Vocabulaire 

allô もしもし，C'est (ce + est) ～である，ma chérie 私の大切な人（恋人，妻，娘などの女性への呼称），« Ça fait longtemps ! »「久しぶり！」，comment どのような，ça それ，va < aller 調子がよい，Montréal モントリオール，« Il est quelle heure ? »「何時？」（il は非人称の代名詞），est < être, quelle < quel, heure 時間，maintenant 今，chez ～のところでは，toi = tu の人称代名詞・強勢形，bien よい，du matin 朝の

アレクサンドル：仕事はどう？大変？

マチルド：とてもうまくいっている．いいえ，大変でもないし，おもしろいわ．私は猛烈に働いて，忙しいの（でも大丈夫）！少し疲れているだけよ．

アレクサンドル：インターンでは何をするんだい？

マチルド：お客さんに電話をするの．注文を担当しているわ．一日中，コンピューターを使うし，メールを書くわ．それに会計にも興味があるの．

Vocabulaire 

se passe < se passer 行われる，ton 君の，おまえの，travail 仕事，difficile 難しい，大変な，très とても，bien よい，n'est pas = ne ~ pas ～ない（否定文を作る），intéressant 興味深い，おもしろい，je 私は，travaille < travailler 働く，beaucoup たくさん，suis < être, occupée < occupé 忙しい，juste ただ，un peu 少し，fatiguée < fatigué 疲れた，qu'est-ce que 何を，fais < faire する，dans ～で／に，stage インターン，研修，téléphone < téléphoner 電話する，téléphoner à 人（人）に電話をかける，aux = à + les, clients < client 客，m'occupe < s'occuper, s'occuper de ～を担当する，～に携わる，des = de + les, commandes < commande 注文，utilise < utiliser 使う，ordinateur コンピューター，toute la journée 一日中，écris < écrire 書く，des 複数名詞につく不定冠詞，courriels < courriel (= e-mail, mail) 電子メール，m'intéresse < s'intéresser à + 人／もの　～に興味を持つ，la 女性名詞単数につく定冠詞，comptabilité 会計

Alexandre : Est-ce que les employés sont nombreux ? Il y a combien d'employés dans ta société ?

Mathilde : C'est une grande société internationale. Il y a environ 250 [deux-cent-cinquante] personnes ici.

Alexandre : Et tes collègues, ils sont comment ?

Mathilde : Ils sont sympathiques ! Ma collègue Marie est canadienne. Elle est intelligente et dynamique. Mon collègue Mathieu est américain. Lui aussi, il est intelligent et dynamique. Il y a aussi Laura, elle est italienne mais elle parle français. Et Thomas, lui, il est sénégalais. Il est informaticien.

Alexandre : Est-ce que vous parlez en français ?

Mathilde : Oui, nous parlons français et anglais.

Alexandre : Et qu'est-ce que tu fais le week-end ?

Mathilde : Le week-end, je me lève tard et je me couche tôt. Le samedi, je fais les courses au supermarché et je reste à la maison. Je regarde la télévision ou j'écoute de la musique. Le dimanche matin, je fais le ménage et je fais la lessive. Le dimanche après-midi, je sors en ville ou je fais du tennis avec ma collègue Marie et le soir, je lis.

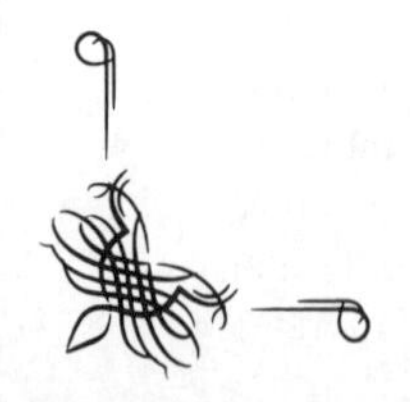

アレクサンドル：従業員は多いの？おまえの会社には何人の従業員がいるんだい？

マチルド　　　：国際的な大会社だからね．ここには約 250 人いるわ．

アレクサンドル：で，同僚はどんな人？

マチルド　　　：感じがいいわ！同僚のマリはカナダ人よ．知的で活動的で．同僚のマチウはアメリカ人よ．彼も知的で活動的なの．ローラもいて，彼女はイタリア人だけど，フランス語を話すわ．トマ，彼はね，セネガル人よ．情報処理技術者なの．

アレクサンドル：みんなはフランス語で話しているの？

マチルド　　　：そうよ．フランス語と英語を話しているわ．

est-ce que ~（疑問文をつくる），employés < employé 従業員，sont < être, nombreux 人数の多い，il y a 人／もの　～がいる，～がある，combien de [d'] + 複数名詞　いくつの～，ta 君の，おまえの（子音で始まる女性名詞の単数形の前で），société 会社／社会，une 女性名詞単数につく不定冠詞，grande < grand 大きな，internationale < international 国際的な，environ およそ，personnes < personne 人，et それで，collègues < collègue 同僚，ils 彼ら，sont < être, sympathiques < sympathique 感じがよい，ma 私の（子音で始まる女性名詞の単数形の前で），canadienne < canadien カナダ人／の，intelligente < intelligent 知的な，dynamique 活動的な，américain アメリカ人／の，lui = il の強勢形，aussi ～もまた，italienne < italien イタリア人／の，mais しかし，parle < parler 話す，français フランス語，sénégalais セネガル人／の，informaticien 情報処理技術者，vous あなたは，あなた方は，parlez < parler 話す，en français フランス語で，oui はい，nous 私たちは，parlons < parler, anglais 英語

アレクサンドル：それで週末は何をしているんだい？

マチルド　　　：週末は遅く起きて，早く寝るわ．土曜日はスーパーで買い物をするし，家にいるわ．テレビを見たり，音楽を聴いたりして．日曜日の朝は掃除をして，洗濯をするわ．日曜日の午後は，街に出て，同僚のマリとテニスをして，晩には読書をするわ．

week-end 週末，me lève < se lever 起床する，tard 遅くに，me couche < se coucher 寝る，tôt（時刻が）早くに，samedi 土曜日（le samedi 毎週土曜日），faire les courses 買い物をする，au = à + le, supermarché スーパー，reste < rester（場所に）いる，留まる，maison 家，regarde < regarder 見る，télévision テレビ，ou あるいは，écoute < écouter 聴く，de la 部分冠詞の女性形，musique 音楽，dimanche 日曜日，matin 朝，ménage 家事（特に掃除），lessive 洗濯，après-midi 午後，sors < sortir 外出する，en ville 街へ／に，faire du tennis テニスをする，soir 夜，晩，lis < lire 読む

Alexandre : Tu t’amuses bien ?

Mathilde : Oh oui, on s’amuse malgré le travail.

Alexandre : Quel temps fait-il maintenant à Montréal ?

Mathilde : Maintenant, c’est l’automne. Il fait beau et doux. Il fait environ 12 [douze] degrés le matin et 18 [dix-huit] l’après-midi. Mais c’est bientôt l’hiver et il va faire très froid ! En hiver, à Montréal, il neige beaucoup.

Alexandre : Ah bon ? Il fait quelle température en hiver ?

Mathilde : Moins 15 [quinze] !

Alexandre : Oh là là ! C’est trop froid pour moi !

Mathilde : Et toi Papa, tu vas voyager bientôt ?

Alexandre : Oui, je vais au Bénin la semaine prochaine. Il fait plus chaud et plus humide qu’à Montréal !

Mathilde : Maman est là ?

Alexandre : Oui, un instant, je te la passe. Fais attention à toi, ma chérie !

Mathilde : Oui, toi aussi, Papa. Au revoir, Papa. Bisous. À bientôt.

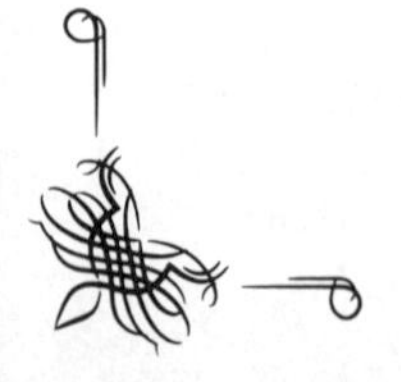

アレクサンドル：しっかり楽しんでる？
マチルド：ええ，仕事もあるけど楽しんでいるわ．
アレクサンドル：今，モントリオールの天気はどう？
マチルド：今は秋よ．天気がよくて穏やかな気候なの．朝は気温がだいたい 12 度で，午後は 18 度よ．でももうすぐ冬よ．とても寒くなる！冬には，モントリオールに雪がたくさん降るの．
アレクサンドル：そうかい？冬は何度になるの？
マチルド：零下 15 度よ！
アレクサンドル：おやおや！パパ［私］には寒すぎるよ！
マチルド：それで，パパはちかぢか旅行に行くの？
アレクサンドル：うん，来週ベナンに行くよ．モントリオールより暑くて，湿気があるね！
マチルド：ママはいる？
アレクサンドル：ああ，ちょっと待って，ママに代わるから．気をつけるんだよ（大切な娘）！
マチルド：ええ，パパもね．さようなら，パパ．じゃあね［キスを送るわ］．また近いうちに．

Vocabulaire

t'amuses < s'amuser 楽しむ，on = nous 私たちと同じ意味で使えるが，続く動詞の活用形は 3 人称単数，s'amuse < s'amuser, ensemble 一緒に malgré ～にもかかわらず，quel temps どんな天気，maintenant 今，automne 秋，il fait ~（非人称表現で，天候が，気温が）～だ，beau 快晴だ，doux 穏やかな，environ およそ，degrés < degré（温度の）度，bientôt まもなく，hiver 冬，va < aller ～の予定である（近接未来），froid 寒い，en hiver 冬に，il neige < neiger 雪が降る，température 温度，moins マイナス，零下，trop ～すぎる，pour ～には／にとって，moi = je の人称代名詞・強勢形，voyager 旅する，vais < aller 行く，Bénin ベナン（アフリカの国名），la semaine prochaine 来週，chaud 暑い，humide 湿気のある，plus A que B B より A（優等比較級），là そこに，un instant 一瞬，少しの間，je te la passe（電話で）おまえ（君）に彼女をつなぐ « passer A à B » で，「A を B につなぐ」ここでは「A」も「à B」も，代名詞．これら目的語の代名詞は動詞の前に置くが，「à B」は te「おまえに」= 間接目的語，「A」の la は「彼女（マチルドのママ）を」= 直接目的語．出てきた単語の順に文を訳すと，「je, ぼくは，te, おまえに，la, 彼女を，passe, つなぐ」．ちなみに，2つの目的語代名詞を使いたいとき，どちらが先に来るかの順番は決まっている（→第７章），faire attention à ～に気をつける，注意する．bisous < bisou キス（家族・友人の間でするあいさつのキス）

1. 担当していること，興味があることを言う，楽しんでいると言う（代名動詞Ⅰ）

- **Je m'occupe des commandes.**「注文を担当している」
- **Je m'intéresse aussi à la comptabilité.**「会計にも興味がある」
- **Tu t'amuses bien ?**「楽しんでる？」

再帰代名詞 se を伴う動詞を代名動詞と言います．

『フランス語Ⅰ（'24）』の例を見てみましょう．

第 1 章

Je m'appelle Camille.

第 15 章

Je me réveille. → se réveiller「目を覚ます」

Je me lave. → se laver「体を洗う」

Je me douche. → se doucher「シャワーを浴びる」

Je me brosse les dents. → se brosser les dents「歯を磨く」

Je me maquille et je me coiffe.

→ se maquiller「化粧をする」，se coiffer「髪をとかす」

Je me promène en ville. / Vous vous promenez en ville.

→ se promener「散歩する」

Je m'occupe de ma famille. / Vous vous occupez de votre famille.

→ s'occuper de ~「～の世話をする，～に携わる」

Vous vous levez vers dix heures. → se lever「起床する」

Vous vous couchez assez tard. → se coucher「寝る」

Est-ce que vous vous inscrivez maintenant ?

→ s'inscrire「登録する，申し込みをする」

本章に出てきた文を確認しましょう．

Le week-end, je me lève tard.「週末は遅く起きる」→ se lever「起床する」

動詞 lever は，je, tu, il / elle と ils / elles の人称で，変則的な活用をする（最初の e が è になる）．

Je me couche tôt.「早く寝る」→ se coucher「寝る」

Je m'occupe des commandes.「注文を担当している」

→ s'occuper de ~「～を担当している」

Je m'intéresse aussi à la comptabilité.「会計にも興味がある」

→ s'intéresser à ~「～に興味がある」

Tu t'amuses bien ?「しっかり楽しんでる？」→ s'amuser「楽しむ」

On s'amuse malgré le travail.「仕事もあるけど，楽しんでいる」

Comment ça se passe, ton travail ?「仕事はどう？」/ Ça se passe très bien.「とてもうまくいっている」→ se passer「（事が）起こる，運ぶ」

活用

再帰代名詞は，主語の人称によって変化します．たとえば je が主語なら再帰代名詞は me になります．当然ながら，動詞も主語にあわせて活用します．

【直説法現在】**se coucher**「寝る」

	単数	複数
1人称	je me couche ジュ ム クシュ	nous nous couchons ヌ ヌ クション
2人称	tu te couches チュ トゥ クシュ	vous vous couchez ヴ ヴ クシェ
3人称男性 女性	il se couche イル ス クシュ elle se couche エル ス クシュ	ils se couchent イル ス クシュ elles se couchent エル ス クシュ
	on se couche オン ス クシュ	

【直説法現在】**s'intéresser (à ~)**「（～に）興味を持つ」

	単数	複数
1人称	je m'intéresse ジュ マンテれス	nous nous intéressons ヌ ヌ ザンテれソン
2人称	tu t'intéresses チュ タンテれス	vous vous intéressez ヴ ヴ ザンテれセ
3人称男性 女性	il s'intéresse イル サンテれス elle s'intéresse エル サンテれス	ils s'intéressent イル サンテれス elles s'intéressent エル サンテれス
	on s'intéresse オン サンテれス	

intéresser [ɛ̃terese] 動 1a ❶（人に）興味を持たせる // Est-ce que ma proposition vous *intéresse* ? 私の提案に興味がおありですか？ / Ce film nous *a* beaucoup *intéressés*. この映画はとても面白かったですよ ⇨ captiver, passionner （↔ ennuyer） / Ce que vous dites m'*intéresse*. おっしゃっていることに興味があります / 《反語的に》《くだけた表現》Continue, tu m'*intéresses* ! 続けなさいよ，面白いから！
❷（人に）関係する ⇨ concerner // Cette loi *intéresse* les travailleurs étrangers. この法律は外国人労働者を対象としている
*— **s'intéresser** 代動 à …に興味を持つ （↔ se désintéresser） // Elle *s'est intéressée à* nos problèmes. 彼女は私たちの問題に興味を示した（✦過去分詞の一致に注意 ☞ 文法解説 XI 2.） / Il *s'intéresse à* tout. 彼は何にでも興味を持つ / Personne ne *s'intéresse à* moi ! 誰も私に関心を持ってくれない！

『ロベール・クレ仏和辞典』（駿河台出版社）より

用法

• 他動詞の目的語が「自分」に向かったり，自分が対象になるもの

例1　Je m'appelle Camille.「私の名前はカミーユです.」（= Je［私］は m'［私］のことを Camille と呼ぶ）

* appeler A B は「A を B と呼ぶ」の意味．appeler は，je, tu, il / elle と ils / elles の人称で，変則的な活用をする（l を重ねて，発音するときにアクセントが置けるようにする）．代名動詞では，直接目的語（誰を）の A の部分が再帰代名詞 s'（母音字の前では se → s'）となり，s'appeler「自分のことを～と呼ぶ」，つまり「名前は～です」となります．

例2　Vous vous couchez assez tard.「あなたはかなり遅くに寝るのですね.」(= Vous［あなた］は，vous［あなた］を寝かせる)

* coucher ~ は「〜を寝かせる」の意味．直接目的語（誰を）が se となります.

例3　Je m'intéresse à la comptabilité.「私は会計に興味がある.」(= Je［私］は m'［私］に会計に対して興味を持たせる)

* intéresser ~「〜に興味を持たせる」の意味．直接目的語（誰を）が se となります．代名動詞 s'intéresser à ~ は「〜に興味を持つ」の意味になります.

• もとの動詞の意味とはずれて，代名動詞で使われると独自の意味を持つもの

例　Comment ça se passe, ton travail ?「仕事はどう？」/ Ça se passe très bien.「とてもうまくいっています.」(ça は漠然と状況を受ける)

* 動詞は se passer 行われる，（事が）起こる，運ぶ.

2. 存在，時刻，天候，気温が言える（非人称構文）

代名詞 il を形式的な主語とする構文を，非人称構文と言います．非人称構文だけで使う動詞と，一般の動詞を用いて非人称構文になるものの２つの場合があります.

1）**存在（ある，いる）il y a ~**（場所の表現を伴うと「〜には」）**「〜がある，いる」**

il は形式上の非人称主語，y は中性代名詞（→第３章），a は動詞 avoir の活用ですが，ここでは il y a「＝ある，いる」をセットで覚えましょう.

例1　**Il y a combien d'employés dans ta société ?**

「おまえの会社には何人の従業員がいるの？」

combien de + 複数名詞　「いくつの〜」と数を聞く表現です．ここでは母音字で始まる employés が続くので de がエリジョン（母音字省略）して，d' になっています.

倒置疑問文にすると，Combien d'employés y a-t-il ?
母音の発音が続くことを避けるフランス語では a と il の間に，発音で子音の音を加えるために t が入っています．ハイフンでくっついていますね．

例 2　**Il y a environ 250 personnes ici.**「ここには約 250 人いる．」
（environ は「約」「およそ」の意味）

例 3　Il y a aussi Laura.「ローラもいる．」

2）**時刻　il est ~ heure (s)「～時だ」**

動詞は être.

例 1　**Il est quelle heure maintenant chez toi ?**

「おまえのところは今何時なの？」

時刻を聞くときは quelle heure「何時」で聞きます．倒置形で Quelle heure est-il ? も使われます．

例 2　**Maintenant, il est huit heures du matin.**「今は朝 8 時なの．」

maintenant は「今」という意味ですが，なくても通じます．du matin は「朝の」，de l'après-midi は「午後」，du soir は「夕方，夜」.

3）**天候　il fait ~「天気は～だ」**

非人称主語 il と動詞 faire を組み合わせると，天候，寒暖などを言い表す表現になります．

例 1　**Quel temps fait-il maintenant à Montréal ?**

「今，モントリオールの天気はどう？」

倒置形になっていますが，Il fait quel temps... ? も使われます．なお，quel は「どんな」，temps は「天気」の意味（* temps には「時間」の意味もあります．

combien de temps なら「どのくらいの時間」).

◎ 例2 **Il fait beau et doux.**「天気がよくて穏やかな気候よ.」

beau は天候について使うと,「天気がよい」の意味. doux は「穏やかな」.

例3 Il fait plus chaud et plus humide qu'à Montréal !

「モントリオールより暑くて, 湿気があるね!」

chaud「暑い」, humide「湿気がある」が比較級とともに使われています. 基本の文は Il fait chaud et humide.「暑くて, 湿気がある」. 形容詞の前に plus がおかれて, plus chaud「より暑い」, plus humide「より湿気がある」. ここではアフリカのベナンでの気候を言っており, それと比較されているのが à Montréal「モントリオールで」. 比べる対象は que の後に置かれるので, que と à Montréal「モントリオールでは」がエリジヨン(母音字省略)して, qu'à Montréal「モントリオールにおいてよりも」.

例4 Il va faire très froid !「とても寒くなるわ!」

va は aller の活用形で, ここでは近接未来の意味です. 現在の様子から見ると,「これから~になりそう」という意味. très は「とても」, froid は「寒い」.

例5 En hiver, à Montréal, il neige beaucoup.

「冬には, モントリオールに雪がたくさん降るの.」

天候を言うときに, faire 以外の動詞を用いることもあります. neiger「雪が降る」は, 非人称でしか使いません. 動詞の活用でも, 形式上の主語 il に対応する活用しかありません. (× ~~je neige~~「私は雪が降る」とは決して言いません!) ほかにも, 非人称でしか使わない pleuvoir「雨が降る」という動詞があります. 現在形は Il pleut.「雨が降っている」です.

4) **気温 il fait ~ degré (s) 「気温が~度である」**

◎ 例1 **Il fait quelle température en hiver ?**「冬は気温は何度になるの?」

倒置形なら Quelle température fait-il en hiver ?

🔅例2　**Il fait environ douze degrés le matin et dix-huit l'après-midi.**

「朝は気温がだいたい12度で，午後は18度よ.」

会話文には，主語と動詞を省略した形で，Moins quinze.「零下15度」という答えも出てきましたね.（通常，零下 (moins ~) のときには数字に degré(s) はつけません.）

3. 人を強調して言う（人称代名詞の強勢形）

人称代名詞の復習をしましょう.

主語	強勢形	主語	強勢形
je	**moi**	nous	**nous**
tu	**toi**	vous	**vous**
il	**lui**	ils	**eux**
elle	**elle**	elles	**elles**

* moi, toi, lui, eux 以外の強勢形は，主語の代名詞と同じつづりです.

強勢形

強勢形は，次の3つの場合に使います.

1）話し相手に呼びかけるときに使います．動詞がないときも，強勢形を使います.

🔅**Et <u>toi</u> Papa, tu vas voyager bientôt ?**

「それで，あなた（＝パパ），ちかぢか旅行に行くの？」

Oui, <u>toi</u> aussi.「ええ，あなた（＝パパ）もね.」

2）主語を強調したり，言い換えたりするときに使います.

Mon collègue Mathieu est américain. <u>Lui</u> aussi, il est intelligent et dynamique.（Lui は Mathieu のこと）

🔅**Thomas, <u>lui</u>, il est sénégalais.**（lui は Thomas のこと）

3）前置詞の後に置きます.

Il est quelle heure maintenant chez toi ?　* chez toi「君のところ」

Fais attention à toi, ma chérie !　* à toi「君に」

C'est trop froid pour moi !　* pour moi「私には」

ケベック le Québec

ケベック人へのインタビューを読みましょう.

1. シェニエ・ラサールさんの自己紹介

Bonjour, je suis Chénier La Salle, le délégué général du Québec à Tokyo. À la délégation générale du Québec, notre travail, c'est surtout d'aider les entreprises du Québec à faire des affaires au Japon, à les prendre par la main, leur donner des conseils pour qu'elles réussissent au Japon. Un autre rôle, c'est celui d'attirer des investissements japonais vers le Québec. La culture aussi fait partie des choses sur lesquelles on travaille souvent. D'abord, on aide les artistes du Québec à se faire connaître au Japon, par exemple, des chanteurs, des auteurs, des illustrateurs du Québec qui rêvent de faire carrière, ou de faire une partie de leur carrière au Japon. On leur donne des conseils, des coups de main, on leur présente des gens qui peuvent les aider dans les marchés japonais. C'est un travail que je fais et que j'aime beaucoup, parce que j'ai vécu au Japon en tout une quinzaine d'années. Alors c'est un pays que je connais assez bien. Ça me fait plaisir d'aider des entreprises et les artistes québécois à travailler avec le Japon et à travailler au Japon et à rencontrer des Japonais qui peuvent les aider.

2. ケベック州について（シェニエ・ラサールさんのインタビュー続き）

C'est la seule province du Canada avec une majorité de francophones. C'est la seule province du Canada où la vie se passe, surtout la vie politique et la vie culturelle. On allume la télé, on peut consommer la culture populaire en français. On allume la radio, et on peut entendre la musique en français, c'est la seule partie du Canada qui est comme ça. C'est un pays aussi avec une économie très diversifiée, très forte, base industrielle. L'industrie aérospatiale est très forte, l'industrie des TIC [technologies de l'information et de la communication], alors, tout ce qui est informatique aussi c'est très fort. La ville de Montréal, qui est la grande métropole du Québec, avec trois millions et demi, quatre millions d'habitants pour la région métropolitaine, est une des plus grandes villes au monde pour le jeu vidéo. L'intelligence artificielle aussi, le Québec est un leader mondial de l'intelligence artificielle, l'informatique quantique, en est une autre.

Le multimédia, quand on parle d'une sorte de mariage entre l'esthétique, le visuel et l'informatique, les TIC et les produits des shows, en faisant des projections sur les édifices des choses comme ça, c'est quelque chose que le Québec fait bien. Et puis un exemple de notre succès culturel et esthétique, multimédia, c'est le Cirque du Soleil. Le Cirque du Soleil vient du Québec, vient de Montréal, basé à Montréal.

3. 広報担当のロラン・トランプさんのお話

Moi, je suis né à Laval, qui est une ville un peu en banlieue de Montréal, juste au nord de Montréal, en fait. Puis, j'ai passé les trente-deux premières années de ma vie au Québec. Puis le Québec, c'est une province qui est francophone, donc on se distingue par notre langue évidemment, mais aussi on est très créatifs, on a une belle industrie artistique, que ça soit en musique ou même en cinéma. On a des grands réalisateurs, des producteurs de films, comme Xavier Dolan ou Denis Villeneuve, qui se distinguent même à l'international, qui gagnent des prix. En fait, l'industrie culturelle au Québec, je pense que c'est la plus forte industrie culturelle dans tout le Canada, si je ne me trompe pas. Puis aussi on a une scène culinaire aussi au Québec, qui est tout à fait remarquable, je pense, qui se démarque du reste du Canada également. On a un plat national, qui s'appelle la poutine, c'est très intéressant, parce que ces trois ingrédients de base, mais c'est absolument délicieux, c'est des patates frites, de la sauce brune, puis du fromage en grain qui est un cheddar, un fromage cheddar assez jeune. Donc, bref, il y a beaucoup de façons de nous distinguer par rapport aux autres provinces canadiennes. Et puis, ce que je viens de nommer en fait partie.

* 下線部以外は放送教材にはありません.（概要は巻末参照）

カナダの国旗にもあるカエデの葉．メイプルシロップはケベックの名産品

カナダの公用語は英語とフランス語です．フランス語が公用語のケベック州は，カナダ10州のうち最も広大な州です．その人口の8割が仏語話者です．州都であるケベック・シティの旧市街は，北米で唯一の城塞があることで，ユネスコの世界遺産に登録されています．16世紀にジャック・カルティエがアメリカ大陸に到達し，セント・ローレンス湾周辺地帯を「ヌーヴェル・フランス」Nouvelle-Franceと命名したのが，ケベック州の前身です．ケベック州のモントリオールは，パリに次いで，世界で2番目に大きい仏語圏都市です．さらに，モントリオールは北米で第2位の学生数を有する都市です．60以上の国際機関が拠点を構えており，映画祭，音楽祭を初め，芸術活動もさかんで，厳しい気候の中で独自の文化を生み出しています．

モントリオールMontréalはMont Réelとつづり，街の中にあるMont Royal（モン・ロワイヤル＝王の山）と同じ語源です．街はもともと17世紀にフランス人によって建設された小さな村から出発し，ヌーヴェル・フランスの重要な拠点になります．英仏の覇権争いで，イギリスに支配権を譲った後も，フランス系カナダ人たちは自分たちのアイデンティティを守ってきました．街中のフランス風とイギリス風の風景が，街の歴史を物語っています．

ケベックのフランス語は，現在フランス本国で話されているフランス語とは異なっています．あなたも慣れてきたら，ケベックのフランス語だと聞き分けられるでしょう．ケベックのフランス語には，タイムカプセルのように，入植の時代にフランス本国で話されていたフランス語の音が維持されています．t, d の子音が i，y の母音の前にあるときの発音も特徴的です．さらに語彙には，フランス本国でのかつての用法や，英語からの流入があります．逆に，フランス本国では英語の借用語が定着した後も，ケベックでは英語をフランス語に置き換えて使われている例があります．たとえば，フランスでは week-end（または weekend）「週末」が定着しても，ケベックでは fin de semaine が使われます．parking「駐車場」が stationnement となるのも同様です．この英語をフランス語に置き換えるという特徴に，英語圏に囲まれたケベックの，英語への抵抗と，フランス語擁護の姿勢が見られるでしょう．

セントローレンス河の流氷と船

Exercices 練習問題

1. 代名動詞を選択肢から選び，主語にあわせて活用させて，文を完成させましょう．

(1) Le week-end, je (　　　　　　　) tard. 「私は週末は遅く起きます.」

(2) Je (　　　　　　　) à la comptabilité. 「私は会計に興味があります.」

(3) Tu (　　　　　　　) des commandes ? 「君は注文を担当しているの？」

(4) Vous (　　　　　　　) plus tard ? 「あなたはいつもより遅く寝ますか？」

(5) Ça (　　　　　　　) bien, le travail ? 「仕事はうまく行っている？」

(6) On (　　　　　　　) malgré le travail.

「私たちは仕事にもかかわらず楽しんでいる.」

s'amuser /se coucher / s'intéresser / se lever / s'occuper / se passer

2. 質問の答えにあうように，かっこに入れる疑問の表現を選択肢から選びましょう．

(1) Il y a (　　　　　　　) dans ta société ? – Il y a 250 personnes ici.

(2) Il est (　　　　　　　) ? – Il est huit heures.

(3) Il fait (　　　　　　　) ? – Il neige.

(4) Il fait (　　　　　　　) ? – Moins sept.

combien d'employés / quel temps / quelle heure / quelle température

3. 疑問文に対する答えとして，ふさわしい文を選択肢から選びましょう．

(1) Il fait quelle température en hiver ?

(2) Il est quelle heure maintenant chez toi ?

(3) Il y a combien d'employés dans ta société ?

(4) Quel temps fait-il maintenant à Montréal ?

〈選択肢〉

(A) Il est huit heures du matin.

(B) Il fait environ douze degrés le matin et dix-huit l'après-midi.

(C) Il fait beau et doux.

(D) Il y a environ deux cent cinquante personnes ici.

4. 適切な強勢形を選択肢から選んで入れましょう（同じ選択肢を何回も選べます）.

(1) Et (　　　　), tu vas voyager bientôt ?

(2) Et (　　　　), vous allez voyager bientôt ?

(3) Mathieu est américain, (　　　　) aussi, il est intelligent.

(4) Laura, (　　　　), elle est canadienne.

(5) Papa, il est quelle heure maintenant chez (　　　　) ?

(6) Fais attention à (　　　　), ma chérie !

moi / toi / lui / elle / nous / vous / eux / elles

5. **（発展問題）** 前述の練習問題2の問いの文を倒置疑問文に書き換えましょう.

(1)

(2)

(3)

(4)

理解したら，1つめの □ にチェックを入れましょう．1週間後に復習したら，2つめの □ にチェックを入れましょう．試験の前に確認したら，3つめの □ にチェックを入れましょう．

1. 担当していること，興味があることを言う，楽しんでいると言う（代名動詞Ⅰ）

□□□ Je m'occupe des commandes.

□□□ Je m'intéresse aussi à la comptabilité.

□□□ Tu t'amuses bien ?

2. 存在，時刻，天候，気温が言える（非人称構文）

□□□ Il y a combien d'employés dans ta société ? / Il y a environ 250 personnes ici.

□□□ Il est quelle heure maintenant chez toi ? / Maintenant, il est huit heures du matin.

□□□ Quel temps fait-il maintenant à Montréal ? / Il fait beau et doux.

□□□ Il fait quelle température en hiver ? / Il fait environ douze degrés le matin et dix-huit l'après-midi.

3. 人を強調して言う（人称代名詞の強勢形）

□□□ Et toi Papa, tu vas voyager bientôt ?

□□□ Thomas, lui, il est sénégalais.

□□□ Il est quelle heure maintenant chez toi ?

Chapitre 2 位置情報を特定する

Localiser un objet, un lieu

できるようになること

1. 「楽しんでください」と言う（代名動詞Ⅱ）
2. 場所の位置を示す
3. 「なんて～なんだ！」と驚く（感嘆文が使える）

1. **Je ne m'appelle pas Alexandre Lefrère.**

   Dépêchons-nous d'aller porte 4.

   Amusez-vous bien !

   Ne vous perdez pas !

   Je vais me perdre !

2. **Où se trouve la porte 4, s'il vous plaît ?**

   La porte 4 se trouve là.

3. **Quel scandale !**

   Qu'est-ce que c'est compliqué !

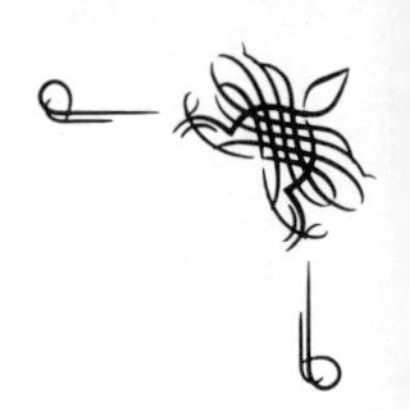

Dialogue

Alexandre vient d'arriver à l'aéroport de Cotonou. Les bagages de plusieurs personnes faisant partie du groupe d'Alexandre ont disparu. Alexandre est au comptoir de la compagnie aérienne et se renseigne pour les retrouver.

Alexandre : Bonjour Monsieur, je viens d'arriver de Paris avec mon groupe. Nos bagages ne se trouvent pas avec ceux des autres voyageurs. Pourriez-vous nous aider, s'il vous plaît ?

Réceptionniste : Oui, bien sûr. Quel est le numéro de votre vol, s'il vous plaît ?

Alexandre : Tenez, voilà !

Réceptionniste : AF 804 [huit-cent-quatre]. Vous vous appelez comment ?

Alexandre : Je m'appelle Alexandre Lefebvre et mon groupe s'appelle Azur.

Réceptionniste : « Monsieur Alexandre Lefrère et le groupe Atour. » *(Il tape sur son ordinateur)*

Alexandre : Non, je ne m'appelle pas Alexandre Lefrère, je m'appelle Alexandre Lefebvre. Et mon groupe ne s'appelle pas Atour, il s'appelle Azur !

Réceptionniste : Excusez-moi. *(Il retape sur son ordinateur)* Vos bagages sont à la porte 4 [quatre]. Ils sont à l'accueil, près de la sortie.

Alexandre : Où se trouve la porte 4 [quatre], s'il vous plaît ? C'est près d'ici ?

(アレクサンドルはコトヌーの空港に到着したところである．アレクサンドルの団体の中の数名の荷物が行方不明になる．アレクサンドルは航空会社のカウンターにいて，荷物を見つけるために問い合わせる)

アレクサンドル：こんにちは（ムッシュー）．私のグループとパリから着いたばかりです．私たちの荷物が他の乗客の荷物といっしょに出てこないんです．力になってもらえますか？

受付係：はい，もちろんです．あなたの便名は何ですか？

アレクサンドル：はい，これです！

受付係：AF804 便ですね．あなたのお名前はなんですか？

アレクサンドル：アレクサンドル・ルフェーヴルで，グループ名はアズールです．

受付係：「アレクサンドル・ルフレールさんでグループはアトゥール」(パソコンに打ち込む)

アレクサンドル：ちがう，名前はアレクサンドル・ルフレールではなくて，アレクサンドル・ルフェーヴルですよ．それに私のグループの名前はアトゥールじゃなくて，アズールです！

受付係：すみません．（パソコンで打ち直す）あなた方の荷物は4番ゲートにあります．出口の近くの受付カウンターです．

アレクサンドル：すみませんが，4番ゲートはどこにありますか？ここから近いんですか？

Vocabulaire

Monsieur（男性に対する呼びかけ）ムッシュー，viens d’ < venir de + 不定詞　～したばかりである（近接未来の用法），avec ～と，groupe グループ，se trouvent < se trouver ある，ceux（男性名詞複数を受ける代名詞）それら，autres < autre 他の，voyageurs < voyageur 旅行者，pourriez < pouvoir 条件法現在 ～できる，nous（人称代名詞・直接目的の代名詞）私たちを，aider 手助けする，手伝う，s’il vous plaît お願いします，bien sûr もちろん，quel どんな，numéro 番号，vol（飛行機の）便，tenez（tenir の活用から）ほら，voilà はい，vous appelez < s’appeler（名前が）～である，comment どのように，m’appelle < s’appeler, s’appelle < s’appeler, excusez-moi すみません．porte 搭乗口，扉，accueil 受付，près de ～の近くに，sortie 出口，où どこに / へ，ici ここ

Réceptionniste : Non, c'est assez loin d'ici. Regardez le plan de l'aéroport. Vous vous trouvez ici. La porte 4 [quatre] se trouve là. D'abord, vous vous dirigez vers le terminal 1 [un]. Vous arrivez aux ascenseurs et vous tournez à gauche. Ensuite, vous montez l'escalier et vous continuez tout droit. Après, vous traversez le hall et vous tournez à droite...

Alexandre : Oh là là, qu'est-ce que c'est compliqué ! Je vais me perdre ! Bon, alors, d'abord, je me dirige vers le terminal 1 [un]. J'arrive aux ascenseurs et je tourne à gauche. Ensuite, je monte l'escalier et je continue tout droit. Après, je traverse le hall et je tourne à gauche, c'est ça... ?

Réceptionniste : Non Monsieur, vous tournez à droite... *(Il sourit)*

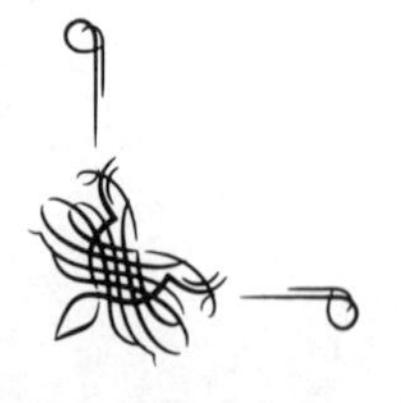

受付係　　　　：いいえ，ここからかなり遠いんです．空港の地図を見てください．あなたはいま，ここにいます．4番ゲートはこっちです．まず，第1ターミナルに向かって進んでください．エレベーターに着いたら，左に曲がってください．それから，階段を上って，まっすぐ進みます．それからホールを横切って，右に曲がってください…

アレクサンドル：おいおい，なんてややこしいんだ！これじゃあ迷子になるよ！ええと，それじゃあ，ぼくは第1ターミナルに向かって進む．エレベーターに着く，それで左に曲がる．それから階段を上って，まっすぐ進む．その後，ホールを横切って，左に曲がる，ということだね？

受付係　　　　：いいえ，（ムッシュー）右に曲がるんです…（笑顔を浮かべる）

Vocabulaire

assez かなり，loin 遠く，regardez < regarder 見る，plan 地図，vous trouvez < se trouver, là そこ，d'abord まず，vous dirigez < se diriger 向かう，vers ～に向かって，terminal ターミナル，arrivez < arriver, aux = à + les（縮約形），ascenseurs < ascenseur エレベーター，tournez < tourner 曲がる，à gauche 左に，ensuite 次に，montez < monter 上る，escalier 階段，continuez < continuer 続ける，tout droit まっすぐ（tout は強めの副詞，droit は「まっすぐ」を意味する副詞），après その後に，traversez < traverser 横切る，hall ホール，à droite 右に，oh là là おいおい，おやまあ，qu'est-ce que なんて～なんだろう（感嘆文を作る），compliqué 複雑な，vais < aller（近接未来），me perdre < se perdre 道に迷う，迷子になる，bon よし，alors それなら，me dirige < se diriger, arrive < arriver 着く

(Alexandre s'énerve et se met en colère)

Alexandre : Vous vous moquez de moi ! Je vais me plaindre ! C'est pas normal ! Quel scandale !

Réceptionniste : Je me moque de vous ? Non, pas du tout ! Je ne me moque pas de vous ! Ne vous énervez pas, Monsieur Lefebvre, ne vous mettez pas en colère !
Donc, vous traversez le hall et vous tournez à droite. Enfin, vous descendez au premier étage, c'est là. Ne vous perdez pas ! Bon séjour au Bénin ! Amusez-vous bien !

Alexandre : *(Plus calme)* Merci. *(Au groupe qu'il accompagne)* Dépêchons-nous d'aller porte 4 [quatre]. Et après, on se rassemble dans le hall central.

© Manami Shibuya

（南部経済首都コトヌー郊外）街角に点在する小さなマーケット

(アレクサンドルはいらいらして，怒り出す)

アレクサンドル：あなたはぼくを馬鹿にしているのか！不満を申し立てに行くぞ！普通じゃない！なんとけしからんことだ！

受付係　　　　：私があなたを馬鹿にしていると？いいえ，とんでもない！私はあなたを馬鹿になんかしていませんよ！神経を高ぶらせないでください，ルフェーヴルさん，怒らないでください！
さて話を戻すと，ホールを横切って，右に曲がります．それで2階に降りたら，そこが目的地です．迷子にならないでくださいね！ベナンではよい滞在を！大いに楽しんでください！

アレクサンドル：(さっきより落ち着いて) ありがとう．(引率しているグループに向かって) 急いで，4番ゲートに行きましょう．それから，中央ホールに集まりましょう．

Vocabulaire

vous moquez < se moquer, se moquer de ～を馬鹿にする，me plaindre < se plaindre 不満を言う，c'est pas = ce n'est pas の口語的表現，normal 普通な，quel なんて，scandale けしからぬこと，ばかげたこと，me moque de < se moquer de, pas du tout 全然，vous énervez < s'énerver, vous mettez < se mettre (ある状態に) なる，en colère 怒りの状態に，donc さて (話をもとに戻す)，traversez < 横切る，enfin 最後に，descendez < descendre 降りる，premier étage 2階 (1階は rez-de-chaussée と言う．2階以上を言うときには，premier étage, deuxième étage... のように序数をつけて言う)，vous perdez < se perdre 迷う，bon séjour ! よい滞在を！，Bénin ベナン (アフリカの国名)，amusez-vous < s'amuser 楽しむ，calme 静かな，merci ありがとう，dépêchons-nous < se dépêcher 急ぐ，se dépêcher de + 不定詞　急いで～する，aller porte 4 = aller à la porte 4 (「～に行く」と言う場合，porte や rue などの前では，前置詞 à と定冠詞は省略できる)，se rassemble < se rassembler 集まる，central 中央の

1.「楽しんでください」と言う（代名動詞Ⅱ）

前回，代名動詞の（直説法）現在形を学習しました．今回は，否定文と命令文，さらに準動詞を伴う場合の文を見ましょう．

1）否定文

Je ne m'appelle pas Alexandre Lefrère.

まず復習しましょう．「私の名前はアレクサンドル・ルフェーヴルです．」は，Je m'appelle Alexandre Lefebvre. と言いますね．では今度は否定文を作りましょう．「再帰代名詞（se または se が人称によって変化した形）と活用している動詞」を ne と pas ではさみます．

主語 + ne + 再帰代名詞 + 動詞活用形 + pas ～

je ne m'appelle pas Alexandre Lefrère.

「私の名前はアレクサンドル・ルフレールではありません．」

2）命令文

命令文「～しましょう」「～してください」「～しないでください」という表現を学びましょう．

• 肯定命令

Dépêchons-nous d'aller porte 4.

Amusez-vous bien !

「～しましょう」「～してください」は「命令法」で言えます．tu（君，あなた），vous（あなた，あなた方，君たち）に対して呼びかければ，依頼，勧誘，命令の意味で使えます．nous（私たち）に対して呼びかければ，勧誘の意味になります．これは，文法的に「命令法」という叙法です．

作り方は，現在形から主語を取り，再帰代名詞を動詞の後につなげます．そのときに忘れてはならないのは，「-」（「トレ・デュニオン」，英語でいう「ハイフン」）でつなげることです．

動詞 se dépêcher 「急ぐ」

現在形「私たちは急ぐ」nous nous dépêchons → ~~nous~~ nous dépêchons

命令法　dépêchons-nous →（命令文にすると） Dépêchons-nous.「急ぎましょう.」

動詞 s'amuser 「楽しむ」

現在形「あなたは楽しむ」vous vous amusez

→ ~~vous~~ vous amusez

命令法　amusez-vous →（命令文にして，bien をつけると） Amusez-vous bien.「大いに楽しんでください.」

ここで出てくる動詞 se dépêcher, s'amuser は不定詞が -er で終わる規則動詞です．この場合，直説法現在の活用から命令法が作れます．

活用のまとめ

tu te dépêches →（主語を取り，再帰代名詞を動詞の後につなげる）dépêches-te →（不定詞が -er で終わる規則動詞では，s が落ちる．再帰代名詞 te は強勢形 toi になる）Dépêche-toi.「急いで.」

nous nous dépêchons → dépêchons-nous → Dépêchons-nous.「急ぎましょう.」

vous vous dépêchez → dépêchez-vous → Dépêchez-vous.「急いでください.」

（「急いで～しましょう」という場合には，後に de + 動詞不定詞をつけます）

*（復習）不規則動詞の命令法には，直説法現在形と同じ形のものと，命令法のみの形のものがあります．辞書の動詞活用表で確かめてみましょう．

• 否定命令

Ne vous perdez pas !

作り方は，現在形から主語を取り，再帰代名詞と動詞を ne と pas で，はさみます．

動詞 se perdre 「迷子になる」

現在形「あなたは迷子になる」vous vous perdez → ~~vous~~ vous perdez

否定命令　ne vous perdez pas →（命令文にすると） Ne vous perdez pas.「迷子にならないでください．」

3) 準動詞と用いる場合（近接未来 aller + 動詞の不定詞「〜するところである」）

Je vais me perdre !

aller には，動詞の不定詞を続けると，「近いうちに〜する，〜するところである，〜してしまう」という意味があります．続ける不定詞が，代名動詞の場合，再帰代名詞を主語の人称に一致させて，活用している準動詞の後に続けます．

会話文では，ほかに Je vais me plaindre. という se plaindre が主語 je，近接未来の用法になっている文も出てきました．

活用

Je vais me perdre.「私は迷子になってしまう．」

Tu vas te perdre.「君は迷子になってしまう．」

Il va se perdre. / Elle va se perdre. / On va se perdre.

「彼 / 彼女 / 私たちは迷子になってしまう．」

Nous allons nous perdre.「私たちは迷子になってしまう．」

Vous allez vous perdre.「あなた / あなた方 / 君たちは迷子になってしまう．」

Ils vont se perdre. / Elles vont se perdre.

「彼ら / 彼女たちは迷子になってしまう．」

2. 場所の位置を示す

代名動詞 se trouver の現在形のバリエーションを見ましょう．

【直説法現在】**se trouver**「ある・いる」

	単数	複数
1 人称	je me trouve ジュ ム トゥるーヴ	nous nous trouvons ヌ ヌ トゥるヴォン
2 人称	tu te trouves チュ トゥ トゥるーヴ	vous vous trouvez ヴ ヴ トゥるヴェ
3 人称男性 女性	il se trouve イルス トゥるーヴ elle se trouve エルス トゥるーヴ	ils se trouvent イル ス トゥるーヴ elles se trouvent エル ス トゥるーヴ
	on se trouve オンス トゥるーヴ	

trouver ～は「～を見つける，見いだす」の意味の他動詞ですが，ここでは見いだすものが再帰代名詞 se であらわされています．すると，se trouver「見いだされる」，つまり，ものや場所が「ある」，人なら「いる」．se trouver は動詞 être「ある，いる」と同じ意味で，場所の位置が言えます．

◎ 例 1　**Où se trouve la porte 4, s'il vous plaît ?**
「すみませんが，4 番ゲートはどこにありますか？」

疑問詞 où が文頭に置かれると，通常，動詞，主語の語順になります．

« Où se trouve（名詞単数形）? », « Où se trouvent（名詞複数形）? »「～はどこにありますか？」は両方とも同じ発音になります．そのため，名詞の数(すう)によって動詞活用形の発音が変わらないために，場所を聞くときによく使われます．s'il vous plaît をつけると，丁寧になります．

例えば，「トイレはどこですか？」なら « Où se trouvent les toilettes, s'il vous plaît ? »（「トイレ」toilettes は複数形）

◎ 例 2　**La porte 4 se trouve là.**「4 番ゲートはこっちです．」

会話文では，地図を見せながら目的地を示していますが，là は場所を示して，文脈によって「ここ」だったり，「あそこ」だったりします．

例 3　Vous vous trouvez ici.「あなたはいま，ここにいます.」

地図を見ながら係員が現在地を示しています．vous trouvez は，主語 vous のときの se trouver の現在形です.

例 4　Nos bagages ne se trouvent pas avec ceux des autres voyageurs.

「私たちの荷物が他の乗客の荷物といっしょに出てこないんです（＝いっしょにない）.」

ne, pas で否定文です.

位置を示す表現や，道案内のための動詞，目印の名詞が会話文に出てきました．以下の基本単語は知っておくと便利ですね .

à droite, à gauche, tout droit, au premier étage tourner, continuer, se diriger, arriver, monter, descendre, traverser l'ascenseur, l'escalier, le hall

3.「なんて～なんだ！」と驚く（感嘆文が使える）

フランス語の文には，平叙文，疑問文，命令文，感嘆文の 4 種類があります．ここでは感嘆文を見ましょう.

感嘆文は疑問詞と共通で，qu'est-ce que と quel の 2 つを見ましょう.

① 感嘆形容詞 quel

疑問形容詞（quel）を見ましたね．本章でも Quel est le numéro de votre vol, s'il vous plaît ?「あなたの便名は何ですか？」という文がありましたね. Quel は，関係する名詞の性・数によって変化します.

疑問形容詞・感嘆形容詞

	単数	複数
男性形	**quel**	**quels**
女性形	**quelle**	**quelles**

❁ **Quel scandale !**「なんてけしからんことだ！」

scandaleには「スキャンダル」「ひんしゅく」という意味もありますが，ここでは「言語道断のこと」の意味です．男性名詞単数形なので，quelは基本の形のまま使います．

感嘆形容詞も同じように，関係する名詞の性・数にしたがって，変化します．ただし，感嘆形容詞の場合は，quel + 名詞で使います．

Quel dommage !「なんて残念なことだろう！」（dommageは男性名詞で「残念なこと」）

形容詞をつけて使うこともできます．Quelle belle vue !「なんて美しい眺めでしょう！」（vueは「眺め」，belleはbeau「美しい」の女性単数形．）

② 感嘆副詞

❁ **Qu'est-ce que c'est compliqué !**「なんてややこしいんだ！」

C'est compliqué.「ややこしいです．複雑です．」に，感嘆の意味のqu'est-ce queをつけると，感嘆文になります．

ほかにも，qu'est-ce queの代わりにcomme, que, ce queのどれをつけても感嘆文になります．

© Manami Shibuya

（南部経済首都コトヌー郊外）夕食の準備
農家の男性と夕食用の葉野菜を買いに来た女性たち．夕方16時〜18時に客が自ら葉野菜を収穫し持ち帰る．金額は収穫面積で決まる．あらかじめ購入した区画内であれば1週間いつでも好きな量を収穫することも可能で毎日新鮮な葉野菜を食べることができる．

ベナン le Bénin

アフリカにはフランスが通じる地域が多くあります．これは，かつて，フランスがアフリカの諸地域をフランスの植民地，もしくは保護領にしていた歴史とも関係します．

北アフリカにはマグレブ（le Maghreb）と呼ばれる地域であるアルジェリア，モロッコ，チュニジアでフランス語圏があります．また，西アフリカのマリ，ニジェール，チャド，セネガル，コートジボワール，ブルキナファソ，カメルーン，コンゴ（共和国と民主共和国の２国）などの国でフランス語が公用語に指定されています．今回は，ベナン共和国をご紹介しましょう．ベナンは，アフリカでもとりわけ政情が安定していて，人々は温厚で，観光スポットにも事欠きません．無償で日本語を学べる学校で学んだ後，日本で灌漑の研究を行っているアドニスさんにお話を聞きましょう．

Le Bénin est situé en Afrique de l'Ouest dans la zone tropicale avec une superficie de 114.763 km^2 [kilomètres carrés]. Il a une population d'environ 12.000.000 [douze millions] d'habitants et est limité au nord par la République du Niger, au nord-ouest par le Burkina Faso, à l'ouest par le Togo, et à l'est par le Nigéria et au sud par l'océan Atlantique. Sa capitale est Porto-Novo où la température varie de 26 à 32 degrés. Il est considéré comme le berceau mondial du culte vaudou, la religion endogène du pays.

Au Bénin, cohabitent 46 [quarante-six] ethnies pratiquant des dialectes et des religions différents. Nous avons 27 % de musulmans, 25 % de catholiques, 13 % de protestants, 11 % qui pratiquent le culte vaudou et plusieurs autres religions, tout ceci dans une harmonie irréprochable.

Malgré la multiplicité des langues du pays, nous communiquons sans difficultés, mais partageons néanmoins une langue officielle qui est le français.

En Afrique, en général, le français parlé dans la zone francophone est influencé du point de vue accent et intonation par nos langues et nos habitudes quotidiennes. Certaines expressions sont la traduction littérale de nos langues locales. Ainsi chaque pays se distingue de façon particulière par son vocabulaire.

Au Bénin, nous avons plusieurs exemples parmi lesquels on peut citer l'expression « Bonne arrivée » qui veut dire « bienvenue ». C'est pour souhaiter la bienvenue à quelqu'un qui rentre d'un voyage ou d'une sortie.
Une autre expression « Tu as fait un peu ? », juste pour dire « Est-ce que ta journée s'est bien passée ? »
« Doucement » qui est une forme de politesse pour présenter des excuses à quelqu'un que vous venez de bousculer sans faire exprès.
Aussi nous avons une expression « Il y a trois jours » pour dire « Il y a belle lurette », « Ça fait longtemps », « Il y a un moment ».
Et aussi, concernant la salutation, le « Bonsoir » se dit « après-midi ». Donc, au Bénin, « après-midi », la salutation, c'est « Bonsoir ».
Et « Acheter un carré », ça veut dire « Acheter une parcelle de terre ou une maison ».
Et au restaurant, quand vous demandez de « faire le point », ça veut dire que vous demandez l'addition.
« En cas de qu'est-ce qu'il y a » c'est une forme de mise en garde. Exemple « Je

t'appelle en cas de qu'est-ce qu'il y a », cela veut juste dire « Je t'appelle en cas de problème ».
« Je vais vous demander la route. » juste pour dire « Je vais partir ».

En plus de ces expressions, nous avons aussi des expressions et comportements qui ont longtemps dégradé un peu notre image.

Et par exemple, nous avons « l'heure béninoise » pour mettre en évidence le non-respect des heures de rendez-vous, qui nous a longtemps caractérisés. Donc, quand on parle d'heure béninoise, c'est environ une heure de retard. Aussi, nous avons « la béninoiserie » qui veut dire que tu as un sale caractère, tu es égoïste, ou mesquin.

（日本語訳は巻末参照）

© Manami Shibuya
（南部経済首都コトヌー）ブードゥー教の祭り開催を知らせるパフォーマンスを見学する人々
（写真中央）突如街中にカラフルな精霊クビト（koubito）が現れ，太鼓のリズムに合わせて踊る．クビトは死者の生まれ変わりと言われている．

© Manami Shibuya

（南部経済首都コトヌー）ブードゥー教の祭り開催を知らせるパフォーマンスを見学する人々
毎年1月10日かつて大西洋奴隷貿易の拠点だった南部の港町ウィダでブードゥー教（Vodun）の祭りが行われる．ブードゥー教はフォン族によって成立し，ベナンが発祥とされる．1月7日ごろから経済首都コトヌーでも祭りの開催を知らせるパフォーマンスが街中で行われる．祭り当日は全土で祝日．

Exercices 練習問題

1. 日本語の意味になるように，代名動詞を活用させましょう．

(1) (　　　　　　　　　) [se dépêcher] d'aller porte 4.

「(私たちは) 急いで，4番ゲートに行きましょう．」

(2) (　　　　　　　　　) [s'amuser] bien ! 「大いに楽しんでください！」

(3) Ne (　　　　　　　　　) [se perdre] pas ! 「迷子にならないでください！」

(4) Je vais (　　　　　　　　　) [se perdre] ! 「これじゃあ迷子になるよ！」

(5) On (　　　　　　　　　) [se rassembler] dans le hall central.

「中央ホールに集まりましょう．」

(6) Je ne (　　　　　　　　　) [s'appeler] pas Alexandre Lefrère.

「私の名前はアレクサンドル・ルフレールではありません．」

2. 代名動詞 se trouver の活用形で適切な形を選択肢から選びましょう．選択肢の単語は複数回選べます．

(1) Où (　　　　) la porte 4 ?

(2) La porte 4 (　　　　) là.

(3) Vous (　　　　) ici.

(4) Nos bagages ne (　　　　) pas avec ceux des autres voyageurs.

選択肢 ① me trouve ② te trouves ③ se trouve ④ nous trouvons
⑤ vous trouvez ⑥ se trouvent

3. 感嘆の表現になるように，かっこに選択肢から単語を入れましょう．

(1) (　　　　　　　　　) c'est compliqué !

(2) (　　　　　　　　　) scandale !

Qu'est-ce que / Quel

理解したら，１つめの □ にチェックを入れましょう．１週間後に復習したら，２つめの □ にチェックを入れましょう．試験の前に確認したら，３つめの □ にチェックを入れましょう．

1.「楽しんでください」と言う（代名動詞Ⅱ）

□□□ Je ne m'appelle pas Alexandre Lefrère.

□□□ Dépêchons-nous d'aller porte 4.

□□□ Amusez-vous bien !

□□□ Ne vous perdez pas !

□□□ Je vais me perdre !

2. 場所の位置を示す

□□□ Où se trouve la porte 4, s'il vous plaît ?

□□□ La porte 4 se trouve là.

3.「なんて～なんだ！」と驚く（感嘆文が使える）

□□□ Quel scandale !

□□□ Qu'est-ce que c'est compliqué !

Chapitre 3 意見を述べる

Donner son avis

できるようになること

1. 感想，意見，印象，確信していることを言える
2. 代名詞が使える（中性代名詞 en, y, le）
3. すべきことを，やんわりと言える（条件法現在 devoir）

わかるようになる表現（キーフレーズ）

1. **Je pense qu'il va faire chaud.**
   Qu'est-ce qu'ils pensent de la Martinique ?
   Il me semble qu'ils apprécient la culture martiniquaise.
   J'ai l'impression qu'ils trouvent les gens sympathiques.
   Je suis certaine qu'il va faire beau.
2. **Je n'en suis pas sûre.**
   Vous en avez un ?
   Ils s'y intéressent beaucoup.
   Je le crois vraiment.
3. **Vous devriez prendre un parapluie.**

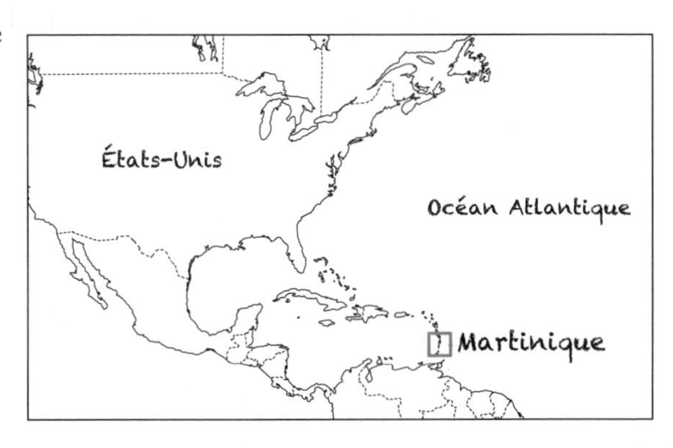

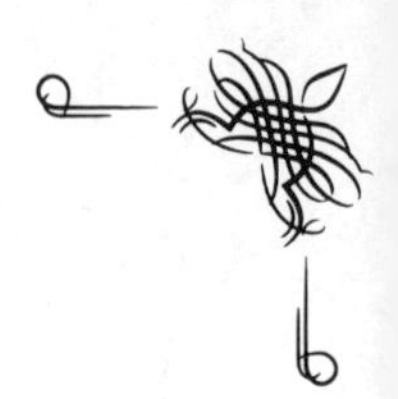

Dialogue

Alexandre voyage avec son groupe en Martinique. Il discute avec une commerçante dans une boutique près de son hôtel.

Commerçante : Bonjour, Monsieur Lefebvre. Alors, comment ça va aujourd'hui ?

Alexandre : Bonjour, Madame Blaise. Ça va bien, merci. Et vous ? Est-ce que vous pensez qu'il va faire beau cet après-midi ?

Commerçante : Je ne sais pas. Je n'en suis pas sûre. Je pense qu'il va faire chaud. Et je crois plutôt qu'il va pleuvoir. Vous devriez prendre un parapluie. Vous en avez un ?

Alexandre : Oui, oui.

Commerçante : Et vos touristes, qu'est-ce qu'ils pensent de la Martinique ?

Alexandre : Ils sont très contents de leur voyage. Ils en sont satisfaits. Ils apprécient beaucoup la nourriture et les traditions locales, je crois. Ils trouvent ça intéressant. Il me semble qu'ils apprécient la culture martiniquaise. J'ai l'impression qu'ils trouvent les gens sympathiques.

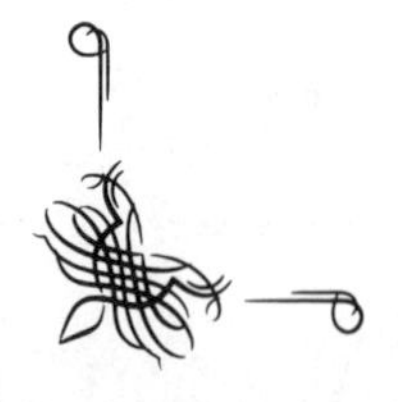

(アレクサンドルはグループとマルティニークを旅行する．ホテルの近くの店で女性店員と話している)

店員　　　　　：おはようございます，ルフェーヴルさん．で，今日の調子は？

アレクサンドル：おはようございます，ブレーズさん．元気です．ありがとう．それであなたは？今日の午後は快晴になると思いますか？

店員　　　　　：わかりません．それには自信がありません．暑くなると思います．それにむしろ，雨が降るように思います．傘を１本お持ちになるといいですよ．傘は１本お持ちですか？

アレクサンドル：ええ，ええ．

店員　　　　　：それから，あなたの団体の方たちは，マルティニークについて，どう思っているのでしょうね？

アレクサンドル：みなさんは旅行をとても喜んでいますよ．それに満足しています．思うに，郷土料理と地元の伝統の良さがわかっています．それを興味深いものだと思っています．マルティニークの文化の良さをわかっているように，私には思われます．地元の方々は感じが良いと，みなさんが思っているような印象を持っています．

Vocabulaire

alors それで，pensez < penser 考える，va < aller 近接未来（→第10章），après-midi 午後，sais <savoir 知る，en 中性代名詞 de +，sûre < sûr 確かな，chaud 暑い，crois < croire 信じる，plutôt むしろ，pleuvoir 雨が降る，devriez < devoir ～すべきである，parapluie 傘，touristes < touriste 観光客，pensent de < penser de ～について考える，la Martinique マルティニーク，contents de < content de ～について満足している，voyage 旅行，en sont satisfaits < être satisfait de ～に満足している，apprécient < apprécier 評価する，nourriture 食料，traditions < tradition 伝統，locales < local 地域の，trouvent < trouver 思う，intéressant 興味深い，semble < sembler ～のように見える，culture 文化，martiniquaise < martiniquais マルティニークの，impression 印象，avoir l'impression que ～という印象がある，gens 人々，sympathiques < sympathique 感じのよい

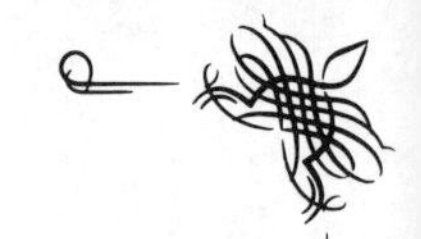

Commerçante : Vous en êtes sûr ?

Alexandre : Oui, je le crois vraiment. Ils posent beaucoup de questions. Ils s'y intéressent beaucoup.

Commerçante : Ça me fait vraiment plaisir ! Et le créole ?

Alexandre : Le créole ?

Commerçante : Oui, la langue créole.

Alexandre : C'est assez difficile. Je crois qu'ils y sont très attentifs.

Commerçante : Regardez, Monsieur Lefebvre ! Le soleil ! Finalement, je suis certaine qu'il va faire beau. *(En créole)* Ovwa (Au revoir) !

Alexandre : Bonne journée, Madame Blaise !

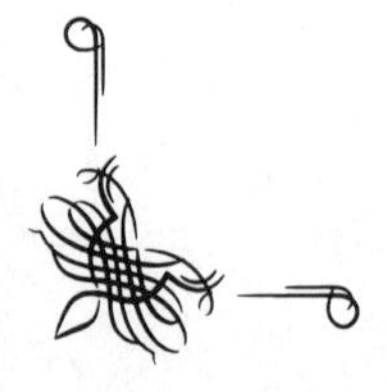

店員　　　　　：それに関して自信はありますか？

アレクサンドル：はい，本当にそう思いますよ．みなさんはたくさん質問するんです．それにたいへん興味を持っているんですよ．

店員　　　　　：まあ，本当にうれしいこと！それでクレオール語は？

アレクサンドル：クレオール語？

店員　　　　　：そう，クレオールの言語です．

アレクサンドル：かなり難しいです．みなさんはよく注意を払っていると思います．

店員　　　　　：見てください，ルフェーヴルさん！太陽ですよ！ついに快晴になることは間違いないと思いますよ．（クレオール語で）さようなら！

アレクサンドル：よい一日を，ブレーズさん！

vraiment 本当に，le（中性代名詞）そのこと，posent < poser（poser beaucoup de questions 多くの質問をする），s'y intéressent < s'intéresser à ～に興味を持つ，me fait plaisir < faire plaisir à ～を喜ばせる，créole クレオール語，langue 言語，créole クレオールの（形容詞），assez かなり，difficile むずかしい，y sont très attentifs < être attentif à ～に注意する，regardez < regarder 見る，soleil 太陽，finalement とうとう，certaine < certain 確実な，« Bonne journée »「よい一日を」

1. 感想，意見，印象，確信していることを言える

Est-ce que vous pensez qu'il va faire beau cet après-midi ?

Je pense qu'il va faire chaud.

Je crois plutôt qu'il va pleuvoir.

Ils apprécient beaucoup la nourriture et les traditions locales, je crois.

Je crois qu'ils y sont très attentifs.

Je suis certaine qu'il va faire beau.

Il me semble qu'ils apprécient la culture martiniquaise.

J'ai l'impression qu'ils trouvent les gens sympathiques.

penser que ~「～だと思う」，croire que ~「～だと思う，信じる」などを使って，意見や感想を言うことができます．

ほかにも，être certain que ~「～だと確信している」，avoir l'impression que ~「～だという印象を持っている」で表現の幅を広げることができます．certain は sûr で置き換えができます．sûr は certain と同じ意味だと考えてください（« Vous en êtes sûr ? » の en については後述）．

非人称表現の Il semble que ~「～のように思われる」，さらに Il me semble que ~「私には～のように思われる」も使えます．

印象を聞くときには，penser de ~「～について思う」に qu'est-ce que「何を」をつけて，

Qu'est-ce qu'ils pensent de la Martinique ?「彼らは，マルティニークについて，どう思っているのでしょうね？」のように使えます．

会話文の中の従属節にある apprécier, être content de ~ も重要な表現です．

2. 代名詞が使える（中性代名詞 en, y, le）

これらの代名詞は，直接目的語・間接目的語の人称代名詞同様に，文の中で動詞のすぐ前に置きます．「性」がないので「中性代名詞」と呼ばれています．

1）**en**

①「de + 名詞句」と同じ役割で，動詞，形容詞につきます．en は出来事・状態・状況のような述語や文に相当する内容を受けることもできます．

Vous en êtes sûr ?

Je n'en suis pas sûre.（je は女性）

Je crois qu'ils en sont satisfaits.

être sûr de ~「～を確信している」「確実に～だと思う」（基本形）

être satisfait de ~「～に満足している」（基本形）

sûr も satisfait も形容詞なので，主語の性数に一致します．

否定文では，中性代名詞 le と動詞をセットにして，ne と pas で挟みます．

en は「前置詞 de + 名詞」を受けるので，たとえば，J'ai visité la Maison de Rousseau et j'en reviens seulement.「ルソーの家（博物館）を見学して，今そこから戻ったばかりです．」

revenir de + 名詞　「～から戻る」en = de la Maison de Rousseau

② 名詞を受ける．「それ」の意味になります．

Vous en avez un ?「それを1本お持ちですか？」

動詞の後ろに数詞や数量表現をつけて，数や分量を示します．ここでは，その前の文に parapluie「傘」という名詞がありますので，parapluie を繰り返して « Vous avez un parapluie ? » と言わずに parapluie を en で受けて，動詞の前に置くと，この文になります．

数量の代名詞として，不定冠詞 des がついた名詞や，部分冠詞（du, de la, de l'）のついた名詞を受けることもあります.

例　（店で）Vous avez des œufs ?「卵はありますか？」

Oui, vous en voulez combien ?「はい，いくつご入り用ですか？」

Tu as de l'argent ?「お金，持ってる？」

Oui, j'en ai.「うん，（それは）あるよ.」

2）**y**

「à + 名詞句」と同じ役割で，動詞，形容詞につきます．y は出来事・状態・状況のような述語や文に相当する内容を受けることもできます.

Ils s'y intéressent beaucoup.

「それにたいへん興味を持っているということです.」s'intéresser à ~「～に興味を持つ」

Je crois qu'ils y sont très attentifs.

「みなさんはよく注意を払っていると思います.」être attentif à ~「～に注意を払う」

y は à+ 名詞だけではなく，場所を表す sur, dans, en+ 名詞を受けることもできます.（本章の会話文には用例はありません.）

Je voudrais aller en Italie.「ぼくはイタリアに行きたいのです.」Moi, j'y vais cet été.「わたしはこの夏そこに行くんですよ.」y = en Italie

3) **le**

Je le crois vraiment.

①「そのこと」の意味で，直前に述べられた内容（出来事や状態，状況）を受けます．

ここでの会話を見てみましょう．

アレクサンドル « J'ai l'impression qu'ils trouvent les gens sympathiques. »「地元の方々は感じが良いと，みなさんが思っているような印象を持っています．」

店員 « Vous en êtes sûr ? »「確かにそう思っていますか？」

アレクサンドル « Oui, je le crois vraiment. »「はい，本当にそう思いますよ．」

中性代名詞 le は，その前にアレクサンドルが述べた「地元の方々は感じが良い」ことを受けています．「本当に『地元の方々は感じが良い』と思いますよ．」

② 本章の会話文には出てきませんが，主語の属詞を受けます．属詞とは，être などの動詞を介して，主語とイコールになる形容詞，名詞などです．

Tu n'es pas étudiant, mais moi, je le suis. (le = étudiant)「君は学生じゃないけど，ぼくはそうだよ．」

3. すべきことを，やんわりと言える（条件法現在 devoir）

Vous devriez prendre un parapluie.

「傘を1本お持ちになるといいですよ．」

条件法現在（devriez）を使うと，婉曲表現になります．

Vous devez prendre un parapluie.「あなたは傘を持っていかなければなりません．」と直説法現在（devez）では表現が直接的なので，条件法を使って，やんわり言います．

条件法の復習をしましょう.

【条件法現在】**devoir**

	単数	複数
1人称	je dev**rais** ジュ ドゥヴれ	nous dev**rions** ヌ ドゥヴりヨン
2人称	tu dev**rais** チュ ドゥヴれ	vous dev**riez** ヴ ドゥヴりエ
3人称男性 女性	il dev**rait** イル ドゥヴれ elle dev**rait** エル ドゥヴれ	ils dev**raient** イル ドゥヴれ elles dev**raient** エル ドゥヴれ

マルティニーク la Martinique

カリブ海地域のフランス語表現の文学を研究している中村隆之さんのお話を聞きましょう．

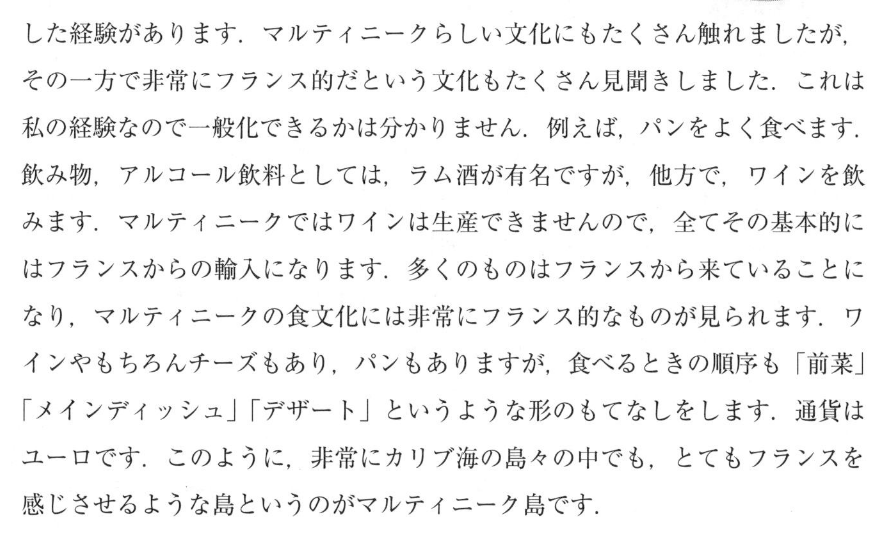

マルティニークという場所はフランスとの縁が非常に深い場所です．実際，私は1年間，マルティニーク島で暮らした経験があります．マルティニークらしい文化にもたくさん触れましたが，その一方で非常にフランス的だという文化もたくさん見聞きしました．これは私の経験なので一般化できるかは分かりません．例えば，パンをよく食べます．飲み物，アルコール飲料としては，ラム酒が有名ですが，他方で，ワインを飲みます．マルティニークではワインは生産できませんので，全てその基本的にはフランスからの輸入になります．多くのものはフランスから来ていることになり，マルティニークの食文化には非常にフランス的なものが見られます．ワインやもちろんチーズもあり，パンもありますが，食べるときの順序も「前菜」「メインディッシュ」「デザート」というような形のもてなしをします．通貨はユーロです．このように，非常にカリブ海の島々の中でも，とてもフランスを感じさせるような島というのがマルティニーク島です．

フランスとの関係が非常に深いのですが，その深さというのは逆にいうと，この島というのは元々は奴隷制社会だったこともあり，フランスがかつて支配していた過去をもっているということで，そのことを文学を通じて理解するのに，とりわけ紹介したいのが，エメ・セゼールという詩人です．このエメ・セゼールは，**「ネグリチュード」la négritude**という言葉をフランス語で作ったということで知られている詩人でもあります．

「ネグリチュード」を，あえて日本語に訳すとすると『黒人であること』という意味合いになると思います．ただ，ここで大事なのは，「ネグリチュード」という言葉の，元々，核になる言葉が「ネーグル」nègreという言葉なんです．これはとても強い言葉で，非常に差別的な言葉です．「奴隷」と同義の言葉でした．その言葉の過去を引き受けるということが，この「ネグリチュード」という言葉の中に込められています．単に「黒人である」という肌の色の問題ではなく，奴隷にされてしまった人々の集合的な「生」，または集合的な実存を，この一言の中に込めて，「奴隷」という言葉が元々，いまの「ネグリチュード」の「ネーグル」という言葉の中にあるということであれば，それは「黒人である」ということの前に「人間である」ということです．「奴隷である」という状態は「人間性」を剥奪された状態ということになるので，そうした「人間である」ことをフランス語によって定義した，ということが大変重要な，エメ・セゼールという詩人が残した足跡です．自分たちが人間であり，その言葉はアフリカにも結びついていることなので，そうした「剥奪された自分たちの過去」を再び取り戻すということが，この言葉に込められている「ネグリチュード」という言葉や，エメ・セゼールが成し遂げたことなのです．

（以上，早稲田大学教授 中村隆之さんの話）

Le créole martiniquais est un créole à base lexicale française qui, comme dans les autres départements français d'Outre-Mer où se parlent des variétés de créole (Guadeloupe et Guyane dans la zone américanocaraïbe, Réunion dans l'Océan Indien), a officiellement statut de langue régionale et coexiste avec le français dans la vie quotidienne. 90% du lexique créole est dérivé du français, mais la grammaire des deux langues est très différente. Tous les Martiniquais de Martinique sont à la fois créolophones et francophones depuis l'enfance : les deux langues se côtoient donc dans leur compétence linguistique, et s'influencent l'une l'autre. Le créole est principalement pratiqué, parallèlement au français, dans la communication orale informelle, mais des documents écrits en créole (contes, livres, blogs) circulent aussi. Comme dans tous les territoires contrôlés par l'État français, le français est en Martinique la langue de l'éducation, de l'administration et des médias nationaux. Le créole est enseigné marginalement comme « langue régionale ».

Dominique Levet, Elena Soare, Anne Zribi-Hertz, *Français et langues du monde : comparaison et apprentissage*, Hachette, 2022. 〈hal-03641171〉

マルティニークのクレオール語は他のフランス領海外県と同じように，フランス語の語いを基礎としています．仏領海外県（グアドループ，アメリカカリブ海にあるギアナ，インド洋のレユニオン島）では，多様なクレオール語が話されています．クレオール語には地方言語としての公式の地位があり，日常生活ではフランス語と共存しています．90%のクレオール語の単語はフランス語から派生したものですが，2言語で文法はとても異なっています．マルティニークの全マルティニーク人は小さいときからクレオール語とフランス語を話します．言語学上の能力で言うと，彼らは2言語を同じように操り，2言語は影響しあっています．クレオール語は，主としてフォーマルではない場のコミュニケーションに，フランス語と同じように使われています．クレオール語の書き言葉（短編小説，本，ブログの）も流通しています．フランスの管理下にある全領土での例にもれず，フランス語は教育，行政，国のメディアの言語です．クレオール語は「地方言語」としてマージナルに教えられます．

『フランス語と世界の言葉　比較と修得』（D. ルヴェ，E ソアール他，田口亜紀訳　2022年，アシェット社）

© Takayuki Nakamura
フロマジェの木（サン・ピエール，2010）

© Takayuki Nakamura
「詩」という名の小舟（ラマンタン，2010）

Exercices 練習問題

1. 選択肢から penser の適切な動詞活用形を選びましょう．選択肢の単語は複数回使えます．

(1) Est-ce que vous (   ) qu'il va faire beau ?

(2) Qu'est-ce que tu (   ) de la Martinique ?

(3) Et vos touristes, qu'est-ce qu'ils (   ) de la Martinique ?

(4) Je (   ) qu'ils sont contents.

(5) On (   ) qu'il va pleuvoir.

選択肢 ① pense ② penses ③ pensons ④ pensez ⑤ pensent

2. 日本語の意味に合うように，選択肢から適切な表現を選びましょう．

(1) (   ) qu'il va faire chaud. 「暑くなると思います．」

(2) (   ) qu'ils apprécient la culture martiniquaise.
「マルティニークの文化の良さをわかっているように，私には思われます．」

(3) (   ) qu'ils trouvent les gens sympathiques. 「地元の方々は感じが良いと，みなさんが思っているような印象を持っています．」

(4) (   ) qu'il va faire beau.
「快晴になることを確信しています．」

(5) (   ) qu'il va pleuvoir.
「むしろ，雨が降るように思います．」

選択肢 ① J'ai l'impression ② Je suis certain(e) ③ Je crois plutôt
④ Je pense ⑤ Il me semble

3. 選択肢から適切な中性代名詞を選びましょう．選択肢の単語は複数回使えます．

(1) Vous êtes sûr ? —Non, je n'(　　　) suis pas sûr.
(2) Vous croyez qu'il va pleuvoir ? —Oui, je (　　　) crois vraiment.
(3) Ils sont attentifs à la langue créole ? —Oui, ils (　　　) sont très attentifs.
(4) Vous avez un parapluie ? —Oui, j' (　　　) ai un.
(5) Ils s'intéressent à la culture martiniquaise ? —Oui, ils s' (　　　) intéressent beaucoup.

選択肢 ① en ② le ③ y

4. かっこに条件法現在の活用形を補って，文を完成させましょう．選択肢の単語は複数回使えます．（使わない選択肢の形もあります．）

(1) Vous (　　　　　　　) prendre un parapluie.
(2) Je (　　　　　　　) parler à Monsieur Lefebvre.
(3) Et toi, tu (　　　　　　　) acheter du pain.
(4) Nous (　　　　　　　) prendre un parapluie.

選択肢 ① devrais ② devrait ③ devrions ④ devriez ⑤ devraient

理解したら，1 つめの □ にチェックを入れましょう．1 週間後に復習したら，2 つめの □ にチェックを入れましょう．試験の前に確認したら，3 つめの □ にチェックを入れましょう．

1. 感想，意見，印象，確信していることを言える

□□□ Je pense qu'il va faire chaud.

□□□ Qu'est-ce qu'ils pensent de la Martinique ?

□□□ Il me semble qu'ils apprécient la culture martiniquaise.

□□□ J'ai l'impression qu'ils trouvent les gens sympathiques.

□□□ Je suis certaine qu'il va faire beau.

2. 代名詞が使える（中性代名詞 en, y, le）

□□□ Je n'en suis pas sûre.

□□□ Vous en avez un ?

□□□ Ils s'y intéressent beaucoup.

□□□ Je le crois vraiment.

3. すべきことを，やんわりと言える（条件法現在 devoir）

□□□ Vous devriez prendre un parapluie.

© Takayuki Nakamura
シェルシェール図書館（フォール＝ド＝フランス，2010）

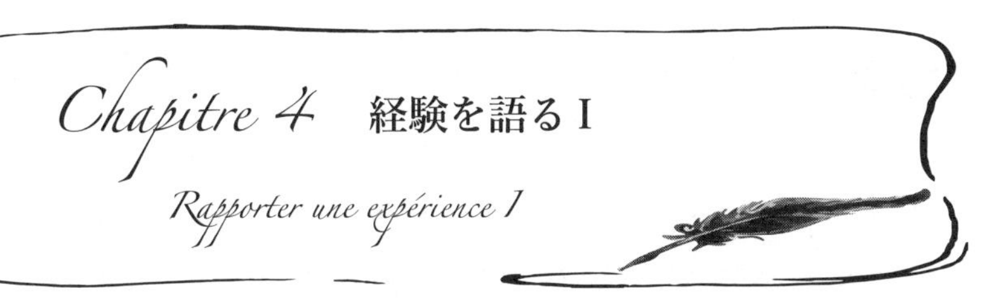

Chapitre 4　経験を語るⅠ

Rapporter une expérience I

できるようになること

1．出来事を語る（複合過去Ⅰ：助動詞 avoir）

2．ニュアンスをつけて，出来事を語る（複合過去と副詞の位置）

わかるようになる表現（キーフレーズ）

1. **J'ai pris le train de huit heures, j'ai eu de la chance !**

   Tu as passé une bonne semaine ?

   Oui, j'ai passé une excellente semaine.

   Trois touristes ont mangé des moules-frites.

   Vous avez bu du vin ?

   Non, on a bu de la bière belge, bien sûr !

   Qu'est-ce que tu as fait à Bruxelles ?

2. **Nous avons aussi vu des expositions aux Musées Royaux.**

   À l'hôtel, tu as bien dormi ?

   Oui, j'ai très bien dormi.

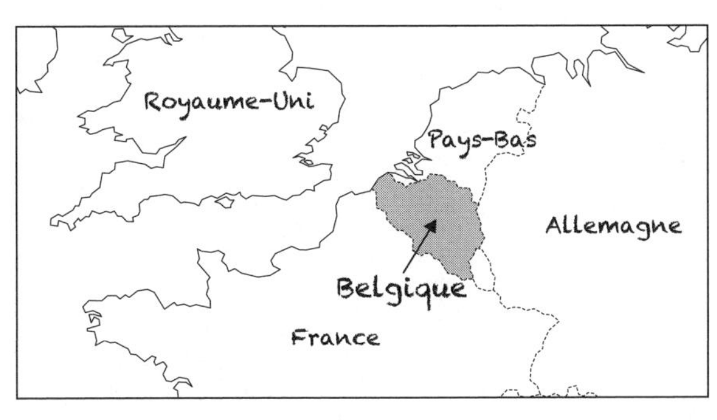

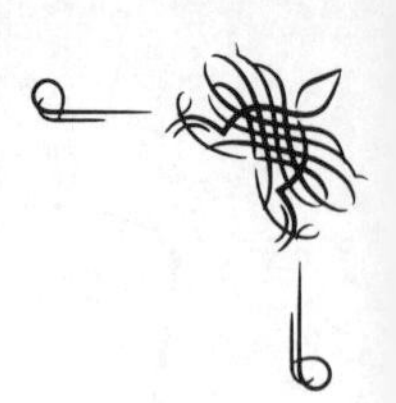

Dialogue

Alexandre revient de Belgique. Hélène, son épouse, est venue le chercher à la gare. Dans la voiture, ils parlent de son voyage.

Alexandre : Bonsoir ma chérie. J'ai pris le train de huit heures, j'ai eu de la chance !

Hélène : Bonsoir Alexandre. Tu as passé une bonne semaine ?

Alexandre : Oui, j'ai passé une excellente semaine. J'ai fait un très bon voyage !

Hélène : Qu'est-ce que tu as fait à Bruxelles ?

Alexandre : Mon groupe de touristes et moi, nous avons fait beaucoup de choses. Nous avons visité plusieurs monuments : nous avons vu la Grand-Place et le Manneken Pis. Nous avons aussi vu des expositions aux Musées Royaux et au Musée de la Bande Dessinée. Mercredi, nous avons déjeuné au Roy d'Espagne, sur la Grand-Place. Hier soir, nous avons dîné Chez Léon.

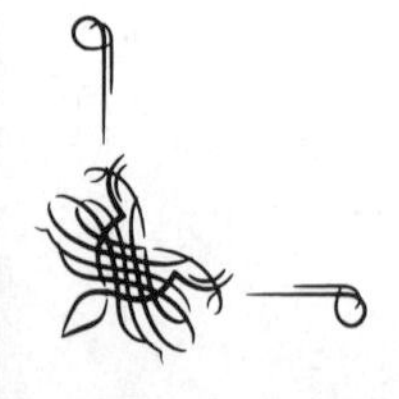

（アレクサンドルはベルギーから戻ってきた．妻のエレーヌは夫を駅に迎えに行った．車の中で，アレクサンドルの旅行について話している）

アレクサンドル：こんばんは（かわいい人）．8時の電車に乗ったんだよ，運が良かった！

エレーヌ　　　：こんばんは，アレクサンドル．よい1週間を過ごせた？

アレクサンドル：ああ，すばらしい1週間を過ごせたよ．とてもよい旅行をしてきたよ！

エレーヌ　　　：ブリュッセルでは何をしたの？

アレクサンドル：グループの観光客とぼくは，多くのことをしたよ．複数の建造物を訪ねたんだ．グラン・プラスや小便小僧の像を見たよ．王立美術館とマンガ博物館で展覧会も見たよ．水曜日には，グラン・プラスのレストラン「スペイン王」で昼食をとったんだ．昨晩には，「シェ・レオン」で夕食をとったよ．

Vocabulaire

ma chérie 大切な人（妻，娘，女性の恋人への呼びかけ），ai pris < prendre 乗る，ai eu < avoir, avoir de la chance 運がいい，ついている，as passé < passer, bonne < bon よい，semaine 週，ai passé < passer, excellente < excellent 素晴らしい，ai fait < faire, as fait < faire, Bruxelles ブリュッセル（ベルギーの首都），avons fait < faire, choses <chose こと，avons visité < visiter 訪れる，plusieurs いくつかの，複数の，monuments < monument 建造物，: deux points ドゥ・ポワン，avons vu < voir 見る，la Grand-Place グラン・プラス（ブリュッセルの広場），le Manneken Pis 小便小僧（ブリュッセルにある像），aussi そのうえ，～もまた，expositions < exposition 展覧会，Musées Royaux 王立美術館（musées は musée 美術館，博物館の複数形，royaux は royal の複数形），Bande Dessinée（フランス語圏の）コミック，漫画，B.D.，mercredi 水曜日，avons déjeuné < déjeuner 昼食をとる，Roy d'Espagne スペイン王（レストラン名），sur ～に（place, avenue などの場所の前につける前置詞），hier 昨日，soir 晩，夕方，avons dîné < dîner 夕食をとる，chez ～で（個人の家，店，会社の前につける前置詞），Chez Léon シェ・レオン（ムール貝とフライドポテトで有名なレストラン）

Hélène : Ah oui ? Qu'est-ce que vous avez mangé ?

Alexandre : Trois touristes ont mangé des moules-frites. Deux autres ont mangé du waterzooï.

Hélène : Et toi ? Qu'est-ce que tu as pris ?

Alexandre : Moi, j'ai choisi de la carbonade à la flamande. J'ai mangé une gaufre.

Hélène : Vous avez bu du vin ?

Alexandre : En Belgique ? Non, on a bu de la bière belge, bien sûr !

Hélène : Et qu'est-ce que tu as fait après le dîner ?

Alexandre : J'ai pris une douche, j'ai regardé la télé dans ma chambre. J'ai lu le journal. Au fait, j'ai téléphoné à Mathilde jeudi.

Hélène : Ah bon ? C'est bien. Qu'est-ce qu'elle a dit ?

Alexandre : Tout va bien pour elle, je crois.

Hélène : Tu as bien dormi à l'hôtel ?

Alexandre : Oh oui, j'ai très bien dormi. Tiens, j'ai rapporté quelque chose de Bruxelles. *(Il sort un cadeau de son sac)* J'ai acheté des chocolats belges pour toi, ma chérie !

Hélène : Merci ! Tu as pensé à moi !

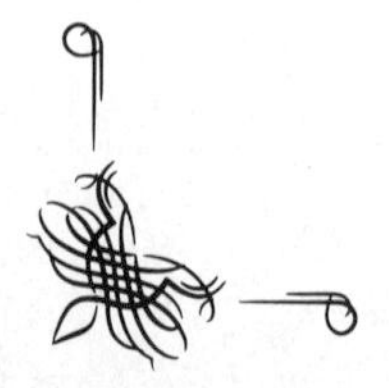

エレーヌ：あら，そうなの？あなたたちは何を食べたの？

アレクサンドル：3人のお客さんはムール・フリット（ムール貝とフライドポテト）を食べた．2人の別のお客さんは，ワーテルゾーイ（ベルギー郷土料理のクリームシチュー）を食べた．

エレーヌ：それであなたは？何を注文したの？

アレクサンドル：ぼくはね，フランドル風カルボナードにしたよ．ワッフルを食べた．

エレーヌ：みなさんでワインを飲んだの？

アレクサンドル：ベルギーで？いいや，もちろんベルギー・ビールを飲んだよ！

エレーヌ：それで夕食後は，何をしたの？

アレクサンドル：シャワーを浴びて，部屋でテレビを見た．新聞を読んだよ．あっそうだ！木曜日にマチルドに電話をしたよ．

エレーヌ：あら，そうなの？それはよかった．マチルドは何と言ってた？

アレクサンドル：マチルドの方ではすべてうまくいっていると思うよ．

エレーヌ：ホテルではよく眠れた？

アレクサンドル：あ，うん，とてもよく眠れたよ．そうだ，ブリュッセルから持ち帰ったんだよ！（バッグからプレゼントを出す）大切な君のために，ベルギーチョコレートを買ってきたよ！

エレーヌ：ありがとう！私のことを想ってくれたのね！

Vocabulaire

avez mangé < manger 食べる，ont mangé < manger, moules-frites ムール貝とフライドポテト，waterzooï ワーテルゾーイ（ベルギーのチキンクリームシチュー．魚のメニューもある），as pris < prendre, ai choisi → choisir 選ぶ，carbonade à la flamande フランドル風カルボナード（牛肉をビールで煮込んだベルギーの郷土料理）．à la + 形容詞の女性形 ～風，他の例としては，spaghetti à la bolognaise（ボローニャ風スパゲティ＝スパゲティ・ボロネーズ），gaufre ワッフル，avez bu < boire 飲む，vin ワイン，Belgique ベルギー，a bu < boire, bière ビール，belge, ベルギーの，bien sûr もちろん，as fait < faire, après ～の後に，dîner 夕食，ai pris < prendre 取る，食べる，douche シャワー，prendre une douche シャワーを浴びる，ai regardé < regarder 見る，télé テレビ，dans ～で，～の中で，chambre（ホテルの）部屋，ai lu < lire 読む，journal 新聞，ai téléphoné < téléphoner, téléphoner à ～に電話をする，jeudi 木曜日，a dit < dire 言う，tout（代名詞）すべて（文法的には単数扱い）va < aller, aller bien うまく行く，pour ～にとって，～のために，as dormi < dormir 眠る，ai dormi < dormir, ai rapporté < rapporter 持ち帰る，quelque chose 何か，もの（ものを特定しないときにも使う），cadeau プレゼント，ai acheté < acheter 買う，chocolats < chocolat チョコレート（トリュフタイプのチョコは数えられるので，複数形），belges < belge ベルギーの，as pensé < penser 考える，penser à ～のことを考える

1. 出来事を語る（複合過去Ⅰ：助動詞 avoir）

今回学ぶのは，動詞の時制である「複合過去」です．会話では「～した」と訳されていますが，フランス語では，「助動詞」と「動詞の過去分詞」の２つの要素でできている活用形です．助動詞は avoir の現在形を借ります．英語とは異なり，フランス語の助動詞は活用しています．まず動詞 avoir の現在形の活用を復習しましょう．

【直説法現在】**avoir**

	単数	複数
1 人称	j'ai　ジェ	nous avons　ヌ　ザヴォン
2 人称	tu as　チュ　ア	vous avez　ヴ　ザヴェ
3 人称男性 女性	il a　イラ elle a　エラ	ils ont　イル　ゾン elles ont　エル　ゾン
	on a　オンナ	

* on は「私たち」の意味で使われていました．nous と同じ意味ですが，くだけたニュアンスがあります．動詞の活用形は il, elle と同じ 3 人称単数になります．

次に過去分詞です．規則動詞では作り方が決まっています．過去分詞の語尾は，-er 型規則動詞（第 1 群規則動詞）では語尾が -é，-ir 型規則動詞（第 2 群規則動詞）では -i になります．不規則動詞にはそれぞれ過去分詞の形があります．

- -er 型規則動詞の過去分詞：passer → passé, visiter → visité, déjeuner → déjeuné, dîner → dîné, visiter → visité, manger → mangé, regarder → regardé, téléphoner → téléphoné, rapporter → rapporté, acheter → acheté, penser → pensé（以上，会話文から）
- -ir 型規則動詞の過去分詞：choisir → choisi（以上，会話文から），finir → fini

• 不規則動詞の過去分詞：prendre → pris, avoir → eu, faire → fait,
voir → vu, boire → bu, lire → lu, dire → dit（以上，会話文から），
mettre → mis, être → été

複合過去の活用形は，動詞 avoir の現在形と活用させたい動詞の過去分詞で作ります．dîner（夕食をとる）を例に，複合過去の活用形を見ましょう．

助動詞（avoir の現在形の活用）　+　動詞の過去分詞

【直説法複合過去】**dîner**「夕食をとる」　　（助動詞に avoir を取る）

	単数	複数
1 人称	j'ai dîné ジェ ディネ	nous avons dîné ヌ ザヴォン ディネ
2 人称	tu as dîné チュ ア ディネ	vous avez dîné ヴ ザヴェ ディネ
3 人称男性	il a dîné イラ ディネ	ils ont dîné イル ゾン ディネ
女性	elle a dîné エラ ディネ	elles ont dîné エル ゾン ディネ

会話文で，複合過去が使われている箇所を探してみましょう．以下，下線が引かれている箇所が複合過去の活用です．

☸ **J'ai pris le train de huit heures**（prendre 乗る）**, j'ai eu de la chance !**（avoir 持つ）

☸ **Tu as passé une bonne semaine ?**（passer 過ごす）

☸ **Oui, j'ai passé une excellente semaine.**（passer 過ごす）
J'ai fait un très bon voyage !（faire する）

☸ **Qu'est-ce que tu as fait à Bruxelles ?**（faire する）
Nous avons fait beaucoup de choses.（faire する）
Nous avons visité plusieurs monuments.（visiter 訪ねる）
Nous avons vu la Grand-Place et le Manneken Pis.（voir 見る）
Mercredi, nous avons déjeuné au Roy d'Espagne, sur la Grand-Place.（déjeuner 昼食をとる）
Hier soir, nous avons dîné Chez Léon.（dîner 夕食をとる）

Qu'est-ce que vous avez mangé ? (manger 食べる)

❁ **Trois touristes ont mangé des moules-frites.** (manger 食べる)

Deux autres ont mangé du waterzooï. (manger 食べる)

Qu'est-ce que tu as pris ? (prendre 注文する)

J'ai choisi de la carbonade à la flamande. (choisir 選ぶ)

J'ai mangé une gaufre. (manger 食べる)

❁ **Vous avez bu du vin ?** (boire 飲む)

❁ **Non, on a bu de la bière belge, bien sûr !** (boire 飲む)

Et qu'est-ce que tu as fait après le dîner ? (faire する)

J'ai pris une douche. (prendre 浴びる)

J'ai regardé la télé dans ma chambre. (regarder 見る)

J'ai lu le journal. (lire 読む)

J'ai téléphoné à Mathilde jeudi. (téléphoner à ~ ～に電話をする)

Qu'est-ce qu'elle a dit ? (dire 言う)

J'ai rapporté quelque chose de Bruxelles ! (rapporter 持ち帰る)

J'ai acheté des chocolats belges pour toi. (acheter 買う)

Tu as pensé à moi ! (penser à ~ ～のことを考える)

◆複合過去形で何を言い表すか

「複合過去」が表すのは，大きく分けて「過去」と「現在完了」です．この章では，過去の出来事を表して，「～した」の意味になる用法を見ましょう．

アレクサンドルがベルギー旅行でしたことを，複合過去を使って述べています．

2. ニュアンスをつけて，出来事を語る（複合過去と副詞の位置）

複合過去の文で，助動詞と過去分詞が離れ離れになることがあります．間に aussi, bien, très bien などが入っている文が出てきました．

Nous avons aussi vu des expositions aux Musées Royaux.
À l'hôtel, tu as bien dormi ?
Oui, j'ai très bien dormi.

私たちは展覧会を見ました．	Nous avons vu des expositions.
私たちは展覧会[も]見ました．	Nous avons [aussi] vu des expositions.
眠れましたか？	Tu as dormi ?
[よく]眠れましたか？	Tu as [bien] dormi ?
[とてもよく]眠れました．	J'ai [très bien] dormi.

このように，文の中で，助動詞と過去分詞が離れて出てくるときがありますが，セットで複合過去の活用であると見分けましょう．

ベルギー la Belgique

ベルギーではフランス語とオランダ語が公用語として話されています.

先住民族であるケルト人がラテン化され，そこにゲルマン人がやってきて，ワロン語が成立しました．中世以降，フランスに併合されたため，その住民の大部分がフランス語を話すことになります．ワロン語がフランス語だと認識されるふしもありますが，厳密に言うと，ワロン語はフランス語とは異なる地域語です．そうするとワロン人はワロン語とフランス語の2カ国語話者であるということになります．しかし，若い世代ではだんだんとワロン語が話されなくなる傾向にあると言われています．（ワロンとは「ローマ化した他民族」という意味で，「ワロン人」は現在ではベルギー南部のフランス語を話す人々が住む地域の名称です.）

19世紀にベルギーが独立した後も，フランス語圏ワロン地方ではフランス人に親近感を抱いているようです.

もう一つの公用語であるフランデレン語は，英語，オランダ語，フリース語(オランダ北東部の言語)，低地ドイツ語と並んで，低地ゲルマン語の一種です．変容を遂げて，英語の祖先となった言語です.

ベルギー出身のサムさんのインタビューを聞きましょう.

« Bonjour à tous, je m'appelle Sam, je suis belge, vivant au Japon depuis huit ans. Je vais essayer de vous parler de la manière la plus belge possible. Donc, voilà… Je viens de Bruxelles. Je suis né… je suis né… j'ai grandi pendant vingt-quatre ans avant de venir ici au Japon. En Belgique, on parle un français assez standard, assez commun, mais nous avons cependant certaines spécificités linguistiques propres à nous, les Belges. Par exemple, une expression typiquement bruxelloise, donc c'est même pas belge, c'est plutôt bruxellois, pour dire à quelqu'un ironiquement « bien-sûr », « évidemment », on va lui répondre de manière ironique « Non, peut-être ! », avec cet accent-là. Donc, par exemple, quelqu'un va nous demander « Tu veux venir à mon anniversaire ? », on va dire « Ben non, peut-être ! », ce qui veut dire « Évidemment, je veux venir à ton anniversaire ! ». Alors ça, c'est typique, typiquement bruxellois. Quelque chose qui est commun au français parlé partout en Belgique, c'est l'utilisation du verbe « savoir » qui est assez différente de nos voisins Français. En l'occurrence, on va demander à quelqu'un est-ce qu'il sait faire quelque chose par exemple. Si c'est typiquement l'utilisation qu'on va avoir du verbe savoir, donc, je vais demander à mon ami « Tu sais me passer le sel, s'il te plaît ? » et ce qu'on veut vraiment dire, c'est « Pourrais-tu me passer le sel ? » ou « Peux-tu me passer le sel ? », « Est-ce que tu veux bien me passer le sel ? », mais on va utiliser le verbe « savoir » dans une notion de « pouvoir », d'« avoir la capacité de » et ça, tout le temps, les Français sont assez confus et comprennent pas ce qu'on essaye de dire. Les Français, et les Suisses aussi sont confus. »

(日本語訳は巻末参照)

Exercices 練習問題

1. 日本語の意味にあうように，かっこに助動詞（avoir の現在形の活用形）を補って，複合過去の文を完成させましょう．

(1) Vous (　　　　　　　　) mangé une gaufre ?
「あなたはワッフルを食べましたか？」

(2) J' (　　　　　　　　) rapporté quelque chose.
「あるものを持ち帰りました.」

(3) Il (　　　　　　　　) pensé à Mathilde.「彼はマチルドのことを考えた.」

(4) Elles (　　　　　　　　) dîné.「彼女たちは夕食をとりました.」

(5) Tu (　　　　　　　　) passé une bonne semaine ?
「よい 1 週間を過ごせた？」

(6) Nous (　　　　　　　　) regardé la télé.「私たちはテレビを見ました.」

2. かっこ内に指定されている動詞を活用させて，複合過去の文を完成させましょう．

(1) Nous (　　　　　　　　　　　　) ensemble. (déjeuner)

(2) Tu (　　　　　　　　　　　　) le train de huit heures ? (prendre)

(3) Ils (　　　　　　　　　　　　) le journal. (lire)

(4) On (　　　　　　　　　　　　) de la bière. (boire)

(5) J' (　　　　　　　　　　　　) de la chance. (avoir)

(6) Qu'est-ce que vous (　　　　　　　　　　　　) ? (faire)

3. 完成した上記 2 の文の意味を考えましょう．

(1) ____

(2) ____

(3) ______________________________

(4) ______________________________

(5) ______________________________

(6) ______________________________

4. 質問に対する適切な答えを，選択肢から選びましょう.

(1) Tu as passé une bonne semaine ?

(2) Vous avez bu du vin ?

(3) À l'hôtel, tu as bien dormi ?

(4) Qu'est-ce qu'elle a fait à Bruxelles ?

(5) Qu'est-ce que vous avez mangé ?

選択肢 A) Oui, j'ai passé une excellente semaine.

B) Nous avons mangé de la carbonade.

C) Non, on a bu de la bière belge.

D) Elle a visité un musée.

E) Oui, j'ai très bien dormi.

理解したら，1つめの □ にチェックを入れましょう．1週間後に復習したら，2つめの □ にチェックを入れましょう．試験の前に確認したら，3つめの □ にチェックを入れましょう．

1. 出来事を語る（複合過去 I：助動詞 avoir）

□□□ J'ai pris le train de huit heures, j'ai eu de la chance !

□□□ Tu as passé une bonne semaine ?

□□□ Oui, j'ai passé une excellente semaine.

□□□ Trois touristes ont mangé des moules-frites.

□□□ Vous avez bu du vin ?

□□□ Non, on a bu de la bière belge, bien sûr !

□□□ Qu'est-ce que tu as fait à Bruxelles ?

2. ニュアンスをつけて，出来事を語る（複合過去と副詞の位置）

□□□ Nous avons aussi vu des expositions aux Musées Royaux.

□□□ À l'hôtel, tu as bien dormi ?

□□□ Oui, j'ai très bien dormi.

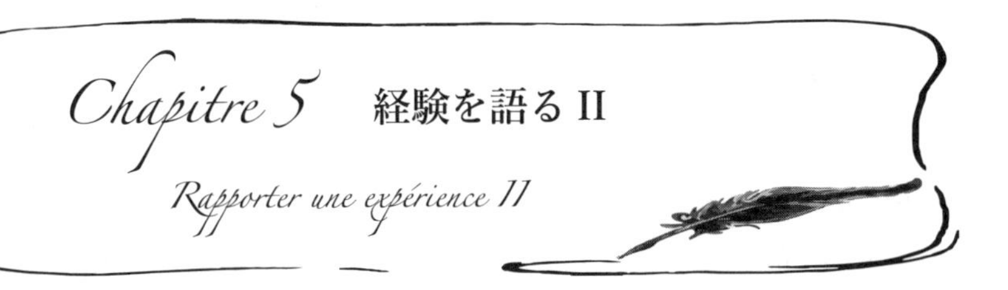

Chapitre 5 経験を語る II

Rapporter une expérience II

できるように なること

1. 復習：出来事を語る（複合過去Ｉ：助動詞 avoir）
2. 出来事を語る（複合過去Ⅱ：助動詞 être）

　1）移動　　2）生死

わかるようになる表現（キーフレーズ）

1. **Est-ce que vous avez passé une bonne journée ?**

   Nous avons vu le défilé du Grand Cortège historique.

2. 1) **Nous sommes allés sur la Grande Place.**

   Nous sommes restés trois heures.

   Des personnages historiques sont passés dans la vieille ville.

   Vous êtes partis vers quelle heure ?

   On est rentrés à l'hôtel vers sept heures et demie.

   2) **Jean-Jacques Rousseau est né à Genève en 1712.**

   Il est ensuite devenu philosophe et écrivain.

   Il est mort en France en 1778.

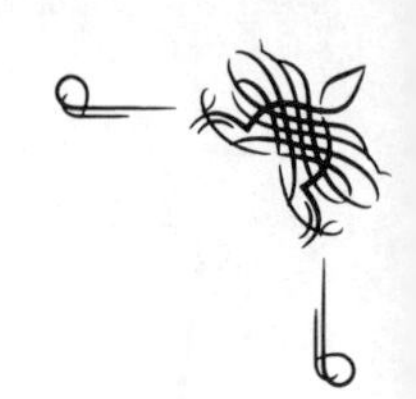

Dialogue

Alexandre est en Suisse, à Genève. Il est à l'accueil de l'office de tourisme de la ville où il parle avec la réceptionniste. Il demande des renseignements sur les activités à faire dans la ville.

Réceptionniste : Alors, vous pouvez visiter la Maison de Jean-Jacques Rousseau. C'est une jolie maison très agréable. Jean-Jacques Rousseau est né à Genève en 1712 [mille-sept-cent-douze]. Il est ensuite devenu philosophe et écrivain. Il est mort en France en 1778 [mille-sept-cent-septante-huit*].

Alexandre : Ah ! C'est intéressant ! Nous allons visiter ce musée demain matin. Qu'est-ce que nous pouvons faire demain après-midi ?

Réceptionniste : Aujourd'hui, nous sommes le 10 [dix] décembre, vous pouvez aller à la fête de l'Escalade demain. C'est la fête de la ville de Genève.

Alexandre : Ah oui, bien sûr.

* 1778 [mille-sept-cent-septante-huit*] 78 を septante-huit というのはスイスでの読み方．フランス本土では soixante-dix-huit と読む．

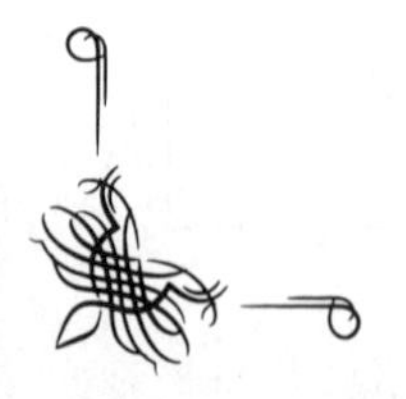

（アレクサンドルはスイスのジュネーヴにいる．街の観光案内所の受付にいて，そこで受付係と話している．街ですべき観光の情報を尋ねている）

受付係　　　　：それでは，ジャン＝ジャック・ルソーの家［博物館］を訪ねることができます．きれいで，とても快適な家です．ジャン＝ジャック・ルソーは 1712 年にジュネーヴで生まれました．それから哲学者，かつ作家になりました．1778 年にフランスで亡くなりました．

アレクサンドル：あ！それはおもしろい！明朝はその博物館に行こう．明日の午後は何ができるかなあ？

受付係　　　　：今日 12 月 10 日です．明日，エスカラードの祭りに行けますね．ジュネーヴの街のお祭りです．

アレクサンドル：ああ，そう，そりゃそうだ．

pouvez < pouvoir ～できる，Maison de Jean-Jacques Rousseau ジャン＝ジャック・ルソーの家（博物館），jolie < joli かわいい，maison 家，agréable 感じのよい，心地よい．est né < naître 生まれる，ensuite 次に，そして，est devenu < devenir（～に）なる，philosophe 哲学者，écrivain 作家，est mort < mourir 死ぬ，allons < aller 近接未来，musée 博物館，美術館，demain 明日，matin 朝，pouvons < pouvoir, après-midi 午後，nous sommes le 10 décembre 12 月 10 日です nous sommes le 日，月　○月○日です，pouvez < pouvoir, fête 祭り，la fête de l'Escalade エスカラードの祭り（ジュネーヴの街のお祭りで，毎年 12 月上旬に開催される．1602 年 12 月 11 日にジュネーヴの支配をもくろんだフランスのサヴォワ公が深夜に城壁にはしごをかけてよじのぼり，奇襲攻撃をかけてきたところ，つまり「エスカラード」（「よじのぼる」の意）していたところ，ジュネーヴ市民が煮えたぎるスープ鍋をひっくり返して撃退した．ジュネーヴの町を救ったことを記念して祭りが始まった．），Genève ジュネーヴ

Alexandre est à nouveau à l'office de tourisme.

Réceptionniste : Bonjour Monsieur Lefebvre. Est-ce que vous avez passé une bonne journée ? Vous êtes allés à la fête de l'Escalade hier ?

Alexandre : Ah, oui ! Nous sommes sortis de l'hôtel l'après-midi. Nous sommes allés sur la Grande Place. Nous sommes arrivés à quatre heures. Nous sommes restés trois heures. Nous avons vu le défilé du Grand Cortège historique. Des personnages historiques sont passés dans la vieille ville.

Réceptionniste : Et vous êtes partis vers quelle heure ?

Alexandre : Vers sept heures du soir, je crois. Et on est rentrés à l'hôtel vers sept heures et demie.

Réceptionniste : Alors maintenant, vous êtes un vrai Genevois ! *(Rires)*

Alexandre : Je suis un Parisien amoureux de Genève !

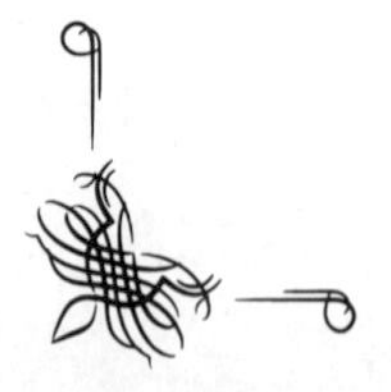

（アレクサンドルは再び観光案内所にいる）

受付係　　　　：こんにちは，ルフェーヴルさん．よい一日が過ごせましたか？昨日はエスカラードの祭りに行きましたか？

アレクサンドル：あ，ええ！私たちは午後にホテルを出ました．大広場に行きました．4時に着きました．3時間，留まっていました．私たちは歴史的な行列の行進を見ました．歴史的な人物（に扮した人）が旧市街の中を通っていきました．

受付係　　　　：それであなた方は何時頃に立ち去りましたか？

アレクサンドル：夕方の7時頃だと思います．それでホテルには7時半頃に帰りました．

受付係　　　　：それじゃあ，いまやあなたは，正真正銘のジュネーヴっ子ですね！（笑い）

アレクサンドル：私はジュネーヴを愛するパリっ子ですよ！

avez passé < passer（他動詞）～を過ごす，êtes allés < aller, sommes sortis < sortir 外出する，sommes allés < aller, sommes arrivés < arriver, sommes restés < rester 留まる，avons vu < voir, défilé du Grand Cortège historique 歴史的行列の行進，personnages < personnage 人物（に扮した人），historiques < historique 歴史的な，sont passés < passer（自動詞）通る，vieille ville 旧市街，êtes partis < partir 立ち去る，出発する，vers（時間的に）～頃，on 私たち，est rentrés < rentrer 帰る，et demie（～時）半，vrai 本当の，正真正銘の，Genevois ジュネーヴっ子，Parisien パリっ子，amoureux de ～が好きな，愛している

1. 復習：出来事を語る（複合過去Ⅰ：助動詞 avoir）

前回の復習をしましょう．複合過去の活用形は，動詞 avoir の現在形と活用させたい動詞の過去分詞で作ります．

助動詞（avoir の現在形の活用）　＋　動詞の過去分詞

今回の会話文で，avoir を助動詞とする複合過去はわかりましたか．以下の下線部が複合過去の活用です．

Est-ce que vous avez passé une bonne journée ?

Nous avons vu le défilé du Grand Cortège historique.

2. 出来事を語る（複合過去Ⅱ：助動詞 être）

複合過去は「助動詞」と「動詞の過去分詞」の２つの要素でできています．実は，助動詞に être を取る動詞もあります．

助動詞 être は直説法現在（現在形）の活用形をそのまま借ります．現在形をおさらいしましょう．

【直説法現在】**être**

	単数	複数
1 人称	je suis　ジュ　スュイ	nous sommes ヌ　ソンム
2 人称	tu es　チュ　エ	vous êtes　ヴ　ゼット
3 人称男性 女性	il est　イレ elle est　エレ	ils sont　イル　ソン elles sont　エル　ソン

複合過去で être を助動詞にとる動詞は 1) 移動に関する自動詞，2) 生死や状態の変化に関する自動詞です．つまり，その行為の結果が主語に何らかの変化や影響を及ぼす意味を持った動詞です．

êtreを助動詞に取る動詞とその過去分詞

1）-er型規則動詞（第1群規則動詞）の過去分詞：arriver → arrivé（着く），rester → resté（留まる），rentrer → rentré（帰る）
不規則動詞の過去分詞　aller → allé（行く），sortir → sorti（出る），partir → parti（以上，会話文から），venir → venu（来る），descendre → descendu（下りる）（会話以外の例）

2）不規則動詞の過去分詞：naître → né（生まれる），mourir → mort（亡くなる），devenir → devenu（～になる）

allerの複合過去の活用を見ましょう．êtreを助動詞にする複合過去の活用では，主語の人称にあわせて，過去分詞は性数変化します．つまり形容詞のように，女性形にはe，複数形にはsがつきます．過去分詞が主語に性数一致するのは助動詞がêtreのときだけです．

【直説法複合過去】**aller**「行く」　（助動詞にêtreを取る）

	単数	複数
1人称	男性 je suis allé ジュ スユイ アレ［ザレ］ 女性 je suis allée ジュ スユイ アレ［ザレ］	nous sommes allés ヌ ソンム アレ［ザレ］ nous sommes allées ヌ ソンム アレ［ザレ］
2人称	男性 tu es allé チュ エ アレ［ザレ］ 女性 tu es allée チュ エ アレ［ザレ］	男性単数 vous êtes allé ヴ ゼット アレ［ザレ］ 女性単数 vous êtes allée ヴ ゼット アレ［ザレ］ 男性複数 vous êtes allés ヴ ゼット アレ［ザレ］ 女性複数 vous êtes allées ヴ ゼット アレ［ザレ］
3人称	男性 il est allé イ レ アレ［タレ］ 女性 elle est allée エ レ アレ［タレ］	ils sont allés イル ソン アレ［タレ］ elles sont allées エル ソン アレ［タレ］

*表の中のカタカナ表記は，リエゾンしていない発音．かっこの中はリエゾンしている発音．

今回の会話文に出てきた中から，êtreを助動詞に取る複合過去がある箇所を取りだしてみましょう．

1）移動に関する動詞

Vous êtes allés à la fête de l'Escalade hier ?

Nous sommes sortis de l'hôtel l'après-midi.

🏵 **Nous sommes allés sur la Grande Place.**

Nous sommes arrivés à quatre heures.

🏵 **Nous sommes restés trois heures.**

🏵 **Des personnages historiques sont passés dans la vieille ville.**

🏵 **Vous êtes partis vers quelle heure ?**

🏵 **On est rentrés à l'hôtel vers sept heures et demie.**（主語の人称代名詞 on は「私たち」の意．文法的には 3 人称単数なので助動詞は être の 3 人称単数の est. 主語の実体は「アレクサンドルと彼のグループの人たち」で男性複数．この主語の実体である男性複数に過去分詞 rentré が性数一致して rentrés となっている.）

2）生死や状態の変化に関する動詞

🏵 **Jean-Jacques Rousseau est né à Genève en 1712.**

🏵 **Il est ensuite devenu philosophe et écrivain.**

🏵 **Il est mort en France en 1778.**

用法

• 過去の行為・出来事

前章で見たとおり，複合過去では過去にしたことや，起こったことを言い表します．

• 現在完了

そのほか，複合過去では，現在完了の意味で，「～してしまった」という意味になったり，過去の出来事の結果，生じた現在の状態を言うこともできます（→次章以降）．

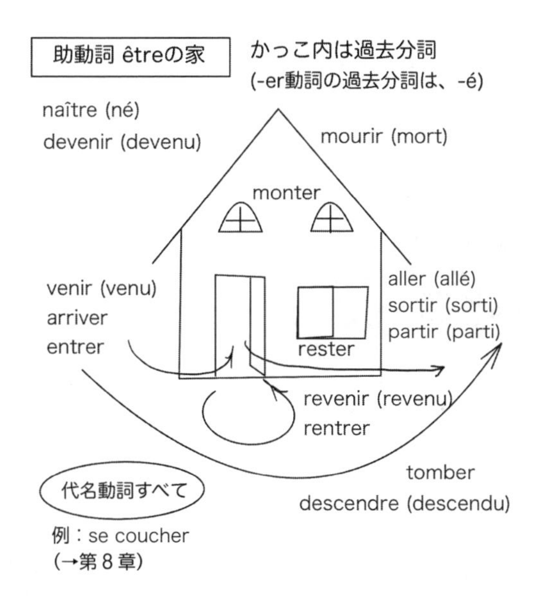

複合過去の助動詞

複合過去で être を助動詞に取る動詞がわかりました．（その他にも代名動詞の複合過去でも，être を助動詞に取ります．後の章で見ましょう．）

それ以外の自動詞は，avoir を助動詞に取ります．他動詞はすべて avoir を助動詞に取ります．

« Vous avez passé une bonne journée hier ? » の passer は「過ごす」という意味の他動詞（目的語は une bonne journée）なので，助動詞に avoir を取ります．

« Des personnages historiques sont passés dans la vieille ville. » の passer は「通る」という意味の自動詞です．移動にかかわる自動詞で，助動詞に être を取ります．

ジュネーヴ Genève

ナタリーさんによるスイスの紹介文を読みましょう.

Bienvenue en Suisse !

Ce petit pays au cœur de l'Europe (348 km de longueur et 220 km de largeur) est un havre de paix avec de nombreux lacs et montagnes. Les Alpes décorent 60% du territoire. Nous sommes 8,7 millions d'habitants, une personne sur cinq est étrangère. Il y a 45 organisations internationales dont 39 sont dans la ville francophone de Genève. Parmi les plus connues, les Nations Unies et l'Organisation Mondiale de la Santé. Henri Dunant (prix Nobel de la paix en 1901) fondateur de la Croix-Rouge au 19ème siècle, a créé l'aide humanitaire.

La Suisse politique est née en 1848. On y compte 26 cantons. Berne, la capitale se trouve dans la région allemande. La fête nationale est le 1er août. Pays neutre dont le système politique est une démocratie directe. Elle ne fait pas partie de l'Union Européenne. Son originalité est sa diversité de quatre cultures, quatre langues officielles : le français, l'allemand, l'italien et le romanche selon les régions en font un pays multiculturel. Il y a quatre chaînes de télévision, une pour chaque langue.

Quelques Suisses connus dans le monde : Einstein (prix Nobel de

© Natalie Lo Bue

ジャン＝ジャック・ルソー（1712–1778）の肖像
カンタン・ド・ラ・トゥールによるパステル画（1753年）
https://fr.wikipedia.org/wiki/Jean-Jacques_Rousseau

© Natalie Lo Bue

physique en 1921), Alberto Giacometti (peintre et sculpteur), Carl Gustav Jung (psychiatre), Jean-Jacques Rousseau (écrivain et philosophe), Herman Hesse (prix Nobel de littérature en 1946), Le Corbusier (architecte), Rodolphe Töpffer (illustrateur et précurseur de la bande dessinée), Jean-Luc Godard (cinéaste), la famille Knie (dynastie depuis 1803, le cirque national).

Nous sommes les plus grands mangeurs de chocolat au monde, environ 9 kilos par année et par personne et adorons le fromage, les montres ainsi que les sports d'hiver surtout le ski. Nous aimons partager à plusieurs nos diverses fondues traditionnelles, fondue au fromage, fondue bourguignonne (viande), fondue au chocolat et aussi la raclette au fromage.

La mini ville francophone de Lavaux (inscrite au patrimoine mondial de l'Unesco) est célèbre pour son vin. Le lac Léman au bord des villes francophones de Genève, Lausanne et Montreux a la particularité d'être franco-suisse. La moitié du lac est française. Deux adorables communes françaises sont Yvoire, cité médiévale du 14ème siècle avec la distinction d'un des plus beaux villages de France et Évian avec son eau minérale et ses spa. La Suisse, c'est aussi la jolie Heidi, fille des Alpes. Isao Takahata, Yoichi Kotabe et Hayao Miyazaki, à cette époque jeune assistant, en ont créé le dessin animé.

En Suisse romande (francophone), nous parlons lentement en chantonnant un peu.

Le français est identique sauf pour les chiffres 70[septante] et 90[nonante].

(À la fin avec l'accent suisse …)

« Bonjour ! Il fait beau aujourd'hui. Je vais faire du vélo au bord du lac. » Et comme on dit chez nous : « Y'a pas le feu au lac ». Ce qui signifie ne pas se presser, aller tout doucement, tout doux, tout doux.

(Texte par Nathalie Lo Bue)

（日本語訳は巻末参照）

© Natalie Lo Bue

レマン湖の噴水

© Natalie Lo Bue

旧市街

Exercices 練習問題

1. 日本語の意味にあうように，かっこに助動詞（êtreの現在形の活用形）を補って，複合過去の文を完成させましょう．

(1) Je ( ) allé sur la Grande Place.
「私は大広場に行きました.」

(2) Elles ( ) rentrées à l'hôtel.
「彼女たちはホテルに帰りました.」

(3) Vous ( ) partis à quelle heure ?
「あなた方は何時に発ちましたか？」

(4) Il ( ) resté trois heures. 「彼は3時間残りました.」

(5) Nous ( ) sortis l'après-midi.
「私たちは午後に外出しました.」

(6) Tu ( ) arrivée à quelle heure ? 「何時に着いたの？」

2. 主語で表されている人の性と数は何でしょうか．過去分詞の形から答えを導いて，選択肢の記号をかっこ内に入れましょう（選択肢は複数回選べます）．

(1) Vous êtes sorti ? ( )

(2) Vous êtes sortis ? ( )

(3) Vous êtes sortie ? ( )

(4) Vous êtes parties vers quelle heure ? ( )

(5) On est rentrés à l'hôtel. ( )

(6) On est rentrées à l'hôtel. ( )

(7) Je suis née en 1978. ( )

選択肢 A）男性単数 B）女性単数 C）男性複数 D）女性複数

3. 指定されている動詞を活用させて，複合過去の文を完成させましょう．

(1) Je (　　　　　　　　　) en 1964. [naître]　* je は男性単数
(2) Nous (　　　　　　　　　) de l'hôtel. [sortir]　* nous は男性複数
(3) Tu (　　　　　　　　　) à la gare ? [arriver]　* tu は女性単数
(4) Ma mère (　　　　　　　　　) guide en 2000. [devenir]
(5) On (　　　　　　　　　) à l'hôtel. [rentrer]　* on は男性複数
(6) Marie Curie (　　　　　　　　　) en 1934. [mourir]　* Marie Curie マリー・キュリー
(7) Ils (　　　　　　　　　) vers cinq heures et demie. [partir]

4. 完成した上記 3. の文の意味を考えましょう．

5. 指定されている次の単語を加えて，文を書き直しましょう．（第 4 章，第 5 章復習）

(1) Il est devenu écrivain.（ensuite）
(2) Tu as dormi ?（bien）

6. 次の動詞を複合過去に活用させましょう．（第 4 章，第 5 章復習）

(1) Ils (　　　　　　　　　) à la fête. [danser]
(2) Elle (　　　　　　　　　) à la gare. [aller]
(3) Elles (　　　　　　　　　) à l'hôtel. [arriver]
(4) Il (　　　　　　　　　) un bon voyage. [faire]
(5) Mon père (　　　　　　　　　) le train de quatre heures. [prendre]
(6) Ils (　　　　　　　　　) une bonne journée. [passer]
(7) Ils (　　　　　　　　　) dans la vieille ville. [passer]

理解したら，1つめの □ にチェックを入れましょう．1週間後に復習したら，2つめの □ にチェックを入れましょう．試験の前に確認したら，3つめの □ にチェックを入れましょう．

1. 復習：出来事を語る（複合過去Ⅰ：助動詞 avoir）

□□□ Est-ce que vous avez passé une bonne journée ?

□□□ Nous avons vu le défilé du Grand Cortège historique.

2. 出来事を語る（複合過去Ⅱ：助動詞 être）

1）移動

□□□ Nous sommes allés sur la Grande Place.

□□□ Nous sommes restés trois heures.

□□□ Des personnages historiques sont passés dans la vieille ville.

□□□ Vous êtes partis vers quelle heure ?

□□□ On est rentrés à l'hôtel vers sept heures et demie.

2）生死

□□□ Jean-Jacques Rousseau est né à Genève en 1712.

□□□ Il est ensuite devenu philosophe et écrivain.

□□□ Il est mort en France en 1778.

© Nathalie Lo Bue
ジュネーブ旧市街

© Nathalie Lo Bue
ジュネーブ旧市街の空

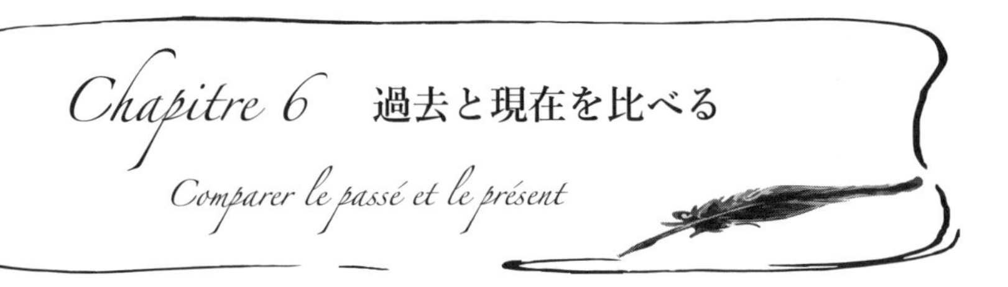

Chapitre 6　過去と現在を比べる

Comparer le passé et le présent

できるようになること　現在と過去の状態を比べる（半過去 I）

わかるようになる表現（キーフレーズ）

Comment était la ville autrefois ?

Comment est-elle aujourd'hui ?

Au Moyen Âge, on appelait la région « le pays de cocagne ».

Aujourd'hui, on appelle Toulouse « la ville rose ».

De nos jours, on parle français, mais à cette époque, on ne parlait pas français, on parlait occitan.

Les gens mangeaient du cassoulet et buvaient du vin rouge.

Ils mangent toujours du cassoulet et boivent toujours du vin rouge.

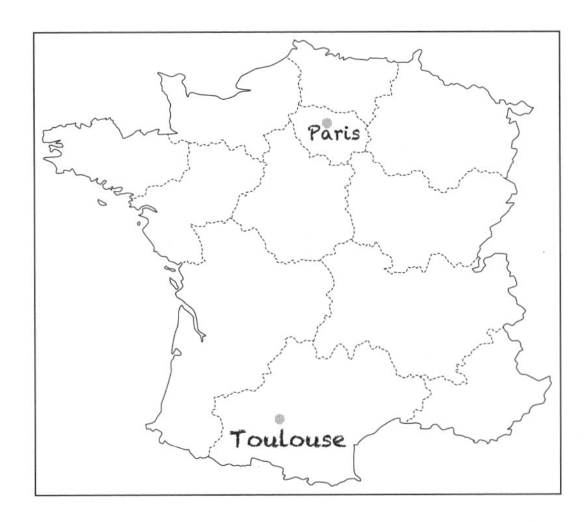

Dialogue

Alexandre est à Toulouse. Il s'entretient avec une historienne de la ville car il voudrait ajouter une page de présentation sur le site de son agence de voyages.

Alexandre : Qu'est-ce qui a changé à Toulouse ? Comment était la ville autrefois ? Comment est-elle aujourd'hui ?

Madame Braudel : Autrefois, Toulouse était une ville très importante et la région était riche. Il y avait beaucoup de commerçants et de marchands. On y trouvait aussi une université célèbre. Au Moyen Âge, on appelait la région « le pays de cocagne » parce qu'on y fabriquait une magnifique couleur bleue avec des fleurs de pastel. Cette production a enrichi tout le monde ici. Aujourd'hui, on appelle Toulouse « la ville rose », car beaucoup de bâtiments y sont en brique rose. De nos jours, c'est une ville industrielle et de haute technologie. Par exemple, on fabrique ici les Airbus.

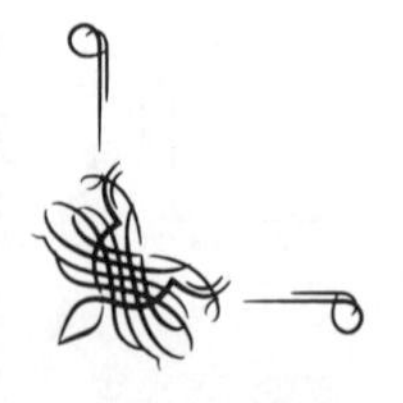

（アレクサンドルはトゥールーズにいる．（トゥールーズの）街の歴史家と会話をしている，というのも，アレクサンドルの旅行代理店のサイトに紹介ページを加えたいからである）

アレクサンドル：トゥールーズでは何が変わりましたか？街は昔，どんな風でしたか？今日では街はどうですか？

ブロデル夫人　：昔は，トゥールーズはとても重要な街で，この地方は裕福でした．（店舗を持った）商人も，（市場を回る）商人も多くいました．ここには有名な大学もありました．中世には，この地方は「宝の国」と呼ばれていました．というのも，ここではパステルの花で，すばらしい青色の染料を生産していたのですから．この生産はここのみんなに富をもたらしたのです．今日では，トゥールーズは「バラ色の街」と呼ばれています．なぜなら，多くの建物がピンク色のレンガでできているからです．今日では，産業とハイテクの街です．例えば，ここではエアバス（飛行機）を作っています．

Toulouse トゥールーズ，qu'est-ce qui 何が，a changé < changer 変わる，était < être, ville 街，autrefois かつて，région 地方，riche 裕福な，il y avait < avoir ～があった，commerçants < commerçant 商店主，marchands < marchand 商人，trouvait < trouver 見いだす，université 大学，célèbre 有名な，au Moyen Âge 中世には，appelait < appeler 呼ぶ，« le pays de cocagne »「宝の国」，parce qu' < parce que なぜなら，fabriquait < fabriquer 生産する，magnifique すばらしい，couleur 色，染料 bleue < bleu 青い，fleur 花，pastel パステル（青の染料のもととなる植物．黄色い花をつけ，葉の部分から青い染料を作る），production 生産，enrichi < enrichir 豊かにする，富ませる，tout le monde 皆，ici ここでは，appelle < appeler, appeler A B　A を B と呼ぶ，rose バラ色の，ピンク色の，car なぜなら，bâtiments < bâtiment 建物，en ～でできた，brique れんが，de nos jours 今日では，industrielle < industriel 産業の，工業の，de haute technologie ハイテクの，高い技術の，par exemple 例えば，fabrique < fabriquer, Airbus エアバス（エアバス社の飛行機）

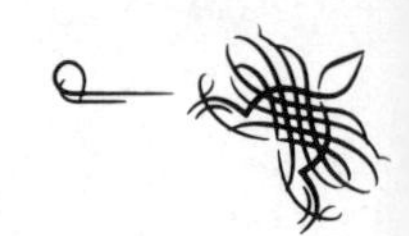

Alexandre : Il y a beaucoup d'églises, je crois ?

Madame Braudel : Oui, vous avez raison. Les voyageurs allaient en pèlerinage à Saint-Jacques de Compostelle, en Espagne. Ils venaient de toute l'Europe. Ils passaient par notre ville ou par Conques.

Alexandre : Très intéressant. Comment vivaient les gens avant ?

Madame Braudel : Avant, les riches marchands et les capitouls habitaient dans de grandes maisons belles et confortables. Les gens ordinaires vivaient dans des maisons plus petites et plus simples.

Alexandre : Est-ce que les habitants parlaient français ?

Madame Braudel : Non. De nos jours, on parle français, mais à cette époque, on ne parlait pas français, on parlait occitan.

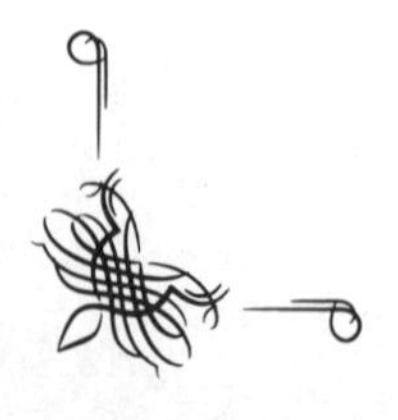

アレクサンドル：教会も多いですね？

ブロデル夫人　：はい，その通りです．旅人がスペインのサンチアゴ・デ・コンポステラに巡礼に行きました．彼らはヨーロッパ中から来ていました．私たちの街を経由して，あるいはコンクを経由していきました．

アレクサンドル：とても興味深いです．昔，人々はどのように暮らしていましたか？

ブロデル夫人　：昔は裕福な商人とカピトゥールは，大きく，美しく，快適な家に住んでいました．普通の人はそれより小さく，それより素朴な家に住んでいました．

アレクサンドル：住民はフランス語を話していたのですか？

ブロデル夫人　：いいえ，現在はフランス語を話していますが，当時はフランス語を話さず，オクシタン語を話していました．

églises < église 教会，avez raison < avoir raison もっともである，voyageurs < voyageur 旅行者，allaient < aller, en pèlerinage 巡礼に，Saint-Jacques de Compostelle サンチアゴ・デ・コンポステラ（スペインの巡礼地），Espagne スペイン，venaient < venir, toute < tout ～中，Europe ヨーロッパ，passaient < passer 通る，par ～を通って，ou または，Conques コンク（街の名前），vivaient < vivre 暮らす，生きる，gens 人々，avant 以前には，capitouls < capitoul カピトゥール（中世からフランス革命の時代までトゥールーズの街の行政を司っていた市参事），habitaient < habiter 住む，de（複数名詞の前に形容詞がつく場合に，不定冠詞 des は de に変わる），belles < beau 美しい，confortables < confortable 心地よい，快適な，ordinaires < ordinaire 普通の，plus（比較級を作る）より～，simples < simple 素朴な，シンプルな，parlaient < parler 話す，français フランス語，mais しかし，à cette époque 当時，occitan オクシタン語（フランスの地方語）

Alexandre : Quelles activités quotidiennes les gens faisaient-ils ? Est-ce qu'ils avaient des loisirs ?

Madame Braudel : Oui, bien sûr. Maintenant, on joue beaucoup au rugby, dans la région. L'équipe de Toulouse est très forte et célèbre dans toute l'Europe. Autrefois, on jouait à la soule. C'était un jeu populaire qui ressemblait au rugby. C'était très violent !

Alexandre : Qu'est-ce qu'on mangeait autrefois ?

Madame Braudel : Les gens mangeaient du cassoulet et buvaient du vin rouge. Ils mangent toujours du cassoulet et boivent toujours du vin rouge. Ça n'a pas changé, ça ! *(Rires)*

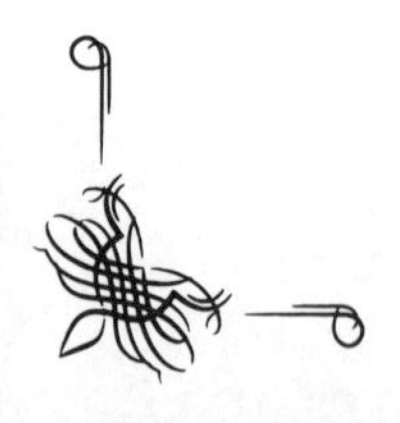

アレクサンドル：人々は日々，どのような活動を行っていたのでしょうか？余暇はあったのでしょうか？

ブロデル夫人　：ええ，もちろんです．今はこの地方ではよくラグビーをします．トゥールーズのチームはとても強くて，ヨーロッパ中で有名です．昔はスールをしていました．庶民的な競技で，ラグビーに似ていました．とても激しい競技でした！

アレクサンドル：昔は何を食べていたのですか？

ブロデル夫人　：カスレを食べて，赤ワインを飲んでいました．今だって，相変わらずカスレを食べて，相変わらず赤ワインを飲んでいます．これは変わりませんね，これはね！（笑い）

activités < activité 活動，quotidiennes < quotidien 日常の，日々の，faisaient < faire, avaient < avoir, loisirs < loisir 余暇，趣味，joue < jouer プレイする，jouer au rugby ラグビーをする，jouer à + 定冠詞 + スポーツ名 ～をする，équipe チーム，forte < fort 強い，jouait < jouer，soule スール（ラグビーの祖先の競技），jeu 競技，populaire ポピュラーな，qui（関係代名詞）→第12章，ressemblait < ressembler（à に）似る，violent 激しい，mangeait < manger, cassoulet カスレ（インゲン豆の煮込み料理．フランス南西部の郷土料理），buvaient < boire, boivent < boire

本章の会話文に出てきた動詞の活用を見ましょう．

………線は複合過去，下線は現在形，囲みは半過去です．本章ではあらたに半過去を学びましょう．半過去は，過去の状態を表して，「〜だった」，過去の習慣や，繰り返し行っていたことを表して，「〜していた」，「〜していたものだった」という意味になります．

A : Qu'est-ce qui a changé à Toulouse ? Comment était la ville autrefois ? Comment est-elle aujourd'hui ?

B : Autrefois, Toulouse était une ville très importante et la région était riche. Il y avait beaucoup de commerçants et de marchands. On y trouvait aussi une université célèbre. Au Moyen Âge, on appelait la région « le pays de cocagne » parce qu'on y fabriquait une magnifique couleur bleue avec des fleurs de pastel. Cette production a enrichi tout le monde ici. Aujourd'hui, on appelle Toulouse « la ville rose », car beaucoup de bâtiments y sont en brique rose. De nos jours, c'est une ville industrielle et de haute technologie. Par exemple, on fabrique ici les Airbus.

A : Il y a beaucoup d'églises, je crois ?

B : Oui, vous avez raison. Les voyageurs allaient en pèlerinage à Saint-Jacques de Compostelle, en Espagne. Ils venaient de toute l'Europe. Ils passaient par notre ville ou par Conques.

A : Très intéressant. Comment vivaient les gens avant ?

B : Avant, les riches marchands et les capitouls habitaient dans de grandes maisons belles et confortables. Les gens ordinaires vivaient dans des maisons plus petites et plus simples.

A : Est-ce que les habitants parlaient français ?

B : Non. De nos jours, on parle français, mais à cette époque, on ne parlait pas français, on parlait occitan.

A : Quelles activités quotidiennes les gens faisaient-ils ? Est-ce qu'ils avaient des loisirs ?

B : Oui, bien sûr. Maintenant, on joue beaucoup au rugby, dans la région. L'équipe de Toulouse est très forte et célèbre dans toute l'Europe. Autrefois, on jouait à la soule. C'était un jeu populaire qui ressemblait au rugby. C'était très violent !

A : Qu'est-ce qu'on mangeait autrefois ?

B : Les gens mangeaient du cassoulet et buvaient du vin rouge. Ils mangent toujours du cassoulet et boivent toujours du vin rouge. Ça n'a pas changé, ça !

半過去の活用形

上記の文から半過去を抜き出し，不定詞にします．

était → être, avait, avaient → avoir, trouvait → trouver（見いだす），appelait → appeler A B（A を B と呼ぶ），fabriquait → fabriquer（生産する），venaient → venir（来る），allaient → aller（行く），passaient → passer（通る），vivaient → vivre（生きる），habitaient → habiter（住む），parlaient → parler（話す），faisaient → faire（する），jouait → jouer（プレイする），mangeait, mangeaient → manger（食べる），buvaient → boire（飲む）

半過去形の作り方

現在形（直説法現在）の 1 人称複数（nous）の活用形から作ります．語尾の -ons を取ってしまって，残った部分に次に挙げる半過去の語尾をつけます．

nous の現在形から -ons を取った部分（語幹）　＋　**ais, ais, ait, ions, iez, aient**（活用語尾）

* être の語幹は例外的に « ét » です．活用語尾はすべての動詞に共通しています．

parler「話す」現在形：nous parlons + **半過去の活用語尾**
半過去の語幹

【直説法半過去】**parler**「話す」　（語幹 parl + 活用語尾）

	単数	複数
1 人称	je parl**ais**　ジュ　パrレ	nous parl**ions** ヌ　パrリヨン
2 人称	tu parl**ais**　チュ　パrレ	vous parl**iez**　ヴ　パrリエ
3 人称男性 女性	il parl**ait**　イル　パrレ elle parl**ait**　エル　パrレ	ils parl**aient**　イル　パrレ elles parl**aient**　エル　パrレ

avoir「持っている」現在形：nous avons + **半過去の活用語尾**
半過去の語幹

【直説法半過去】**avoir**「持っている」　（語幹 av + 活用語尾）

	単数	複数
1 人称	j'av**ais**　ジャヴェ	nous av**ions** ヌ　ザヴィヨン
2 人称	tu av**ais**　チュ　アヴェ	vous av**iez**　ヴ　ザヴィエ
3 人称男性 女性	il av**ait**　イラヴェ elle av**ait**　エラヴェ	ils av**aient**　イル　ザヴェ elles av**aient**　エル　ザヴェ

用法

① 過去に起きていたこと，していたこと，過去の状態

② 過去の習慣や繰り返ししていたこと

③ 非現実的な仮定（→第 11 章）

現在形と半過去

今回の会話では，過去のことは半過去で，現在のことは現在形で言われていました．

❁ **Comment était la ville autrefois ?** [être]（半過去）

❁ **Comment est-elle aujourd'hui ?** [être]（現在）

☸ **Au Moyen Âge, on appelait la région « le pays de cocagne ».** [appeler]（半過去）

☸ **Aujourd'hui, on appelle Toulouse « la ville rose ».** [appeler]（現在）

☸ **De nos jours, on parle français, mais à cette époque, on ne parlait pas français, on parlait occitan.** [parler]（現在）（半過去）（半過去）

☸ **Les gens mangeaient du cassoulet et buvaient du vin rouge.** [manger, boire]（半過去）

☸ **Ils mangent toujours du cassoulet et boivent toujours du vin rouge.** [manger, boire]（現在）

実は，時間の軸を現在から過去にずらすと，半過去の用法に重なります．

	現在	半過去
進行	現在起きていること，していること，今の状態	過去に起きていたこと，していたこと，過去の状態
状態	常にそうである状態	常にそうであった状態
習慣	日常の習慣や心のあり方	過去の習慣や心のあり方
反復	繰り返しすること	繰り返ししていたこと

◆現在形の復習

現在形の活用は覚えていますか．本章に出てきた活用形を確認し，復習しましょう．

est, sont → être

［直説法現在］**être**

	単数	複数
1人称	je suis　ジュ スュイ	nous sommes　ヌ ソンム
2人称	tu es　チュ エ	vous êtes　ヴ ゼット
3人称男性 女性	il est　イレ elle est　エレ	ils sont　イル ソン elles sont　エル ソン

a → avoir

［直説法現在］**avoir**

	単数	複数
1人称	j'ai　ジェ	nous avons　ヌザヴォン
2人称	tu as　チュ　ア	vous avez　ヴザヴェ
3人称男性 女性	il a　イラ elle a　エラ	ils ont　イルゾン elles ont　エルゾン

fabrique → fabriquer, parle → parler, joue → jouer：-er 規則動詞の活用

【直説法現在】第1群規則動詞（-er 動詞）

	単数	複数
1人称	je -**e**	nous -**ons**
2人称	tu -**es**	vous -**ez**
3人称男性 女性	il -**e** elle -**e**	ils -**ent** elles -**ent**

appelle → appeler：-er 規則動詞の変則，je, tu, il, elle, ils, elles の活用で子音字が重なる

［直説法現在］**appeler**

	単数	複数
1人称	j'appelle　ジャペル	nous appelons　ヌザプロン
2人称	tu appelles　チュ　アペル	vous appelez　ヴザプレ
3人称男性 女性	il appelle　イラペル elle appelle　エラペル	ils appellent　イルザペル elles appellent　エルザペル

mangent → manger：-er 規則動詞の変則，nous の活用で音を整えるために e を入れる

［直説法現在］**manger**

	単数	複数
1人称	je mange　ジュ マンジュ	nous mang**e**ons　ヌ マンジョン
2人称	tu manges　チュ マンジュ	vous mangez　ヴ マンジェ
3人称男性 女性	il mange　イル マンジュ elle mange　エル マンジュ	ils mangent　イル マンジュ elles mangent　エル マンジュ

boivent → boire：不規則動詞

［直説法現在］**boire**

	単数	複数
1人称	je bois　ジュ ボワ	nous buvons　ヌ ビュヴォン
2人称	tu bois　チュ ボワ	vous buvez　ヴ ビュヴェ
3人称男性 女性	il boit　イル ボワ elle boit　エル ボワ	ils boivent　イル ボワーヴ elles boivent　エル ボワーヴ

トゥールーズ Toulouse

トゥールーズ出身のヴァランティーヌ＝英美さんによる紹介文を読みましょう．

Bonjour à tous. Je m'appelle Valentine Emi Yamada. Je suis française et japonaise. Je viens de Toulouse.

(Donc,) Toulouse est une ville aux multiples facettes au Sud de la France, près des Pyrénées et de la mer Méditerranée.

Historiquement, la ville s'est enrichie grâce au commerce de la fleur de pastel qui était à une époque la seule plante dont on savait extraire la couleur

キャピトール広場

bleue en Europe. De cette époque de prospérité il reste de nombreux beaux bâtiments en brique rose. Le plus emblématique est probablement la basilique Saint Sernin qui est enregistrée au patrimoine mondial de l'UNESCO.

De nos jours, Toulouse est plus connue pour d'autres aspects.

Tout d'abord, c'est une ville dynamique et sportive. Le rugby, y tient une place très importante. Le Stade Toulousain (qui est l'équipe de rugby de Toulouse) est aussi bien connu au niveau national qu'international. On peut dire que Toulouse est vraiment une terre de rugby !

Ensuite, c'est une ville tournée vers l'aérospatial, l'innovation et les nouvelles énergies. Airbus y a son siège social et est entourée de nombreuses entreprises sous-traitantes. On y trouve également des centres de recherche (comme le CNES) ainsi que des musées dédiés à ces sujets (comme la Cité de l'Espace, ou encore, Aéroscopia).

Toulouse est une ville conviviale et estudiantine. C'est la troisième ville universitaire de France, elle compte beaucoup d'écoles supérieures pour le postbac. Cette grande population étudiante amène une ambiance sympathique à la ville notamment avec des événements, des bars et bien sûr des apéros. On y mange également très bien avec le célèbre cassoulet et beaucoup de plats à base de viande de canard.

L'activité préférée des Toulousains est de se reposer tranquillement à la terrasse d'un café ou d'un restaurant. Il est également très agréable de se promener entre amis le long de la Garonne (qui est le fleuve qui traverse la ville) ou bien de faire un tour en vélo en famille le long du Canal du Midi.

En bref, on ne peut qu'aimer Toulouse !

（フランス語文・巻末日本語訳：Valentine Emi Yamada（ヴァランティーヌ＝英美・山田））

Exercices 練習問題

動詞を現在形，複合過去形，半過去形のうち，適切な形に活用させて，会話文を完成させましょう．（会話を聴きながら確認するのも効果的です．）

A : Qu'est-ce qui ①(　　　　)[changer] à Toulouse ? Comment ②(　　　　)[être] la ville autrefois ? Comment ③(　　　　)[être]-elle aujourd'hui ?

B : Autrefois, Toulouse ④(　　　　)[être] une ville très importante. Il y ⑤(　　　　)[avoir] beaucoup de commerçants et de marchands. On y ⑥(　　　　)[trouver] aussi une université célèbre. Au Moyen Âge, on ⑦(　　　　)[appeler] la région « le pays de cocagne » parce qu'on y ⑧(　　　　)[fabriquer] une magnifique couleur bleue avec des fleurs de pastel. Cette production ⑨(　　　　)[enrichir] tout le monde ici. Aujourd'hui, on ⑩(　　　　)[appeler] Toulouse « la ville rose », car beaucoup de bâtiments y ⑪(　　　　)[être] en brique rose. De nos jours, c' ⑫(　　　　)[être] une ville industrielle et de haute technologie. Par exemple, on ⑬(　　　　)[fabriquer] ici les Airbus.

A : Il y ⑭(　　　　)[avoir] beaucoup d'églises, je crois ?

B : Oui, bien sûr. Les voyageurs ⑮(　　　　)[aller] en pèlerinage à Saint-Jacques de Compostelle, en Espagne. Ils ⑯(　　　　)[venir] de toute l'Europe. Ils ⑰(　　　　)[passer] par notre ville ou par Conques.

A : Très intéressant. Comment ⑱(　　　　)[vivre] les gens avant ?

B : Avant, les riches marchands et les capitouls ⑲(　　　　)[habiter] dans de grandes maisons belles et confortables.

A : Est-ce que les habitants ⑳(　　　　)[parler] français ?

B : Non. De nos jours, on ㉑ ( )[parler] français mais à cette époque, on ㉒ ( )[parler] occitan.

A : Quelles activités quotidiennes les gens ㉓ ( )[faire] -ils ? Est-ce qu'ils ㉔ ( )[avoir] des loisirs ?

B : Oui, bien sûr. Maintenant, on ㉕ ( )[jouer] beaucoup au rugby, dans la région. Autrefois, on ㉖ ( )[jouer] à la soule. [...]

A : Qu'est-ce qu'on ㉗ ( )[manger] autrefois ?

B : Les gens ㉘ ( )[manger] du cassoulet et ㉙ ( )[boire] du vin rouge. Ils ㉚ ( )[manger] toujours du cassoulet et ㉛ ( )[boire] toujours du vin rouge.

サン＝セルナン大聖堂

キャピトール広場カフェ

理解したら，1つめの □ にチェックを入れましょう．1週間後に復習したら，2つめの □ にチェックを入れましょう．試験の前に確認したら，3つめの □ にチェックを入れましょう．

現在と過去の状態を比べる（半過去 I）

□□□ Comment était la ville autrefois ?

□□□ Comment est-elle aujourd'hui ?

□□□ Au Moyen Âge, on appelait la région « le pays de cocagne ».

□□□ Aujourd'hui, on appelle Toulouse « la ville rose ».

□□□ De nos jours, on parle français, mais à cette époque, on ne parlait pas français, on parlait occitan.

□□□ Les gens mangeaient du cassoulet et buvaient du vin rouge.

□□□ Ils mangent toujours du cassoulet et boivent toujours du vin rouge.

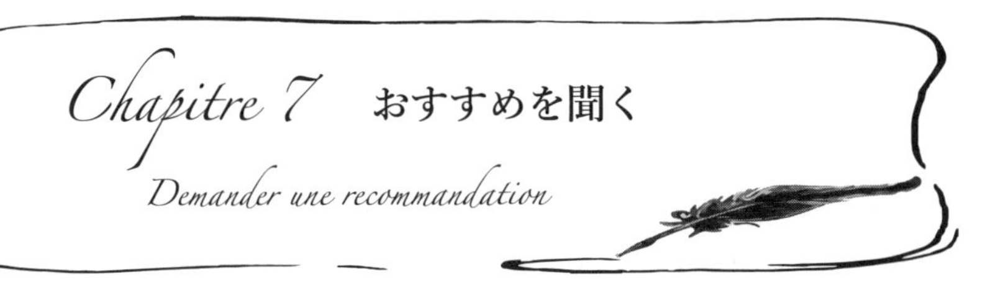

Chapitre 7 おすすめを聞く

Demander une recommandation

できるようになること

1. 目的語を人称補語代名詞で置き換えられる
2. おすすめを聞いたり，答えたりできる

わかるようになる表現（キーフレーズ）

1. Je vous propose ce petit livre.

Les touristes me posent souvent des questions difficiles.

Et vous, le Moyen Âge, ça vous intéresse ?

L’architecture du Moyen Âge, ça m’intéresse beaucoup.

Vous les emmenez en ville et vous leur montrez le pont.

2. Qu’est-ce que vous me conseillez comme visite ?

Je vous recommande plutôt de visiter la tour des Cuisines.

Je vous suggère d’abord la salle des Gardes et ensuite la grande Cour.

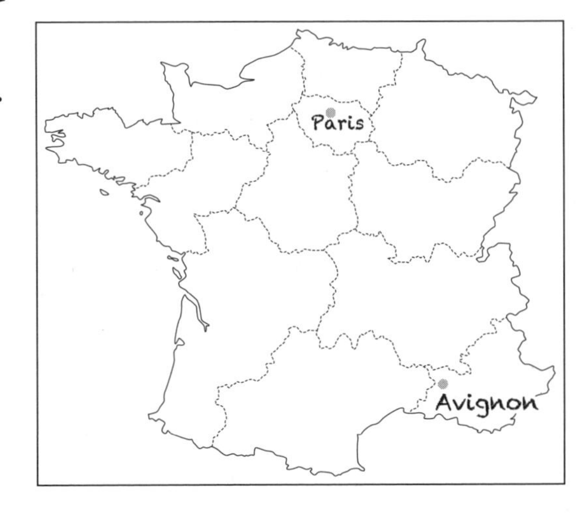

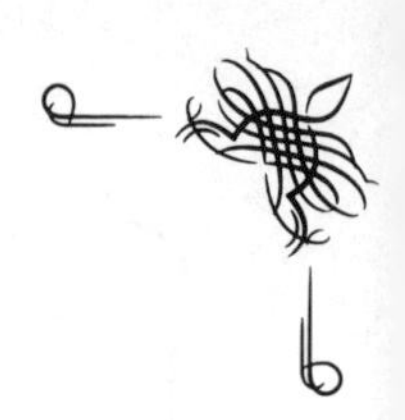

Dialogue

Alexandre est à Avignon. Il fait des repérages au Palais des Papes car il souhaite y emmener un de ses groupes. Il parle avec la conservatrice qui lui fait visiter le lieu et lui explique son histoire.

Alexandre : Pardon Madame. Est-ce que vous pouvez m'aider ? Je vais peut-être venir avec des touristes. Je suis guide. Qu'est-ce qu'on peut visiter à Avignon ?

Conservatrice : Écoutez, je suis conservatrice ici. Je vous recommande bien sûr le Palais des Papes.

Alexandre : Oh oui, bien sûr. Merci beaucoup !

(Ils visitent ensemble le Palais des Papes)

Conservatrice : Le Palais des Papes a été construit de 1335 [mille-trois-cent-trente-cinq] à 1352 [mille-trois-cent-cinquante-deux]. C'est le plus grand bâtiment gothique du monde. Il possède douze tours.

Alexandre : Qu'est-ce qui est le plus intéressant ? J'hésite. Qu'est-ce que vous me conseillez comme visite ? La salle des Gardes ou la grande Cour ?

Conservatrice : Je vous suggère d'abord la salle des Gardes et ensuite la grande Cour. Bien sûr, vous pouvez visiter aussi la Cour d'Honneur. Chaque année, on y donne des spectacles dans le cadre du festival de théâtre.

(アレクサンドルはアヴィニョンにいる．教皇宮殿で場所の確認をしている．というのも，彼のグループを引率したいからである．宮殿の学芸員と話していて，彼女がアレクサンドルを場所に案内し，歴史の説明をする)

アレクサンドル：すみません（マダム）．力になっていただけますか？私はたぶんお客さんと来る予定です．私はガイドです．アヴィニョンでは何を見られるでしょうか？

学芸員　　　　：よろしいでしょうか，私はここの学芸員です．あなたにもちろん教皇宮殿をおすすめします．

アレクサンドル：あ，はい，それはそうですね．ありがとうございます！

(2 人は一緒に教皇宮殿を訪れる)

学芸員　　　　：教皇宮殿は 1335 年から 1352 年の間に建設されました．世界で一番大きなゴシック建築です．12 の塔があります．

アレクサンドル：一番興味深いものは何ですか？迷ってしまいます．訪れる場所としては，何がおすすめですか？衛兵室か大きな庭ですか？

学芸員　　　　：まず，衛兵室，それから大きな庭をおすすめします．もちろん，中庭も見られます．毎年，そこで演劇祭の公演が行われているんですよ．

m' = me（代名詞），aider 助ける，peut-être たぶん，Avignon アヴィニョン，écoutez < écouter，conservatrice < conservateur 学芸員，キュレーター，vous（人称代名詞　間接目的），recommande < recommander すすめる，bien sûr もちろん，le Palais des Papes（アヴィニョンの）教皇宮殿，a été construit < être construit（construire「建てる」の受動態），le plus grand bâtiment gothique 一番大きなゴシック様式の建築，du monde 世界で，possède < posséder 持つ，所有する，tours < tour 塔，hésite < hésiter 迷う，ためらう，conseillez < conseiller すすめる，comme ～として，visite 見学，訪問先，salle 部屋，間，gardes < garde 衛兵，cour 中庭，suggère < suggérer すすめる，la Cour d'Honneur 宮殿で訪問客を迎えるための，建物の前にある庭．ここでは「中庭」，chaque 毎～，année 年，donner 上演する，spectacles < spectacle 公演，スペクタクル，dans le cadre de ～の一環として，festival フェスティバル，祭り，théâtre 演劇

Alexandre : Oui, vous avez raison. C'est mieux. C'est une bonne idée. Est-ce que vous me conseillez aussi la visite des jardins ?

Conservatrice : Non, je vous recommande plutôt de visiter la tour des Cuisines. En général, ça leur plaît beaucoup, aux touristes. Et vous, le Moyen Âge, ça vous intéresse ?

Alexandre : Moi, oui. L'architecture du Moyen Âge, ça m'intéresse beaucoup mais c'est compliqué. Je ne connais pas bien cette époque. Les touristes me posent souvent des questions difficiles.

Conservatrice : Ne vous inquiétez pas, ce n'est pas grave ! Je vous propose ce petit livre. C'est très facile à comprendre. Ou bien vous les emmenez en ville et vous leur montrez le pont. C'est très bien, non ?

Alexandre : Le pont ?

Conservatrice : Oui, le pont d'Avignon ! Vous connaissez « Sur le pont d'Avignon, on y danse, on y danse... ».

Alexandre : Ah, ah ! Merci pour vos conseils !

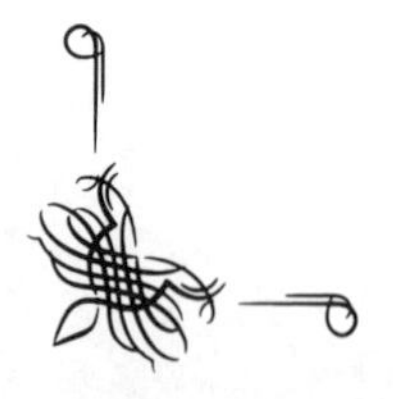

アレクサンドル：ええ，その通り．その方がいいですね．いい考えです．庭を見ることもおすすめですか？

学芸員　　　　：いいえ，それより，厨房の塔を見ることをおすすめします．一般的に，それはおおいに観光客の気に入ります．それであなたは，中世に興味はありますか？

アレクサンドル：私ですか，はい．中世の建築にはとても興味がありますが，複雑ですね．この時代のことはあまりよく知りません．お客さんはしばしば私に難しい質問をするんです．

学芸員　　　　：ご心配なく．たいしたことではありません！あなたにこの小さな本をおすすめします．とても理解しやすいです．あるいは，グループのお客さんを街に連れて行って，橋を見せてあげてください．それもとてもいいでしょう？

アレクサンドル：橋？

学芸員　　　　：はい，アヴィニョン橋ですよ！知っているでしょう「アヴィニョン橋の上で踊る，踊る…」．

アレクサンドル：ああ，ああ！アドバイスをありがとうございます！

mieux より良い，jardins < jardin 庭園，plutôt むしろ，cuisines < cuisine 厨房，台所，en général 一般的に，leur（人称代名詞　間接補語），plaît < plaire（à の）気に入る，vous（人称代名詞　直接目的），intéresse < intéresser ～の興味を引く，architecture 建築，mais しかし，connais < connaître 知っている，époque 時代，vous inquiétez < s'inquiéter 心配する，grave 重大な，propose < proposer 提案する，すすめる，livre 本，« C'est 形容詞 à 不定詞 »「～するのに～だ」，facile 簡単な，comprendre 理解する，emmenez < emmener 連れて行く，montrez < montrer 見せる，pont 橋，merci pour ～をありがとう，conseils < conseil アドバイス

1. 目的語を人称補語代名詞で置き換えられる

① ❁ **Je vous propose ce petit livre.**
S + COI + V + COD

❁ **Les touristes me posent souvent des questions difficiles.**
S + COI + V + COD

② ❁ **Et vous, le Moyen Âge, ça vous intéresse ?**
S + COD + V

❁ **L'architecture du Moyen Âge, ça m' intéresse beaucoup.**
S + COD + V

③ ❁ **Vous les emmenez en ville et vous leur montrez le pont.**
S + COD + V　S + COI + V + COD

(S = 主語，V = 動詞，COD = 直接目的語，COI = 間接目的語)

『フランス語 I ('24)』第 8 章と第 13 章で，「直接目的語」，「間接目的語」を学びました．おさらいしましょう．

②の文 « [...] le Moyen Âge, ça vous intéresse ? » で使われている動詞は « intéresser［人］» で「［人］の興味・関心をひく」という意味です．主語の ça の内容は，le Moyen Âge「中世」ですね．intéresser +［人］の［人］のかっこの中に名詞を入れてみます．例えば，« Ça intéresse Alexandre ? »「それはアレクサンドルの興味をひきますか？」．ここでは，Alexandre は intéresse（不定詞 intéresser）の「直接目的語」です．「直接目的語」は，「直接」，つまり，動詞の後ろに前置詞を用いずに置かれていることが特徴です．この文は

「S（主語）+ V（動詞）+ COD（直接目的語）」

の構文です．COD（直接目的語）が代名詞で置かれている場合には，動詞の

直前に配されます．intéresse［intéresser］の直接目的語が「アレクサンドル」ではなく，「あなた」の場合には，代名詞 vous を動詞の前において，« Ça vous intéresse ? » となるのです．

①の文の « Je vous propose ce petit livre. » で使われている動詞は proposer です．［人］に［もの・こと］をすすめる（読んだり，したりすることを提案する）ときに使います．« proposer［もの・こと］+ à［人］» のように，動詞 proposer は直接目的語と間接目的語を取ります．à［人］の［人］のかっこの中に名詞を入れてみます．例えば，「私は，この小さな本を，アレクサンドルにすすめます」なら

Je propose ce petit livre à Alexandre.

à Alexandre は propose（不定詞 proposer）の「間接目的語」です．「間接目的語」は，動詞の後ろに前置詞 à を介して置かれます．この文は

「S（主語）+ V（動詞）+ COD（直接目的語）+ COI（間接目的語）」

の構文です．

ここで動詞の間接目的語を「アレクサンドル」ではなく「あなた」にしましょう．「あなた」に当たる語は，フランス語で代名詞です．間接目的語の代名詞は，直接目的語の代名詞と同じつづりの vous です．なお，間接目的語の代名詞 vous には「~に」に当たる à も含んでいます．この代名詞は動詞の前に置かれます．

Je vous propose ce petit livre.
S + COI + V + COD

補語人称代名詞（動詞の前に置く）

<table>
<tr><th></th><th>直接目的語 COD</th><th>間接目的語 COI</th></tr>
<tr><td>[人] S</td><td>動詞に直接つく</td><td>動詞に à を介してつく</td></tr>
<tr><td>je</td><td colspan="2">me*</td></tr>
<tr><td>tu</td><td colspan="2">te*</td></tr>
<tr><td>il</td><td>le*</td><td rowspan="2">lui</td></tr>
<tr><td>elle</td><td>la*</td></tr>
<tr><td>nous</td><td colspan="2">nous</td></tr>
<tr><td>vous</td><td colspan="2">vous</td></tr>
<tr><td>ils</td><td rowspan="2">les</td><td rowspan="2">leur</td></tr>
<tr><td>elles</td></tr>
</table>

* 次に続く語が母音字もしくは無音の h で始まる場合はそれぞれ me → m', te → t', le → l', la → l' となる.

* COD = compléments d'objet direct 直接目的語,
COI = compléments d'objet indirect 間接目的語

Les touristes　me　posent (souvent) des questions difficiles.
S　+ COI　+ V　+　COD

（動詞を説明する副詞 souvent「しばしば」が挿入されています）

③ Vous　les　emmenez　en ville.
S + COD　+　V　+　状況補語

Vous　leur　montrez　le pont.
S　+　COI　+　V　+　COD

上の 2 文のように，vous が主語のとき，「〜してください」という命令文になることがあります．

En général, ça leur plaît beaucoup, aux touristes.

ここに出てくる動詞は plaît（不定詞 plaire）は，主語に「もの・こと」が置かれ，à［人］で，「主語［もの・こと］が［人］の（COI）気に入る」という使い方をします．

* 間接目的語の代名詞 leur は「彼らの」．意味としては，後ろの aux touristes「観光客の」です（aux は前置詞 à と定冠詞 les が合わさった「縮約形」）．

2. おすすめを聞いたり，答えたりできる

Qu'est-ce que vous me conseillez comme visite ?

Est-ce que vous me conseillez aussi la visite des jardins ?

Je vous recommande bien sûr le Palais des Papes.

Je vous recommande plutôt de visiter la tour des Cuisines.

Je vous suggère d'abord la salle des Gardes et ensuite la grande Cour.

Je vous propose ce petit livre.

conseiller, recommander, suggérer, proposer は「おすすめする」という意味です．おすすめする場面で，これらどの動詞も使えます．「～を」の意味の「直接目的語」と「～に」の意味の「間接目的語」を取ります．直接目的語に「～することを」というように，「de + 動詞（不定詞）」を取ることもできます．

「S（主語）+ V（動詞）+ COD（直接目的語）+ COI（間接目的語）」

Je vous recommande le Palais des Papes.
S + COI + V + COD

Je vous recommande de visiter la tour des Cuisines.
S + COI + V + COD

Qu'est-ce que vous me conseillez (comme visite) ?

では，COD（直接目的語）の部分を qu'est-ce que で聞いています．comme の後に冠詞なしで名詞が置かれると，「～として」という意味になります．

目的語になる人称代名詞が 2 つ続く場合には，置く順序が決められています。

パターン 1	**me, te, nous, vous**	+	**le, la, les**		
パターン 2			**le, la, les**	+	**lui, leur**

* me, te, nous, vous と lui, leur の組み合わせはありません．その場合は強勢形で受けたりして言い換えます．

第 1 章の会話文で，« Je te <u>la</u> passe. »「（電話で）ママに代わるよ＝私は，おまえに彼女をつなぐ」は，「パターン 1」のように，人称代名詞 te（間接目的「おまえに」）と la（直接目的「彼女を」）が並んでいます．

フランス演劇 Théâtre français

アヴィニョン教皇宮殿の庭では，アヴィニョン演劇祭の，オープニング公演が開催されます．フランスは演劇大国で，これまで，すぐれた戯曲が書かれ，現在でもフランスの国外でお芝居が上演されています．見事な翻訳で，日本に多くの作品を紹介されている国際基督教大学（ICU）学長の岩切正一郎さん（フランス文学者，詩人，翻訳家）にフランス演劇の面白さを伺いましょう．（以下，岩切さんのお話の抜粋）

フランスの戯曲をいくつか翻訳してきて，フランス演劇の面白さを自分なりに考えてみました．登場人物が社会的な制約を受けている中，たとえ秩序を壊すことになっても，自分のなかの真実，もしかすると自分自身にとっても辛い真実かも知れません．その真実に声を与えること，それを表へ出すところにその面白さがあるような気がします．

17世紀の古典悲劇の傑作に，ラシーヌの『フェードル』があります．これを，主演・大竹しのぶさん，演出・栗山民也さん，翻訳は私が担当して上演しました．翻訳者の役目のなかには，稽古場で質問に答えたり，適宜台詞を修正したり，といったことも含まれています．

主人公のフェードルは，義理の息子イポリットに恋をしています．その，禁じられた恋の思いを彼女はイポリットに告白します．

ああ！　薄情者，分かっているくせに．

十分聞かせてあげた，間違うはずはない．

さあ！　知るがいい，フェードルを，その狂おしい思いを．

Ah ! cruel, tu m'as trop entendue !

Je t'en ai dit assez pour te tirer d'erreur.

Eh bien ! connais donc Phèdre et toute sa fureur.

(v. 670-672)

そして思いのたけを吐き出していきます．

原文は，一行が 12 音綴のアレクサンドラン Alexandrin*，2 行ずつ韻を踏む韻文になっています．

*「アレクサンドラン」670 行目のフェードルの台詞はイポリットが途中で言いさす 3 音綴の台詞 « Et je vais… » を受けての台詞なので 9 音綴になっています．

その形式を日本語に反映するのはたぶん不可能です．

この場面の少し前，フェードルは，自分の乳母であるエノーヌに，この忌まわしい恋の病はずっと昔からのものだと告げます．

ジャン・ラシーヌ『フェードル』

わたしの病はもっと遠くから来ている．

Mon mal vient de plus loin.

状況はまったく異なっていますけれども，これとほぼ同じ台詞を，ヤスミナ・レザの現代劇『アート』のなかで，登場人物が口にします．登場人物の現代アートにたいする考えの違いから友人関係に罅が入っているマルクは，友だちのセルジュに抱くようになった反感の起源を，こう語りはじめます．

問題はもっと遠くから来ている……

Le mal vient de plus loin.

フェードルの台詞を引用しての語りになっています．日本語では，「病」と「問題」というふうに主語を換えましたが，フランス語ではmalという同じ単語です．マルクには古典的な趣味がある，ということ，それと同時に，ある程

photo by Impression Inc.
ヤスミナ・レザ『アート』

度の教養があればフランス人にはなじみの台詞ですから，作者は観客の知識と戯れている，そういったことが一つの台詞であらわされています．この種の面白さは，やはり翻訳では，表現して伝えることがなかなか難しくなります．

*『アート』2020 年，ヤスミナ・レザ作，岩切正一郎訳，小川絵梨子演出，出演イッセー尾形，小日向文世，大泉洋．コロナの感染拡大のため，途中で上演中止．2023 年，同キャスト・スタッフで再演．

私が好きな台詞のひとつは，劇作家アヌイ『アンチゴーヌ』のなかにある台詞です．これも栗山民也さんの演出で，主演は蒼井優さんで上演しました．ギリシャ悲劇を基にした 20 世紀の戯曲です．日常の小さな幸せをこつこつと重ねていき，秩序を重んじるタイプの，叔父であり国王であるクレオンに対して，オイディプス王の娘アンチゴーヌは，それとは正反対の生き方を突きつけます．この主題はギリシャ悲劇にはない，アヌイ独特の世界観です．

> あんたたちのいう幸せが嫌なのよ！〔…〕慎ましくしていれば日々の小さな幸運にありつく．わたしはね，全てが欲しいの，今すぐ——全部のこらず——じゃなきゃ断る！　わたしは嫌よ，おしとやかにして，聞き分け良くして，小さなかけらをもらって，それで満足しているなんて．わたしは今日，全てに確信を持ちたいの，そしてそれが小さかったときと同じように美しくあって欲しいの——でなきゃ，死ぬ．
>
> « Vous me dégoûtez tous avec votre bonheur. [...] Et cette petite chance, pour tous les jours si on n'est pas trop exigeant. Moi, je veux tout, tout de suite — et que ce soit entier —, ou alors je refuse ! Je ne veux pas être modeste, moi, et me contenter d'un petit morceau si j'ai été bien sage. Je veux être sûre de tout aujourd'hui et que cela soit aussi beau que quand j'étais petite — ou mourir. »
>
> (Jean Anouilh, *Antigone*, *Théâtre I*, Gallimard, « Bibliothèque de la Pléiade », 2007, p. 663.)

人々がみんなアンチゴーヌになってしまったら社会は成り立ちません．けれども，ある意味では子どもの，この野性の声が聞こえなくなってしまったら，人生から何か大切なものが消えてしまうのではないでしょうか．その大切なものを演劇は私たちに届けているように思います．

1. 次の単語の順番を並べ替えて，正しいフランス語の文章にしましょう.

(1) Les touristes ___ ___ ___ .

[① des questions difficiles ② me ③ posent]

(2) Et vous, le Moyen Âge, ___ ___ ___ ?

[① ça ② intéresse ③ vous]

(3) L'architecture du Moyen Âge, ___ ___ ___ ___ .

[① beaucoup ② ça ③ intéresse ④ m']

2. 日本語の意味にあうように，選択肢から適切な語を選びましょう .

(1) Vous (　　　) emmenez en ville. 「彼らを街に連れて行ってください.」

[① l' ② le ③ les ④ leur]

(2) Vous (　　　) montrez le pont. 「彼らに橋を見せてください.」

[① le ② les ③ leur ④ lui]

(3) Je (　　　) propose ce petit livre.
「この小さな本をあなたにおすすめします.」

[① leur ② me ③ nous ④ vous]

3. 次の単語の順番を並べ替えて，正しい文章にしましょう．（文頭に来るものも，小文字で表記）

(1) ___ ___ ___ ___ comme visite ?

[① conseillez ② me ③ qu'est-ce que ④ vous]

(2) Je ___ ___ ___ ___ la tour des Cuisines.

[① de ② recommande ③ visiter ④ vous]

(3) ___ ___ ___ ___.

[① je ② la salle des Gardes ③ suggère ④ vous]

理解したら，1つめの □ にチェックを入れましょう．1週間後に復習したら，2つめの □ にチェックを入れましょう．試験の前に確認したら，3つめの □ にチェックを入れましょう．

1. 目的語を人称補語代名詞で置き換えられる

□□□ Je vous propose ce petit livre.

□□□ Les touristes me posent souvent des questions difficiles.

□□□ Et vous, le Moyen Âge, ça vous intéresse ?

□□□ L'architecture du Moyen Âge, ça m'intéresse beaucoup.

□□□ Vous les emmenez en ville et vous leur montrez le pont.

2. おすすめを聞いたり，答えたりできる

□□□ Qu'est-ce que vous me conseillez comme visite ?

□□□ Je vous recommande plutôt de visiter la tour des Cuisines.

□□□ Je vous suggère d'abord la salle des Gardes et ensuite la grande Cour.

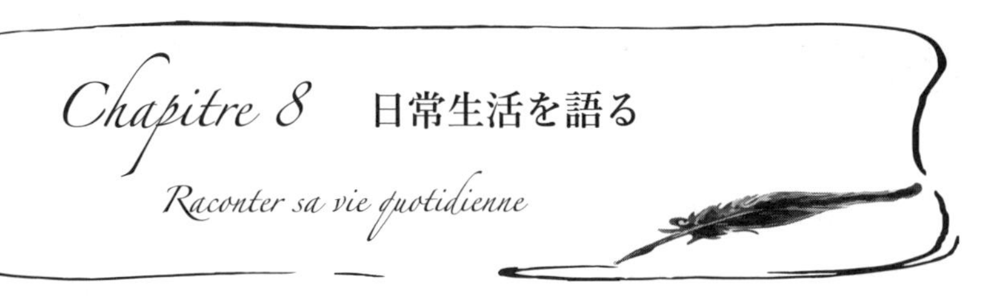

できるように なること

1. 過去に繰り返ししていたことを語る（半過去 II）
2. 出来事を語る（複合過去 III 代名動詞，否定形）
3. 時刻の表現

1. **Tous les jours, elle se levait tôt.**
   Elle allait à l'école à pied.
2. **Je ne me suis pas encore douchée et je ne me suis pas maquillée.**
   Non, je ne me suis pas couché tout de suite.
3. **Il est quelle heure à Paris ?**
   Il est neuf heures du matin.
   Je me suis levée à huit heures moins le quart aujourd'hui.

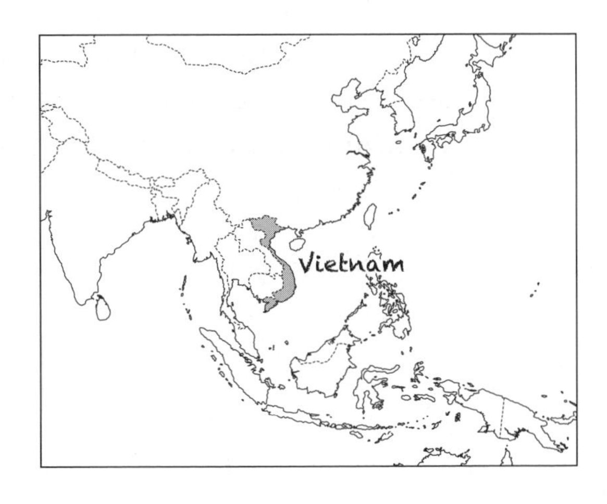

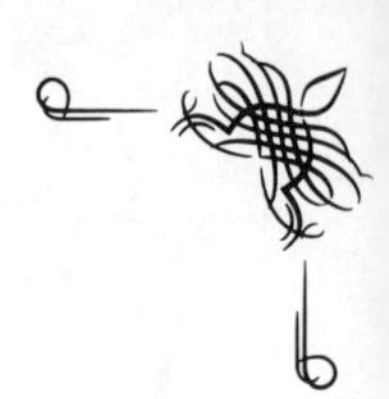

Dialogue

Alexandre est au Vietnam, il parle avec son épouse Hélène au téléphone.

Alexandre : Bonjour Hélène. Comment vas-tu ? Il est quelle heure à Paris ?

Hélène : Ça va, Alexandre. Il est neuf heures du matin. Je me suis levée à huit heures moins le quart aujourd'hui. Je ne me suis pas encore douchée et je ne me suis pas maquillée. Je vais prendre mon petit déjeuner. Et toi ? Est-ce que tu te trouves à l'hôtel ?

Alexandre : Oui, je me repose un peu dans ma chambre. Tu sais, l'hôtel se trouve au centre-ville, c'est bruyant la nuit, et je dors mal.

Hélène : Tu t'es couché après le travail ?

Alexandre : Non, je ne me suis pas couché tout de suite. Je me suis promené une heure dans mon quartier.

Hélène : Et tu t'es amusé avec ton groupe ?

Alexandre : Oui, oui, nous nous sommes bien amusés. Nous avons assisté à la fête du Têt. Nous nous sommes couchés tard. Ce matin, j'avais un peu mal à la tête.

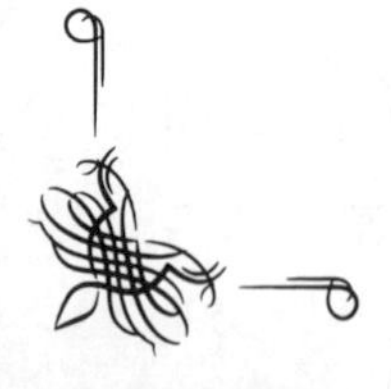

（アレクサンドルはベトナムにいる．電話で妻のエレーヌと話している）

アレクサンドル：おはよう，エレーヌ．元気かい？パリでは今何時なの？

エレーヌ　　　：元気よ，アレクサンドル．今は朝の9時よ．私は今日，8時15分前［7h45］に起きたの．まだシャワーを浴びていないし，お化粧もしていないわ．これから朝食をいただくわ．それであなたは？ホテルにいるの？

アレクサンドル：うん，部屋で少し休んでいるところなんだ．だって君，ホテルは中心街にあって，夜は騒がしいので，よく眠れないんだよ．

エレーヌ　　　：仕事の後に寝たの？

アレクサンドル：いいや，すぐには寝なかった．今いる界隈を1時間散歩したよ．

エレーヌ　　　：それで，あなたはグループの人たちと楽しめたの？

アレクサンドル：うん，うん，ぼくたちはとても楽しんだよ．テトの祭りに参加したよ．遅くに寝たんだ．今朝は少し頭が痛かった．

Vocabulaire

me suis levée < se lever 起きる，huit heures moins le quart 8時15分前 (7h45) フランスでは7:45を7h45と書きます，me suis douchée < se doucher シャワーを浴びる，encore まだ，me suis maquillée < se maquiller 化粧をする，te trouves < se trouver いる，me repose < se reposer 休む，t'es couché < se coucher 寝る，tout de suite すぐに，me suis promené < se promener 散歩する，quartier 地区，t'es amusé < s'amuser 楽しむ，nous sommes bien amusés < s'amuser, avons assisté < assister（à に）参加する，fête du Têt テトの祭り，tard 遅く，ce matin 今朝，avais < avoir, avoir mal à la tête 頭が痛い

Hélène : Tu t'es bien brossé les dents ?

Alexandre : Quoi ?

Hélène : Oui, est-ce que tu t'es brossé les dents avant de te coucher ? Tu oublies toujours !

Alexandre : Euh... Euh... Bien sûr ! Je me brosse toujours les dents ! Je me suis aussi lavé le visage.

Tu sais, Hélène, j'ai vu une exposition sur Marguerite Duras. Elle vivait au Vietnam quand elle était enfant. Sa famille était pauvre. Elle était souvent malade et sa vie quotidienne était difficile. Ils n'avaient pas d'argent. Tous les jours, elle se levait tôt. Elle allait à l'école à pied. Elle aidait toujours sa mère. Elle travaillait beaucoup mais elle était heureuse. Elle adorait son grand frère.

Hélène : C'est intéressant, Alexandre ! Raconte-moi ça la semaine prochaine, d'accord ? Bon après-midi, mon chéri !

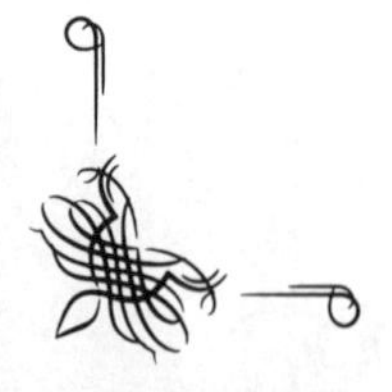

エレーヌ　　　：歯はちゃんと磨いたの？

アレクサンドル：何だって？

エレーヌ　　　：そう，寝る前に，歯は磨いたの？あなたったら，いつも忘れるから！

アレクサンドル：ええと…，ええと… もちろんだとも！ぼくはいつも歯を磨くよ！顔も洗ったし．
ねえ，エレーヌ，マルグリット・デュラスの展覧会を見たよ．デュラスは小さかったときに，ベトナムで生活していたんだ．家族は貧しかったんだ．彼女はよく病気で，日常生活は厳しかった．家族はお金を持っていなかったんだ．毎日，彼女は早くに起床していた．徒歩で学校に通っていたんだ．いつも母親の手助けをしていた．よく働いていたけど，幸せだった．兄が大好きだったんだ．

エレーヌ　　　：それは興味深いわね，アレクサンドル！来週，話を聞かせてね，いいわね？よい午後を過ごしてね（大切なあなた）！

t'es bien brossé les dents < se brosser les dents 歯を磨く，« Quoi ? »「何だって？」聞き返すときの表現（他に丁寧な Pardon ? ニュートラルな Comment ? もある），avant de + 不定詞（時間の表現）～する前に，me suis aussi lavé le visage < se laver le visage 顔を洗う（se は間接目的），visage 顔，« Tu sais »「ねえ」，ai vu < voir, sur ～について，Marguerite Duras マルグリット・デュラス（フランスの作家．代表作に *L'Amant*『愛人』），vivait < vivre, Vietnam ベトナム，enfant 子ども，famille 家族，pauvre 貧しい，souvent よく，しばしば，malade 病気の，vie 人生，d' = de（否定の冠詞 de）= 直接目的語につく部分冠詞 de l' が否定形のとき，d' に変わる，argent お金，tous les jours 毎日，se levait < se lever 起きる，allait < aller, école 学校，à pied 徒歩で，aidait < aider 助ける，travaillait < travailler 働く，heureuse < heureux 幸せな，adorait < adorer 大好きである，frère 兄弟，grand frère 兄，raconte < raconter 語る，la semaine prochaine 来週，d'accord 承知する，après-midi 午後，mon chéri 私の大切な人（夫，息子，男性の恋人への呼びかけ）

過去時制のおさらいをしましょう．また，否定形を確認しましょう．

1. 過去に繰り返ししていたことを語る（半過去Ⅱ）

第6章で半過去を学びました．その用法は，大きく2つあります．

① 過去に起きていたこと，していたこと，過去の状態，状況

② 過去の習慣や，繰り返ししていたこと

も言い表せます．今日の会話文に出てきた半過去形で上記①②を見ましょう．

Elle vivait① au Vietnam quand elle était① enfant.

Sa famille était① pauvre.

Elle était① souvent malade et sa vie quotidienne était① difficile.

Ils n'avaient① pas d'argent.

Tous les jours, elle se levait② tôt.

Elle allait② à l'école à pied.

Elle aidait② toujours sa mère.

Elle travaillait② beaucoup mais elle était① heureuse.

Elle adorait① son grand frère.

半過去は単純時制（助動詞がなく，動詞1単語だけの時制）なので，半過去の文を否定文にするときには，現在形のときと同じように，動詞を ne ... pas ではさみます．（例えば，Ils n'avaient pas d'argent.）

2. 出来事を語る（複合過去 Ⅲ 代名動詞，否定形）

代名動詞を複合過去にするときには，助動詞に être を取ります．se coucher「寝る　←自分を寝かせる」（se は coucher の直接目的語）を例に活用すると，

（現在形）Je me couche tout de suite.「すぐに寝ます」

（複合過去形）Je me suis couché tout de suite.「すぐに寝ました」

ただし，これは je が男性の場合の言い方です．être を助動詞に取る複合過去では，主語の人称にあわせて過去分詞に e がついて女性形に変化したり，s がついて複数形になったりして，「性数一致」するのでしたね．je と言っている人が女性なら，

Je me suis couchée tout de suite.

主語が nous で男性複数形なら，

Nous nous sommes couchés tout de suite.

となります．

【直説法複合過去】**se coucher**「寝る」 se が直接目的語のとき

	単数	複数
1人称	男性 je me suis couché 女性 je me suis couchée	nous nous sommes couchés nous nous sommes couchées
2人称	男性 tu t'es couché 女性 tu t'es couchée	男性単数 vous vous êtes couché 女性単数 vous vous êtes couchée 男性複数 vous vous êtes couchés 女性複数 vous vous êtes couchées
3人称	男性 il s'est couché 女性 elle s'est couchée	ils se sont couchés elles se sont couchées

では，否定文ではどうなるでしょうか．

複合過去は複合時制（助動詞と動詞の過去分詞で成り立つ時制）です．複合時制の文を否定文にするには，「助動詞」を ne ... pas ではさみます．

代名動詞の場合は，

「再帰代名詞 + 助動詞」をセットにして ne ... pas ではさみます．

☸ **Non, je ne me suis pas couché tout de suite.**

encoreなどの副詞をはさむ場合には，pasのうしろに置きます．

Je ne me suis pas encore douchée.（jeと言っている人が女性だということは，過去分詞の語末のeからわかります）なお，これは現在完了の文です．

会話文には次の文が出てきましたが，女性形ですね．

☸ **Je ne me suis pas encore douchée et je ne me suis pas maquillée.**

ここまでは，代名動詞の再帰代名詞（se，もしくはseが変化したme, te, nous, vous）が「直接目的語」の場合です．se brosser les dents「歯を磨く」では，brosser「磨く」の直接目的語はles dents「歯を」であり，seは「自分において」を示す「間接目的語」です．複合過去の文では，再帰代名詞が間接目的語のときには，過去分詞は性数一致しません．

（tuが男性の場合）　Tu t'es brossé les dents ?「歯を磨いたの？」

（tuが女性の場合でも）Tu t'es brossé les dents ?「歯を磨いたの？」

【直説法複合過去】**se brosser les dents**「歯を磨く」 seが間接目的語のとき

	単数	複数
1人称	男女 je me suis brossé les dents	男女複 nous nous sommes brossé les dents
2人称	男女 tu t'es brossé les dents	男女単複 vous vous êtes brossé les dents
3人称	男性 il s'est brossé les dents 女性 elle s'est brossé les dents	ils se sont brossé les dents elles se sont brossé les dents

同じように，se laver le visageは「顔を洗った ←（自分において顔を洗った）」という意味で，laver「洗う」の直接目的語はle visage「顔を」であり，再帰代名詞seは「自分において」を意味する「間接目的語」なので，

（男性が言う場合）Je me suis (aussi) lavé le visage.「顔も洗った」

（女性が言う場合）Je me suis (aussi) lavé le visage.「顔も洗った」

ただし，se laverの後に何もつかなければ，「体を洗う←自分を洗う」という

意味で，se は laver の直接目的語になります．（→『フランス語 I（'24）』第 15 章参照）

（男性が言う場合）Je me suis (aussi) lavé.「体も洗った」

（女性が言う場合）Je me suis (aussi) lavée.「体も洗った」

se lever「起きる」を複合過去形と半過去形にして，ニュアンスの違いを確認しましょう．複合過去では，Hier, elle s'est levée tôt.「昨日，彼女は早くに起床した．」半過去の文では，Tous les jours, elle se levait tôt.「毎日，彼女は早くに起床していた．」半過去では過去に繰り返し起床していたことを習慣として言い表しています．一方，複合過去の文では，起床する行為はすでに完了しています．

3. 時刻の表現

時間を聞くときには，Quelle heure est-il ? または，Il est quelle heure ? で聞きます．

会話文には「パリでは」と聞く文がありました．

Il est quelle heure à Paris ?

答えるときには « Il est ~. » その後に続くのは，

une heure（1 時），deux heures（2 時），trois heures（3 時），quatre heures（4 時），cinq heures（5 時），six heures（6 時），sept heures（7 時），huit heures（8 時），neuf heures（9 時），dix heures（10 時），onze heures（11 時）

となります．正午は midi，午前零時は minuit です．

分を表すときには「〜時」の後に数字を続ければいいのですが，15 分，30 分，45 分（15 分前という言い方）を表す特別な表現があります．

15 分 et quart，30 分 et demie（midi, minuit につくときには et demi） 45 分（時間を 1 時間進めて「15 分前」）moins le quart

12 時間表示で時間帯を言い表したいときには，「朝の〜時」は du matin，「昼

の～時」は de l'après-midi,「晩の～時」は du soir となります．午前 1 時から 11 時までは du matin をつけて「午前～時」となります．午後 1 時から 4 時までは de l'après-midi をつけます．午後 5 時は，話し手の判断で de l'après-midi か du soir をつけます．午後 6 時から 11 時までは du soir をつけます．de la nuit とは言いません！

Il est neuf heures du matin.「朝 9 時です．」

電車の時刻を言うときなど，正確に時刻を明示するときには，24 時間表示を使います．Il est treize heures vingt-et-une.「13 時 21 分です．」（1 分を表すときには une になります．女性名詞の minute(s) が省略されているためです．）

その際，15 分，30 分，45 分（15 分前）はつけないで，数字で「分」を表します．

Il est douze heures quinze.「12 時 15 分です．」

また,「～時です」という非人称構文ではなく，ある動作を「～時に」にする，と言いたいときには，前置詞 à をつけて時間を言います．

Je me suis levée à huit heures moins le quart aujourd'hui.

「今日は 8 時 15 分前（7h45）に起きました．」(je と言っている人は女性ですね)

ちなみにフランス語圏で時間を算用数字で表すときには 7h45 のようにコロン（:）の代わりに heure(s) の頭文字の h を使います．

フランス語の歌 Chanson française

聴いてみましょう．なお，歌詞には半過去と代名動詞の複合過去が出てきますよ．

« Le Tourbillon »「つむじ風」

歌：Jeanne Moreau（ジャンヌ・モロー）

Elle avait des bagues à chaque doigt
Des tas de bracelets autour des poignets
Et puis elle chantait avec une voix
Qui, sitôt, m'enjôla

Elle avait des yeux, des yeux d'opale
Qui me fascinaient, qui me fascinaient
Y avait l'ovale de son visage pâle
De femme fatale qui me fut fatale
De femme fatale qui me fut fatale

On s'est connu, on s'est reconnu
On s'est perdu de vue, on s'est reperdu de vue
On s'est retrouvé, on s'est réchauffé
Puis on s'est séparé

Chacun pour soi est reparti
Dans le tourbillon de la vie
Je l'ai revue un soir aïe, aïe, aïe !
Ça fait déjà un fameux bail
Ça fait déjà un fameux bail

Au son des banjos je l'ai reconnue
Ce curieux sourire qui m'avait tant plu
Sa voix si fatale, son beau visage pâle
M'émurent plus que jamais

Je me suis soûlé en l'écoutant
L'alcool fait oublier le temps

Je me suis réveillé en sentant
Des baisers sur mon front brûlant
Des baisers sur mon front brûlant

On s’est connu, on s’est reconnu
On s’est perdu de vue, on s’est reperdu de vue
On s’est retrouvé, on s’est séparé
Puis on s’est réchauffé

Chacun pour soi est reparti
Dans le tourbillon de la vie
Je l’ai revue un soir, ah là là !
Elle est retombée dans mes bras
Elle est retombée dans mes bras

Quand on s’est connu
Quand on s’est reconnu
Pourquoi se perdre de vue
Se reperdre de vue ?
Quand on s’est retrouvé
Quand on s’est réchauffé
Pourquoi se séparer ?

Alors tous deux on est reparti
Dans le tourbillon de la vie
On a continué à tourner
Tous les deux enlacés
Tous les deux enlacés
Tous les deux enlacés

（写真提供：ユニフォトプレス）

フランソワ・トリュフォー
『突然炎のごとく』*Jules et Jim*（1962）
ジャンヌ・モロー

LE TOURBILLON
作曲：Georges DELERUE
作詞：Cyrus REZVANI,BASSIAK

Exercices 練習問題

1. 動詞を複合過去形に活用させて，会話文を完成させましょう．

（Jeは女性）Je (①　　　　)[se lever] à huit heures moins le quart aujourd'hui. Je (②　　　　)[ne pas se doucher encore] et je (③　　　　) [ne pas se maquiller].

2. 動詞を半過去形に活用させて，会話文を完成させましょう．

Marguerite Duras (①　　　　)[vivre] au Vietnam quand elle (②　　　　)[être] enfant. Sa famille (③　　　　)[être] pauvre. Ils n' (④　　　　)[avoir] pas d'argent. Tous les jours, elle (⑤　　　　)[se lever] tôt. Elle (⑥　　　　)[aller] à l'école à pied. Elle (⑦　　　　) [aider] toujours sa mère. Elle (⑧　　　　)[travailler] beaucoup mais elle (⑨　　　　)[être] heureuse. Elle (⑩　　　　)[adorer] son grand frère.

3. 日本語の意味にあうフランス語を選択肢から選びましょう．

(1) Il est (①　　　　)「何時」à Paris ?
(2) Il est (②　　　　)「朝の9時」.
(3) Je me suis levée à (③　　　　)「7時45分」aujourd'hui.

選択肢 A) quelle heure　B) neuf heures du matin
C) huit heures moins le quart　D) sept heures moins le quart

4. 次の文の頭に入れるのにふさわしい語句を選択肢から選びましょう．

① (　　　　), elle s'est levée tôt.
② (　　　　), elle se levait tôt.

選択肢 A) Tous les jours　　B) Hier

理解したら，1つめの □ にチェックを入れましょう．1週間後に復習したら，2つめの □ にチェックを入れましょう．試験の前に確認したら，3つめの □ にチェックを入れましょう．

1. 過去に繰り返ししていたことを語る（半過去 II）

□□□ Tous les jours, elle se levait tôt.

□□□ Elle allait à l'école à pied.

2. 出来事を語る（複合過去 III 代名動詞，否定形）

□□□ Je ne me suis pas encore douchée et je ne me suis pas maquillée.

□□□ Je ne me suis pas couché tout de suite.

3. 時刻の表現

□□□ Il est quelle heure à Paris ?

□□□ Il est neuf heures du matin.

□□□ Je me suis levée à huit heures moins le quart aujourd'hui.

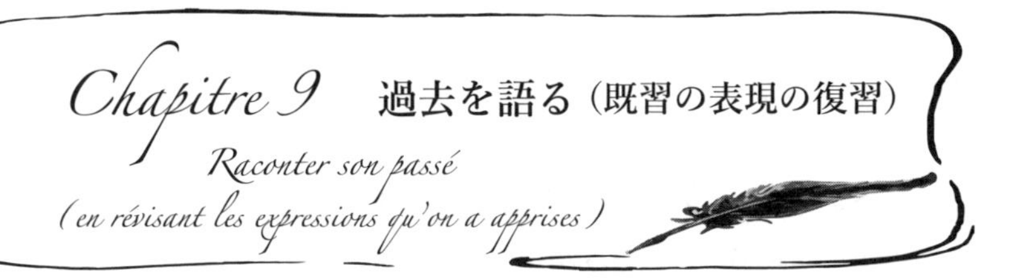

Chapitre 9 過去を語る（既習の表現の復習）

Raconter son passé
(en révisant les expressions qu'on a apprises)

できるようになること

1. 複合過去の復習をする
2. 半過去の復習をする
3. 近接過去（現在と過去）が使える

わかるようになる表現（キーフレーズ）

1. **J'ai dormi pendant dix heures.**
   Il a habité à Tahiti pendant deux ans.
2. **J'avais mal au cœur et j'étais très fatigué.**
3. **Je viens d'arriver à Tahiti.**
   Il venait de quitter la France.

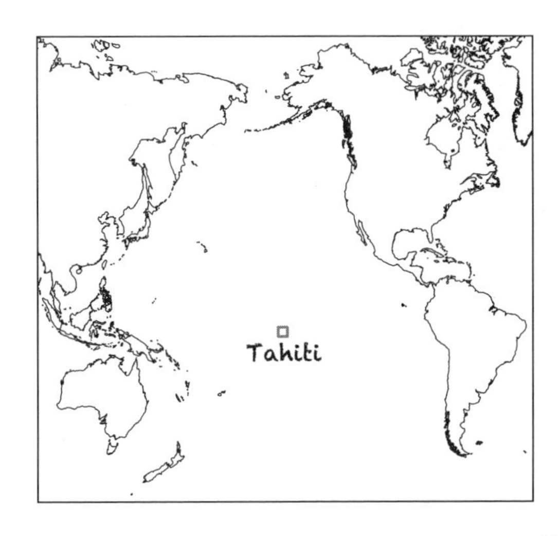

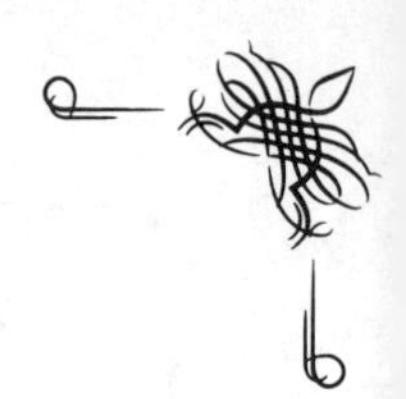

Dialogue

Alexandre est à Tahiti. Il lit une plaquette consacrée à Gauguin. Il échange aussi avec une personne de la librairie du musée.

Alexandre : Pardon Madame, mon groupe de touristes et moi, nous venons de visiter le musée. Je voudrais acheter le journal de Gauguin. Je l'ai cherché mais je ne l'ai pas trouvé.

Vendeuse : Ah bon ? C'est bizarre ! Je viens de le mettre sur la table. Regardez, il est devant vous !

Alexandre : Merci beaucoup. Est-ce que c'est le livre qu'il a écrit en 1891[mille-huit-cent-quatre-vingt-onze] à Tahiti ?

Vendeuse : Oui, c'est son journal, et ce sont des lettres aussi. Il venait de quitter la France. Il était malade et, il était triste... Il a habité à Tahiti pendant deux ans.

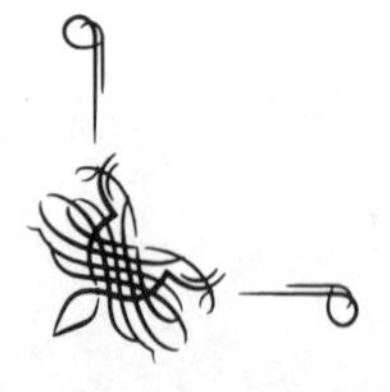

（アレクサンドルはタヒチにいる．ゴーギャンのことが書かれた小冊子を読む．博物館の書店の人と交流もしている）

アレクサンドル：すみません（マダム）．ぼくのグループの観光客とぼくは，博物館を訪ねたばかりです．ゴーギャンの日記を買いたいのですが．それを探したのですが，見つかりませんでした．

販売員　　　　：あ，そうですか？おかしいですね！机の上に置いたばかりなんですが．見てください，あなたの目の前にありますよ！

アレクサンドル：ありがとうございます．これはゴーギャンが1891年にタヒチで書いた本ですか？

販売員　　　　：はい．彼の日記で，さらにこれらは手紙です．ゴーギャンはフランスを離れたばかりでした．病気でしたし，悲しみを抱えていました．彼は2年間，タヒチに住んでいました．

venons < venir, venir de + 不定詞（近接未来）～したばかりだ，voudrais < vouloir, acheter 買う，journal 日記，Gauguin ゴーギャン，l' = le（le journal de Gauguin を受けている），ai cherché < chercher 探す，ai trouvé < trouver, « Ah bon ? »「へえ，そうですか？」，bizarre 変な，mettre 置く，sur ～の上に，table テーブル，regardez < regarder, devant ～の前に（空間の表現），qu' = que（関係代名詞→第12章），a écrit < écrire 書く，lettres < lettre 手紙，aussi さらに，venait < venir, quitter 離れる，triste 悲しい，a habité < habiter, pendant ～の間

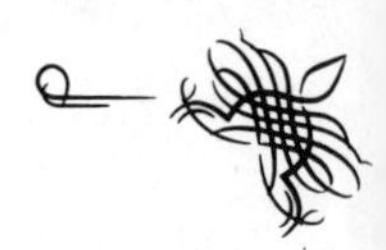

(Alexandre ouvre le livre et lit un passage.)
« Je viens d'arriver à Tahiti. Ce matin, je suis allé me promener. Il faisait beau et chaud mais la température était agréable. Il n'y avait pas de vent. L'après-midi, j'ai fait une sieste et j'ai commencé mon premier tableau. J'ai peint une femme sur la plage. Après, j'ai mangé un peu de riz et de noix de coco et j'ai bu beaucoup de vin. J'avais mal au cœur et j'étais très fatigué. Donc, je suis rentré chez moi et je me suis couché. J'ai dormi pendant dix heures... »*

Alexandre : C'est parfait ! Je vais le lire ce soir !
Vendeuse : Ça fait 4200 [quatre-mille-deux-cents] francs, Monsieur.
Alexandre : Voilà.
Vendeuse : Merci Monsieur. Monsieur, vous avez oublié votre monnaie ! Bonne lecture !

* 教材のために，Paul Gauguin, *Noa Noa* のリライト（書き直し）

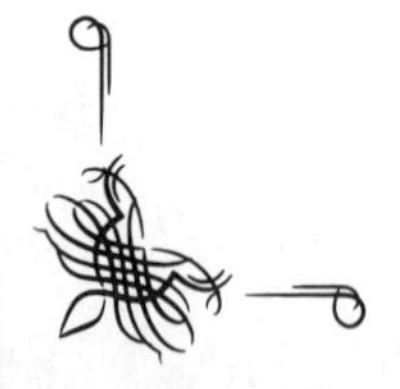

（アレクサンドルは本を開いて，ある節を読む）
「ぼくはタヒチに着いた（ばかりだ）．今朝，散歩に行った．快晴で，暑かったが，温度は心地よかった．風はなかった．午後には昼寝をして，最初の絵を描きはじめた．海辺である女性を描いた．その後，お米とココナッツを少し食べ，ワインをたくさん飲んだ．胸はむかつき，とても疲れていた．それで，家に帰り，寝床に入った．10 時間眠った…」

アレクサンドル：すばらしい！今晩これを読もう！
販売員　　　　：4200 フランです（ムッシュー）．
アレクサンドル：はい，これです．
販売員　　　　：ありがとう（ムッシュー）．お客さま，おつりを忘れていますよ！
　　　　　　　　よい読書を！

viens < venir, venir de + 動詞不定詞 ～したばかりだ，suis allé < aller, me promener < se promener 散歩する，faisait < faire, température 温度，de（否定の冠詞 de）＝直接目的語につく部分冠詞 du が否定形では de に変わる，vent 風，ai fait < faire, sieste < シエスタ，昼寝，ai commencé <commencer 始める，premier 最初の，tableau 絵画，ai peint < peindre（絵を）描く，femme 女性，plage 海岸，sur la plage 海岸に／で，ai mangé < manger, riz 米，noix de coco ココナッツ，ai bu < boire, « avoir mal à + 定冠詞 + 体の部位 » ～が痛い，cœur 心臓，胸，avoir mal au cœur 胸がむかつく，donc それで，ゆえに，suis rentré < rentrer 帰る，me suis couché < se coucher, ai dormi < dormir, parfait 完ぺきな，すばらしい，francs < franc ここでは CFP フラン（フランスの海外地域である，ニューカレドニア，ウォリス・フツナ，フランス領ポリネシアの通貨）略称 XPF．1000 CFP フランは 8.38 ユーロ，avez oublié < oublier 忘れる，monnaie おつり，Bonne lecture !「よい読書を！」

この章では，これまでに学んだ過去の表現のおさらいをしましょう．

1. 複合過去の復習をする

複合過去は過去の出来事，事実を述べるのでしたね．その出来事や事実を発話する人が，はじまった時点と終わった時点をひとまとまりにして，過去の行為を捉える時制です．

J'ai dormi pendant dix heures.

「私は10時間眠りました.」（動詞は dormir 眠る）

pendant dix heures は「10時間」眠り始めてから，眠りから覚めるまでの10時間をひとまとめにして，「眠った」J'ai dormi と複合過去で表現しています．

たとえば，眠れる森の美女（*la Belle au bois dormant*）が « J'ai dormi pendant cent ans. »「私は100年間眠っていました」と言ったとしましょう．美女が100年をひとつのまとまりとして捉えて複合過去で表現したことになります．あなたが100年は長いと考えたとしても，その時間を「始まりと終わりのある期間」として捉えているので，ゴーギャンの10時間と，眠り姫の100年間には違いはないのです．

Il a habité à Tahiti pendant deux ans.

「彼は2年間，タヒチに住んでいました.」

この文でも，「2年間」をまとまりのある期間として捉えています．

複合過去の文では，起点，終点，期間などの時間的な範囲を定める表現が見られます．

pendant	期間：	pendant trois semaines「3週間」
depuis	起点：	depuis trois heures「3時間前から」 例 « Je n'ai pas mangé depuis trois heures. » 「3時間前から食べていません.」
jusqu'à	終点：	jusqu'à ce jour-là「その日まで」
il y a	～前：	il y a deux jours「2日前に」 例 « J'ai ainsi vécu [...] jusqu'à une panne dans le désert du Sahara, il y a six ans. »「ぼくは6年前のサハラ砂漠での故障まで，こんなふうに，一人で生きてきました」(Antoine de Saint-Exupéry, *Le Petit Prince* アントワーヌ・ド・サン＝テグジュペリ『ちいさな王子（星の王子さま)』)
en［年号の数字］	年号：	en 1980「1980年に」

あるいは指示形容詞 (ce, cet, cette, ces) を伴う表現で：ce matin「今朝」，cet été「この前の夏」

hier「昨日」，avant-hier「一昨日」，le mois dernier「先月」，l'année dernière「去年」

2. 半過去の復習をする

半過去はフランス語で imparfait と言います（im =「未」，parfait「完了」)．つまり未完了の状態を表します．

複合過去が「始まりと終わりのある期間」を言い表すのに対して，半過去は「始まりも終わりもはっきりしない，ある持続として，過去の事象を捉える時制」です．

J'avais mal au cœur et j'étais très fatigué.

「胸はむかつき，とても疲れていた.」

半過去の文では，起点，終点，期間などの時間的な範囲を定める表現は使えません.

◆日本語では，複合過去を「〜した」，半過去を「〜していた」と訳す場合が多いのですが，先ほどの文，« J'ai dormi pendant cent ans. » を「私は 100 年間眠っていました.」と訳したり，J'ai [...] vécu seul を「一人で [...] 生きてきました」と訳したように，複合過去の文を「〜していた」「〜してきた」と訳すこともあります.

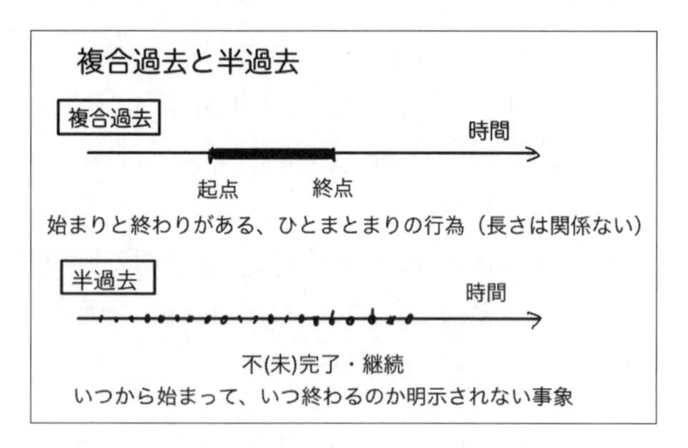

3. 近接過去（現在と過去）が使える

« venir（活用形）de + 動詞不定詞 » で，近い過去や寸前にしたことを言い表します.「〜したばかりだ」,「〜したところだ」と訳すことが多いですね.

Nous venons de visiter le musée.

Je viens de le mettre sur la table.

Je viens d'arriver à Tahiti.

（母音字で始まる動詞が続くときには，de は d' になります）

では venir を半過去に活用させましょう．過去において「〜したところだった」と言い表せます.

Il venait de quitter la France.「彼はフランスを離れたばかりでした.」

タヒチ Tahiti

南太平洋フランス領ポリネシアに属するソシエテ諸島にあるタヒチ．仏領なのでフランス語が公用語ですが，現地の住民にはタヒチ語も使用されるバイリンガルの島です．

会話文でも紹介されていたように，画家のポール・ゴーギャン Paul Gauguin は仏領ポリネシアに滞在しました．滞在記の『ノア・ノア』（*Noa Noa*）（タヒ

Paul Gauguin, *Contes barbares* (1902)
Museum Folkwang, Essen

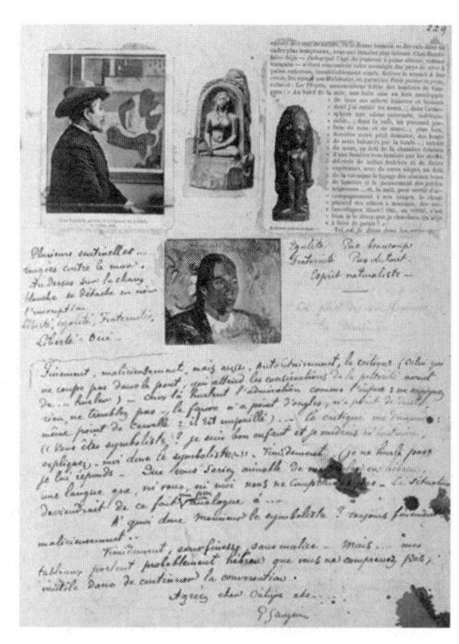

Paul Gauguin, *Album Noa Noa*, folio 119 recto, (1927) : donné Musée du Louvre par Georges Daniel de Monfreid

チ語で「かぐわしい香り」）を残しています．

ヨーロッパの文明から逃れて，手つかずの自然の中で芸術活動をすることを夢見て，仏領タヒチに到着するも，首都パペーテは都会でした．そこから島の反対側のマタイエアに移り住み，地上の楽園を求めたことは，彼の残した作品からうかがえます．

やがてゴーギャンはフランスに帰国しましたが，再びタヒチに戻りました．病気にかかり，借金に苦しみ，娘の訃報を受け，自殺未遂に至ります．やがてそこから立ち直り，野生の生活を求めて，タヒチの北東1500キロのマルケサス諸島のヒヴァ・オア島に移り住みます．文筆活動を行ったり，絵の売れ行きがよかったりして，貧困生活から脱して，土地の名士になります．芸術活動では，野生の中に原始の楽園を求めていました．

また，海軍付き医師だった作家ヴィクトル・セガレン Victor Segalen は，タヒチを巡る長編小説『記憶なき民』（*Les Immémoriaux*）（1907）を残しています．ゴーギャンに触発された著作は『ゴーガンを讃えて／異教の思考』（セガレン著作集〈第2巻〉，水声社，2021年）で読めます．セガレンはその著作自体が目から鱗が落ちるようで，異文化との付き合い方についての示唆に富む，エグゾティスムについての著作は特におすすめです．

ヒヴァ・オア島アツオナの共同墓地にある画家ポール・ゴーギャンの墓
Par Colin Carnegie — Travail personnel, CC BY-SA 4.0,
https://commons.wikimedia.org/w/index.php?curid=58056100

ゲストのタヒチアン・ダンスのダンサー，アナスターズ・ラギヴァルさんのお話を聞きましょう．

・自己紹介

Anastase : Bonjour, je m'appelle Ragivaru Anastase. Je viens de Tahiti. Je suis champion du Monde de pirogue dite va'a en Polynésie ; champion du Monde aussi en danse tahitienne et je suis arrivé au Japon en 2015. Je suis né en Polynésie, plus précisément à Kauehi.

アナスターズ：こんにちは．ラギヴァル　アナスターズと申します．タヒチから来ました．ポリネシアのアウトリガーカヌーといわれるカヌーの世界チャンピオンです．タヒチアン・ダンスの世界チャンピオンでもあります．2015年に日本に来ました．（フランス領）ポリネシア，より正確にいうと，カウエヒ島で生まれました．

・昨日，何をしましたか？

R.B : Alors, Anastase, qu'est-ce que tu as fait hier soir ?

Anastase : Alors, hier soir, j'ai rencontré des amis. Nous sommes allés jouer au bowling. C'était super ! Et puis, on a été manger de la viande grillée et c'était vraiment génial !

ロドルフ・ブルジョワ：それで，アナスターズ，昨夜は何をしたの？

アナスターズ：ええと，昨晩は友達に会いました．ボーリングをしに行きました．とてもよかったです．それから焼き肉を食べに行きました．本当に最高でした．

・タヒチダンスについて

R.B : Anastase, peux-tu nous parler de la danse tahitienne, s'il te plaît ?

Anastase : Oui. La danse tahitienne, c'est une danse traditionnelle qui se pratique du tout jeune âge, que ce soit trois ans ou quatre ans, à partir... et tu peux danser jusqu'à 50, à 60 ans. Alors, cette danselà, elle se pratique… des événements comme des fêtes d'anniversaire ou la fête nationale avec des costumes traditionnels que nous utilisons euh… *auti* comme on dit en tahitien et, en français, c'est des feuilles vertes.

R.B : Est-ce qu'il y a des danses sacrées ?

Anastase : Est-ce qu'il y a des danses sacrées ? Non, pas des danses sacrées, mais des pas qui veulent dire quelque chose. Par exemple, si je te dis *une fleur*, tu vas montrer avec tes doigts en forme de fleur, voilà.

R.B : Euh… comment est-ce que tu as appris la danse ?

Anastase : Alors, comme tout Tahitien, tes parents t'enseignent la danse. Tes parents ont dansé, tes grands-parents ont dansé ; même tes arrière-grands-parents ont dansé. Donc, un Tahitien a pratiqué la danse tahitienne.

R.B : Est-ce qu'il y a des danses pour les hommes et pour les femmes ?

Anastase : Alors, la danse pour les hommes et pour les femmes, oui. Concernant les pas des hommes, c'est plutôt avec les jambes. Concernant les femmes, c'est plutôt la hanche. On roule les hanches.

R.B : Est-ce qu'une danse dure longtemps ?

Anastase : Euh… tout dépend du thème. Par exemple, à la fête nationale, c'est un défilé ; donc, tout en défilant, on danse, et ça peut durer longtemps.

R.B : Est-ce que c'est fatigant de danser la danse tahitienne ?

Anastase : Alors, la danse tahitienne est devenue un sport qui est très très très difficile. Donc, un minimum d'entraînement s'engage.

R.B : Tu es danseur professionnel, tu danses beaucoup alors ?

Anastase : Exactement. Un danseur professionnel doit danser au moins une fois par jour. Donc, au moins une heure d'entraînement pour arriver à un niveau professionnel.

R.B : Merci.

ロドルフ：アナスターズ，タヒチアン・ダンスについて話してくれますか？

アナスターズ：はい．タヒチアン・ダンスは，伝統的なダンスで，3歳，4歳くらいの幼年期から踊っていて，50歳，60歳まで踊れます．それで，このダンスは，誕生日のお祝いや，国の祭事のようなイベントで，伝統的な衣装をつけて踊ります．伝統的な衣装というのは，そう，タヒチ語で「アウティ」と呼ばれ，フランス語では「緑の葉」と言われるものを使います．

ロドルフ：神聖なダンスはありますか？

アナスターズ：神聖なダンスはあるか，ですか？いいえ，神聖なダンスはありませんが，何か特定の意味を持つ動きはあります．例えば，「花」と言うと，こんなふうに花の形を指で見せるのです．

ロドルフ：それで，あなたはどのようにして，ダンスを習いましたか？

アナスターズ：ええと，すべてのタヒチ人がそうであるように，両親がダンスを教えてくれます．両親は踊っていましたし，祖父母も踊っていました．同じように，曾祖父も踊っていました．つまりどんなタヒチ人も踊っていたのです．

ロドルフ：男性が踊るダンスと女性が踊るダンスとありますか？

アナスターズ：男性が踊るダンスと女性が踊るダンスがあるかと言えば，あります．男性の動きですが，脚を使います．女性に関してですが，どちらかというと腰を使います．腰を回すんです．

ロドルフ：ダンスの時間は長いんですか？

アナスターズ：ええと，時と場合によります．例えば，国の祭事では，行列になります．ですから，行列しながら，踊り，長くなるときもあります．

ロドルフ：タヒチアン・ダンスを踊るとき，疲労を伴いますか？

アナスターズ：ええと，タヒチアン・ダンスはとても難しいスポーツになりました．ですから，最低の練習が必要なのです．

ロドルフ：あなたはプロのダンサーですね．それでは，あなたはたくさん踊るんですね．

アナスターズ：その通りです．プロのダンサーは，最低でも1日1回は踊ります．それで最低1時間練習すると，プロのレベルに到達します．

・マナとは？

Anastase : Alors, *Mana* veut dire *esprit* en français. Si je te donne un exemple, dans la danse tahitienne, on ne danse pas seulement. On danse avec cœur ! On a tous... comment dirais-je, la puissance du *Mana*. Que ce soit dans la danse, même au niveau du costume aussi. Le costume, on a parlé du *auti* et le *auti*, c'est l'élément sacré, chez nous, à Tahiti. Et danser avec le *Mana*, c'est, pour un Tahitien, c'est d'être bien dans sa peau. C'est ça, le *Mana*.

R.B : C'est l'esprit de la danse ?

Anastase : Pas seulement concernant la danse. Même de ce que tu fais, par exemple la course de pirogue. Ce que tu utilises, ta rame, que ce soit ta pirogue, il y a un *Mana*. C'est ça, le *Mana* en fait.

アナスターズ：「マナ」とは，フランス語で「精霊」という意味です．例を挙げるとすると，タヒチアン・ダンスは，ただ踊るのではありません．心を込めて踊るのです！私たちはみんな，ええと何て言うか，そう，「マナ」の力を持っているのです．それがダンスであろうと，衣装の話であっても，「マナ」とともにあるのです．衣装は，「アウティ」というと言いましたが，それはタヒチの，私たちのところでは，神聖なものなのです．そして「マナ」とともに踊る，それはタヒチ人にとって，「自分の皮膚の中でいい状態にいること（フランス語の表現で「くつろいでいる，自分でいられる」の意）」なのです．「マナ」とは，そういうものなのです．

ロドルフ：ダンスだけじゃなくて，あなたがすること，例えば，カヌーの競技．あなたが使うもの，あなたは櫂（かい）を漕ぎますよね．その櫂（かい）には「マナ」が宿っています．それこそが，「マナ」なのです．

（日本語訳：田口亜紀）

1. 動詞を複合過去，半過去のうち，適切な形に活用させて，次の文を完成させましょう．venir は現在形と半過去のうち，適切な形に活用させて，近接過去の表現を完成させましょう．（なお，je と言っているのは男性です．）

« Je (①)[venir] d'arriver à Tahiti. Ce matin, je (②)[aller] me promener. Il (③)[faire] beau et chaud mais la température (④)[être] agréable. Il n'y (⑤)[avoir] pas de vent. L'après-midi, j' (⑥)[faire] une sieste et j' (⑦)[commencer] mon premier tableau. J' (⑧)[peindre] une femme sur la plage. Après, j' (⑨) [manger] un peu de riz et de noix de coco et j' (⑩) [boire] beaucoup de vin. J' (⑪)[avoir] mal au cœur et j' (⑫) [être] très fatigué. Donc, je (⑬) [rentrer] chez moi et je (⑭) [se coucher]. J' (⑮) [dormir] pendant dix heures... »

2. 次の文は，フランス語として正しいでしょうか．正しければかっこ内に○を，正しくなければ×を入れましょう．

① Il a habité à Tahiti pendant deux ans. ( )

② Il habitait à Tahiti pendant deux ans. ( )

理解したら，1つめの □ にチェックを入れましょう．1週間後に復習したら，2つめの □ にチェックを入れましょう．試験の前に確認したら，3つめの □ にチェックを入れましょう．

1. 複合過去の復習をする

□□□ J'ai dormi pendant dix heures.

□□□ Il a habité à Tahiti pendant deux ans.

2. 半過去の復習をする

□□□ J'avais mal au cœur et j'étais très fatigué.

3. 近接過去（現在と過去）が使える

□□□ Je viens d'arriver à Tahiti.

□□□ Il venait de quitter la France.

Gravure par Georges-Daniel de Monfreid d'après des dessins de Paul Gauguin, pour Les Immémoriaux, de Victor Segalen

TERRE HUMAINE
CIVILISATIONS ET SOCIÉTÉS
COLLECTION D'ÉTUDES ET DE TÉMOIGNAGES DIRIGÉE PAR JEAN MALAURIE

LES
IMMÉMORIAUX

par
Victor SEGALEN

Avec 40 illustrations et 2 cartes dans le texte,
et 25 illustrations hors texte tirées pour la plupart de l'œuvre de
Paul GAUGUIN

Nouvelle édition revue, corrigée, augmentée d'un index
et de débats et critiques

PLON

La page de titre des *Immémorieux* de Victor Segalen

できるようになること

1. 計画や未来のことを言う（単純未来）
2. 近い未来のことを言う（近接未来の復習）

1. **On arrivera lundi matin à Nouméa et on repartira à Paris dimanche soir.**
   Quand on sera à l'aéroport, on prendra un taxi jusqu'à l'hôtel.
   On verra ! Nous, on voyagera, on s'amusera !
   Eux, ils travailleront !
2. **Il va faire chaud et humide.**
   On va rester juste une semaine.
   On ne va pas prendre beaucoup de vêtements.
   Les sandales et la crème solaire, on va les acheter à l'aéroport.

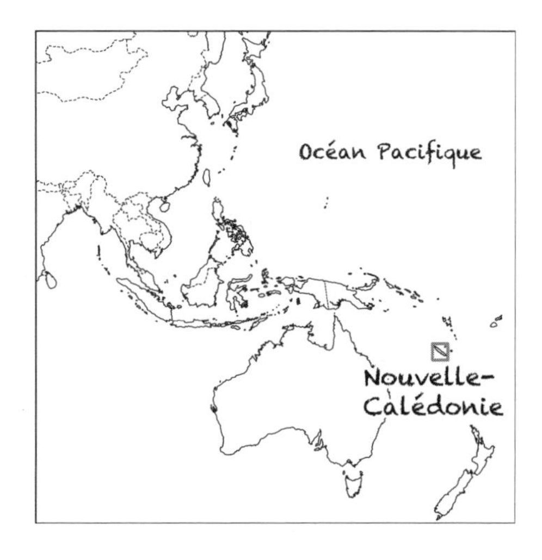

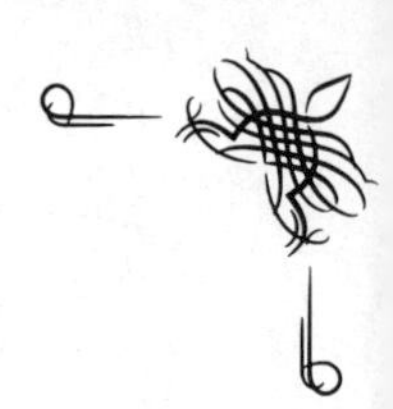

Dialogue

Alexandre et Hélène préparent un voyage en Nouvelle-Calédonie. Dans leur salon, ils regardent une carte et un guide bleu.

Hélène : On arrivera lundi matin à Nouméa et on repartira à Paris dimanche soir.

Alexandre : Quand on sera à l'aéroport, on prendra un taxi jusqu'à l'hôtel. Ce sera plus pratique.

Hélène : Oui, nous irons d'abord à la banque ou au bureau de change. Nous changerons de l'argent. Mardi, où est-ce qu'on ira ? Qu'est-ce qu'on visitera ?

Alexandre : On restera deux jours sur l'île des Pins. Nous louerons des vélos et nous nous promènerons dans les collines. On se baladera sur la plage ! On fera le tour de l'île ! Ce sera sympa !

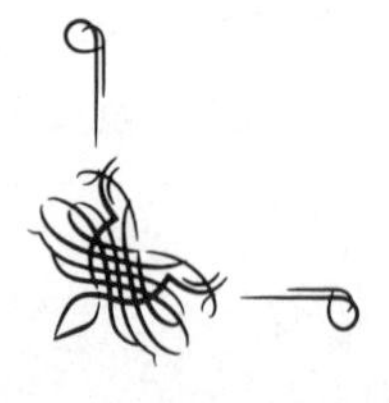

（アレクサンドルとエレーヌは，ニューカレドニアへの旅行の準備をしている．居間では，地図とブルーガイド［ガイドブック］を見ている）

エレーヌ　　　　：ヌメアには月曜日の朝に着く予定で，パリに向けて日曜日の夜に発つのね．

アレクサンドル：空港に着いたら，ホテルまでタクシーに乗ろう．より便利だろうね．

エレーヌ　　　　：ええ，まず銀行か両替所に行きましょう．両替をしましょう．火曜日にはどこに行く？何を見ましょうか？

アレクサンドル：２日間，イル・デ・パンに滞在しようか．自転車を借りて，丘を散歩しようか．海岸を散歩しよう！島を一周しよう！いいだろうね！

Vocabulaire

arrivera < arriver, lundi 月曜日，Nouméa ヌメア（フランス領ニューカレドニア la Nouvelle-Calédonie の首都），repartira < repartir 再び出発する，dimanche 日曜日，sera < être, aéroport 空港，prendra < prendre, taxi タクシー，pratique 便利な，実用的な，irons < aller, banque 銀行，bureau de change 両替所，changerons < changer 変える，changer de l'argent 両替する．mardi 火曜日，ira < aller, visitera < visiter, restera < rester, île 島，l'Île des Pins イル・デ・パン（ニューカレドニアの列島の島），louerons < louer 借りる，vélos < vélo 自転車，nous promènerons < se promener, collines < colline 丘，se baladera < se balader 散歩する，plage 海岸，浜辺，fera < faire, faire le tour de l'île 島を一周する，sera < être, sympa いい感じの

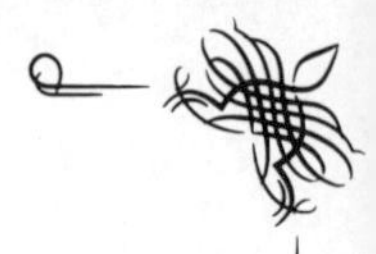

(Le regard rêveur et la voix émue)

Alexandre : On mangera des mangues et des bananes locales ! Et nous boirons du lait de coco. Le soir, on dansera et on fera la fête !

Hélène : Alexandre, qu'est-ce qu'on achètera comme cadeau pour les enfants ?

Alexandre : Je ne sais pas. On verra ! Nous, on voyagera, on s'amusera ! Eux, ils travailleront ! *(Rires)*

Hélène : Alexandre, tu es méchant !

Un mois après, Alexandre et Hélène sont à nouveau dans leur salon, devant leurs valises. Ils préparent leurs valises avant de partir en Nouvelle-Calédonie.

Alexandre : Alors Hélène, quels vêtements est-ce qu'on va prendre ?

Hélène : Il va faire chaud et humide. On va rester juste une semaine. On ne va pas prendre beaucoup de vêtements.

Alexandre : Oui, tu as raison ! Je vais mettre mon maillot de bain dans la valise.

Hélène : N'oublie pas les serviettes de bain ! On va aller à la plage. On va avoir besoin de sandales et de crème solaire.

Alexandre : Non, les sandales et la crème solaire, on va les acheter à l'aéroport.

Hélène : Oui, il va falloir aussi acheter des lunettes de soleil et des chapeaux.

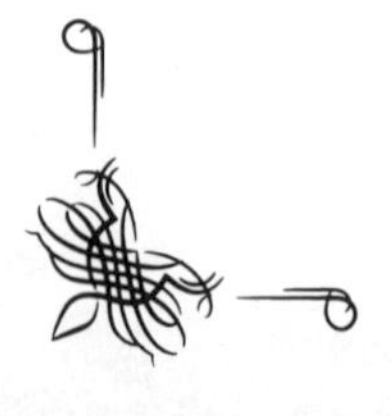

(夢見るようなまなざしで，感動した声で)

アレクサンドル：マンゴーと地元産のバナナを食べよう！それに，ココナッツミルクを飲もう．夜はダンスをして，パーティをしよう！

エレーヌ　　　：アレクサンドル，子どもたちには，おみやげに何を買おうかしら？

アレクサンドル：わかんないなあ．いずれわかるだろう！ぼくたちは旅して，楽しもう！子どもたちは仕事をするんだな！（笑い）

エレーヌ　　　：アレクサンドル，あなた，いじわるね！

(1ヶ月後，アレクサンドルとエレーヌは再び居間で，スーツケースを前にしている．彼らはニューカレドニアに出発する前に荷造りをしている)

アレクサンドル：ねえ，エレーヌ，どんな服を持って行こうか？

エレーヌ　　　：暑くて，湿気が多いでしょう．1週間しか滞在しないからね．たくさん衣服を持って行かないわよね．

アレクサンドル：そうだね，もっともだね！僕はスーツケースに水着を入れるよ．

エレーヌ　　　：バスタオルを忘れないでね！浜辺に行くんだから．サンダルと日焼け止めクリームも必要になるわね．

アレクサンドル：いいや，サンダルと日焼け止めクリームは空港で買おう．

エレーヌ　　　：そうね，サングラスと帽子も買わないといけなくなるわね．

* ニューカレドニアの通貨は，フランスのユーロではなく，パシフィック・フラン．

mangera < manger, mangues < mangue マンゴー，bananes < バナナ，locales < local 地元の，現地の，boirons < boire, lait ミルク，coco ココナッツ，dansera < danser, faire la fête パーティをする，achètera < acheter, cadeau プレゼント，おみやげ，« On verra »「いずれわかるだろう」，voyagera < voyager, s'amusera < s'amuser, travailleront < travailler, méchant 意地悪な，vêtements < vêtement 衣服，juste ちょうど，きっかり．(時間の表現の前に置かれると「〜（の期間）しか〜ない」の意になる)，mettre 入れる，maillot de bain 水着，valises < valise スーツケース，serviettes de bain バスタオル，avoir besoin de 〜が必要である，sandales（複数形で）サンダル，crème solaire 日焼け止めクリーム，falloir（非人称主語 il と用いて）〜しなければならない，lunettes de soleil（複数形で）サングラス，chapeaux < chapeau 帽子

1. 計画や未来のことを言う（単純未来）

単純未来は未来に起こると予測される出来事や状態を言い表したり，未来に実現することになっていることを言い表したり，je を主語にして意思を表します．また，2 人称 (tu, vous) を主語にすると，相手に行為を促す命令文になります．

活用語尾はすべての動詞に共通しています．

【直説法単純未来】活用語尾

	単数	複数
1 人称	je **-rai** れ	nous **-rons** ろン
2 人称	tu **-ras** ら	vous **-rez** れ
3 人称男性 女性	il **-ra** ら elle **-ra** ら	ils **-ront** ろン elles **-ront** ろン

【直説法単純未来】**travailler**（第 1 群規則動詞）

	単数	複数
1 人称	je travaille**rai** ジュ トらヴァイユれ	nous travaille**rons** ヌ トらヴァイユろン
2 人称	tu travaille**ras** チュ トらヴァイユら	vous travaille**rez** ヴ トらヴァイユれ
3 人称男性 女性	il travaille**ra** イル トらヴァイユら elle travaille**ra** エル トらヴァイユら	ils travaille**ront** イルトらヴァイユろン elles travaille**ront** エル トらヴァイユろン

語幹は原則として，動詞不定詞の末尾 r, re, oir を除いた部分ですが，例外が多いので，以下に挙げます．

er 動詞の変則的な活用をするものは，直説法現在形の 3 人称複数の活用から nt をとった部分です．（例：acheter の直説法現在形 ils achètent → 直説法単純未来の語幹 achète）不規則動詞は，

être → se (je serai), avoir → au (j'aurai), aller → i (j'irai), venir → viend (je viendrai), faire → fe (je ferai), pouvoir → pour (je pourrai), voir → ver (je verrai), savoir → sau (je saurai)

【直説法単純未来】**avoir** （語幹 au + 活用語尾）

	単数	複数
1 人称	j'au**rai** ジョれ	nous au**rons** ヌゾろン
2 人称	tu au**ras** チュ オら	vous au**rez** ヴゾれ
3 人称男性 女性	il au**ra** イロら elle au**ra** エロら	ils au**ront** イルゾろン elles au**ront** エルゾろン

【直説法単純未来】**être** （語幹 se + 活用語尾）

	単数	複数
1 人称	je se**rai** ジュ スれ	nous se**rons** ヌ スろン
2 人称	tu se**ras** チュ スら	vous se**rez** ヴ スれ
3 人称男性 女性	il se**ra** イル スら elle se**ra** エル スら	ils se**ront** イル スろン elles se**ront** エル スろン

【直説法単純未来】**aller** （語幹 i + 活用語尾）

	単数	複数
1 人称	j'**irai** ジィれ	nous **irons** ヌズィろン
2 人称	tu **iras** チュ イら	vous **irez** ヴズィれ
3 人称男性 女性	il **ira** イリら elle **ira** エリら	ils **iront** イルズィろン elles **iront** エルズィろン

会話文に出てきた単純未来形に下線を引き，かっこ内に不定詞を挙げます.

On arrivera [arriver] lundi matin à Nouméa et on repartira [repartir] à Paris dimanche soir.

Quand on sera [être] à l'aéroport, on prendra [prendre] un taxi jusqu'à l'hôtel. Ce sera [être] plus pratique.

Nous irons [aller] d'abord à la banque ou au bureau de change.

Nous changerons [changer] de l'argent. Mardi, où est-ce qu'on ira [aller] ?

Qu'est-ce qu'on visitera [visiter] ?

On restera [rester] deux jours sur l'île des Pins. Nous louerons [louer] des vélos et nous nous promènerons [se promener] dans les collines. On se baladera [se balader] sur la plage ! On fera [faire] le tour de l'île ! Ce sera [être] sympa !

On mangera [manger] des mangues et des bananes locales ! Et nous boirons [boire] du lait de coco. Le soir, on dansera [danser] et on fera [faire] la fête !

Qu'est-ce qu'on achètera [acheter] comme cadeau pour les enfants ?

On verra [voir] ! Nous, on voyagera [voyager], on s'amusera [s'amuser] !

Eux, ils travailleront [travailler] !

未来の時点を想定して「～の時，～するだろう」と言うときには，quand のあとも，動詞は単純未来形にします.

Quand on sera [être] à l'aéroport, on prendra [prendre] un taxi jusqu'à l'hôtel.「空港に着いたら，ホテルまでタクシーに乗ろう.」

Dialogue の会話文から，キーフレーズを挙げます.

- **On arrivera lundi matin à Nouméa et on repartira à Paris dimanche soir.**
- **Quand on sera à l'aéroport, on prendra un taxi jusqu'à l'hôtel.**
- **On verra ! Nous, on voyagera, on s'amusera !**
- **Eux, ils travailleront !**

2. 近い未来のことを言う（近接未来の復習）

近接未来形では，近い未来のことが言い表せるのでしたね．

近接未来は

aller + 不定詞（動詞の原形）

Je vais mettre mon maillot de bain dans la valise.（je が主語）

Quels vêtements est-ce qu'on va prendre ?（「私たち」の意味の on が主語．on は文法的に 3 人称単数扱いなので，aller の活用形は va）

❁ **On va rester juste une semaine.**

On va aller à la plage.

On va avoir besoin de sandales et de crème solaire.

❁ **On ne va pas prendre beaucoup de vêtements.**（否定形では，va を ne と pas ではさみます）

❁ **Les sandales et la crème solaire, on va les acheter à l'aéroport.**

（不定詞 acheter の直接目的語である les は，関係する動詞 acheter の直前に置かれています．acheter の前に置かれた les の内容は，Les sandales et la crème solaire ですね）

❁ **Il va faire chaud et humide.**（非人称構文で，「天気や気候が～になる」という場合の表現）

Il va falloir aussi acheter des lunettes de soleil et des chapeaux.（非人称構文で，「～しなければならない」という場合．現在形では « il faut » でしたね）

【直説法現在】**aller**

	単数	複数
1人称	je vais　ジュ ヴェ	nous allons　ヌザロン
2人称	tu vas　チュ　ヴァ	vous allez　ヴザレ
3人称男性 女性	il va　イル　ヴァ elle va　エル　ヴァ	ils vont　イル　ヴォン elles vont　エル　ヴォン

◆単純未来と近接未来の違い

どちらも未来のことを言い表すので，違いがないように思われるかもしれません．たしかに単純未来と近接未来で書き換えができることが多いです．またその場合，近接未来の方が日常会話で用いられる傾向が強いといわれます．

ただし，単純未来と近接未来には，それぞれに特有のニュアンスがあり，単純未来と近接未来のどちらかしか使えない場合もあります．<u>近接未来では，話している現在の延長線上で捉えられた未来を表し，単純未来では現在とは切り離して未来の推測をします．</u>

たとえば単純未来の文 Il pleuvra demain. なら明日，雨が降るかどうかわからないけど，天気予報で「明日，雨が降るでしょう」というニュアンスです．一方，近接未来では，空の雲行きが怪しくなってきたので，Il va pleuvoir.「雨が降りそうだ」というニュアンスです．

また，現在形で，これからのことを言うこともあります．この場合，その行為は確実に起こることが前提です．第1章の会話文でアレクサンドルは « Je vais au Bénin la semaine prochaine. »「来週ベナンに行きます．」と言っていましたね．旅行の予定が確定しているので，この行為が確実に行われるので，現在形を使っているのです．

・近接未来（そうなる）

・単純未来（そうなる．そうならないかもしれないけど）

ニューカレドニア la Nouvelle-Calédonie

ニューカレドニアに詳しい写真家でイラストレーターのセバスティアン・ルベーグさんのお話を聞きましょう.

1. Pourriez-vous vous présenter, s'il vous plaît ?

Bonjour, je m'appelle Sébastien Lebègue.

Je suis français et je vis à Tokyo depuis 2010. Je travaille au Japon, mais aussi sur la région Pacifique, notamment en Polynésie française et en Nouvelle-Calédonie. Je suis photographe et dessinateur de reportage.

Cela veut dire que je peux utiliser aussi bien mon appareil photo que mes crayons ou ma peinture en fonction du sujet observé. Le reportage que j'ai effectué en Nouvelle-Calédonie de 2013 à 2015 et que j'ai publié dans le livre *Coutume Kanak*, (aux éditions Au vent des îles / Centre culturel Tjibaou), en est le meilleur exemple. J'ai photographié les instantanés de scène de vie ou les cérémonies coutumières, et en parallèle j'ai réalisé 105 portraits à la peinture acrylique pour illustrer les paroles des personnes interviewées.

2. Quelles sont les caractéristiques de la Nouvelle-Calédonie : sa géographie, sa culture, son histoire ?

La Nouvelle-Calédonie est un territoire français situé dans le Pacifique Sud, au Nord-Est de l'Australie, juste au sud du Vanuatu dans l'arc Mélanésien qui s'étend de la Papouasie à Fidji. La Nouvelle-Calédonie est constituée de plusieurs îles dont la plus longue, nommée Grande Terre, mesure plus de 400 km. Elle est prolongée de l'île des Pins au sud, et au Nord-Est s'aligne Maré, Lifou et Ouvéa, les 3 îles Loyauté.

C'est depuis Ouvéa, que l'autrice japonaise Katsura Morimura écrit le livre *L'île la plus proche du Paradis*. C'est vous dire la beauté des lieux, de la nature et des lagons. Les îles de Nouvelle-Calédonie sont entourées du plus grand ensemble coralien au Monde, classé à l'UNESCO*.

La population est composée de plusieurs communautés et groupes

© Sébastien Lebègue

ethniques. La plus importante est la population originelle et autochtone, les Kanaks. Mais en Nouvelle-Calédonie, plusieurs vagues de migration ont vu s'installer des Européens, Français pour la plupart, des Polynésiens, et des Asiatiques comprenant également une communauté japonaise venue s'installer il y a plusieurs générations pour l'exploitation du nickel.

L'une des particularités de Nouvelle-Calédonie réside dans l'organisation même du pays. Un système administratif et politique français, fonctionne en parallèle et en harmonie avec un système traditionnel et coutumier kanak. Par exemple, le pays est divisé administrativement en 3 provinces et 33 communes, mais d'un point de vue coutumier, il est composé de 8 aires coutumières et plus de 300 tribus rassemblées en chefferie. Aussi, la langue officielle et commune est le français, mais il existe également 28 langues kanak parlées sur l'ensemble du territoire, dont la plus importante est le drehu parlée par plus de 15000 locuteurs.

* classé au patrimoine mondial de l'UNESCO

3. Vous avez écrit un livre sur la culture kanak. Pouvez-vous nous en parler ?

Le clan est la base de la société kanak. Pour simplifier, on peut identifier le clan à une grande famille issue d'une même origine généalogique. Selon le mythe kanak, l'Ancêtre Premier naît d'une rencontre avec les éléments de la nature. Le clan peut ainsi être associé à un animal comme le lézard, la tortue ou le requin, mais aussi aux éléments naturels comme le soleil, le vent ou la pluie. On dit que c'est le Totem du clan. La nature est aussi importante pour les Kanaks car chaque clan est associé à un territoire et le clan, comme chaque individu, en porte le nom.

Le chef de clan, l'aîné de la branche ainée, ainsi que tous les hommes du clan sont les gardiens du Nom et de la Terre. Les femmes du clan quant à elles sont les garantes du Sang et de la Vie. Lors des mariages avec les hommes des autres clans, les épouses quitteront le clan d'origine pour rejoindre celui de l'époux pour y apporter la vie. Le mariage kanak n'est pas seulement une union entre deux personnes, mais une alliance entre deux clans qui se poursuivra sur plusieurs générations. On dit que le mariage tisse la société kanake.

4. Comment se passe une cérémonie de mariage ?

Pour préparer le mariage, des cérémonies coutumières sont organisées pendant une semaine pour rassembler toutes les familles et les clans alliés du côté de l'époux. Les préparations sont identiques dans le clan de l'épouse.

Le jour du mariage, les deux grands clans se réunissent et procèdent aux grandes cérémonies coutumières. On dispose tous les présents et les dons qui seront offerts au clan opposé. On y retrouve des ignames, des étoffes, des nattes, ou des objets symboliques comme la monnaie kanak.

Pendant la cérémonie, les deux clans se font face. Un silence s'installe, puis la parole considérée comme sacrée, et le discours coutumier énoncent les termes de l'alliance.

Enfin, l'échange des dons clôture la cérémonie. Les deux grands clans sont maintenant réunis.

La fête et le grand banquet se poursuivent toute la nuit. L'une des danses traditionnelles pratiquées s'appelle le Pilou-Pilou. Les deux clans dansent en cercle autour d'un mât et s'échangent des étoffes pour affirmer les liens. Au matin, le clan de l'épouse emportera le mât comme symbole de l'alliance.

(Texte par Sébastien Lebègue)

（日本語訳は巻末参照）

ニューカレドニアは，日本から南に7000キロ，南太平洋にある列島です．人口は約25万人で，住民はメラネシア系45%，フランス人を中心とするヨーロッパ系37%，その他18%です．フランス領であり，公用語はフランス語です．

地名のNouvelle-Calédonieは英語のNew Caledoniaに由来しますが，これは1774年にヨーロッパ人として初めてこの地を訪れたイギリスの航海者クックが，故国スコットランドにちなんでその旧称カレドニア地方に「新」をつけた名称です．やがて植民地分割戦争で，1853年にフランスが最大の島グランド＝テールを自国の領土に組み入れたことから，フランス領となりました．

フランスの植民地化は，流刑地として始まり，護送船が囚人を連れてきたのです．ルイーズ・ミシェルという女性活動家もこの土地に足を踏み入れています．19世紀末にはニッケルが発見され，鉱山の発掘が始まりました．契約労働者として中国人，ベトナム人，ジャワ人などのアジア系移民に交じって，日本人移民もいました．ニッケルブームでヌメアの町はフランス化されました．

開発に取り残されたのは，先住民のカナク（ハワイ語で人を意味するkanakaから派生したもの），フランス語で カナック（canaque）です．自給自足の生活を行っていたため，それが脅かされることを恐れて，島の観光化にも反対していました．1998年のヌメア合意で，カナクにアイデンティティの復権が認められました．

Exercices 練習問題

1. 動詞を単純未来形に活用させて，次の文を完成させましょう.

On (①　　　　)[arriver] lundi matin à Nouméa et on (②　　　　)[repartir] à Paris dimanche soir. Quand on (③　　　　)[être] à l'aéroport, on (④　　　　)[prendre] un taxi jusqu'à l'hôtel.
Nous (⑤　　　　)[aller] d'abord à la banque ou au bureau de change.
Nous (⑥　　　　)[changer] de l'argent. Mardi, où est-ce qu'on (⑦　　　　)[aller] ? Qu'est-ce qu'on (⑧　　　　)[visiter] ?

On (⑨　　　　)[rester] deux jours sur l'île des Pins. Nous (⑩　　　　)[louer] des vélos et nous (⑪　　　　)[se promener] dans les collines. On (⑫　　　　)[se balader] sur la plage !

On (⑬　　　　)[manger] des mangues et des bananes lacales ! Et nous (⑭　　　　)[boire] du lait de coco. On (⑮　　　　)[faire] la fête !

Qu'est-ce qu'on (⑯　　　　)[acheter] comme cadeau pour les enfants ?
On (⑰　　　　)[voir] ! Nous, on (⑱　　　　)[voyager], on (⑲　　　　)[s'amuser] ! Eux, ils (⑳　　　　)[travailler] !

2. 動詞 aller を現在形に活用させて，近接未来の文を完成させましょう.

Quels vêtements est-ce qu'on (①　　　　) prendre ?
Il (②　　　　) faire chaud et humide. On ne (③　　　　) pas prendre beaucoup de vêtements.
Je (④　　　　) mettre mon maillot de bain dans la valise.
On (⑤　　　　) avoir besoin de sandales et de crème solaire.
Les sandales et la crème solaire, on (⑥　　　　) les acheter à l'aéroport.
Il (⑦　　　　) falloir aussi acheter des lunettes de soleil et des chapeaux.

理解したら，1 つめの □ にチェックを入れましょう．1 週間後に復習したら，2 つめの □ にチェックを入れましょう．試験の前に確認したら，3 つめの □ にチェックを入れましょう．

1. 計画や未来のことを言う（単純未来）

□□□ On arrivera lundi matin à Nouméa et on repartira à Paris dimanche soir.

□□□ Quand on sera à l'aéroport, on prendra un taxi jusqu'à l'hôtel.

□□□ On verra ! Nous, on voyagera, on s'amusera !

□□□ Eux, ils travailleront !

2. 近い未来のことを言う（近接未来の復習）

□□□ Il va faire chaud et humide.

□□□ On va rester juste une semaine.

□□□ On ne va pas prendre beaucoup de vêtements.

□□□ Les sandales et la crème solaire, on va les acheter à l'aéroport.

ニューカレドニア　ヌメア

https://commons.wikimedia.org/wiki/File:Noumea_capital_of_New_Caledonia_(5780603683).jpg

ニューカレドニア　海

https://commons.wikimedia.org/wiki/File:New_Caledonia_(29485351).jpeg

Chapitre 11 「もしも」の話をする

Faire des hypothèses

できるようになること

1．婉曲表現の復習（条件法）

2．仮定をして，非現実の話をする（半過去，条件法）

わかるようになる表現（キーフレーズ）

1. **Alexandre, quelle région est-ce que tu voudrais visiter ?**

   Pourquoi est-ce que tu voudrais aller en Bretagne ?

   Et toi, où est-ce que tu voudrais aller ?

2. **Si tu allais en Bretagne avec des touristes, qu'est-ce que tu ferais ?**

   Si j'étais riche, j'achèterais une grande maison à Aix-en-Provence.

   Ce serait merveilleux.

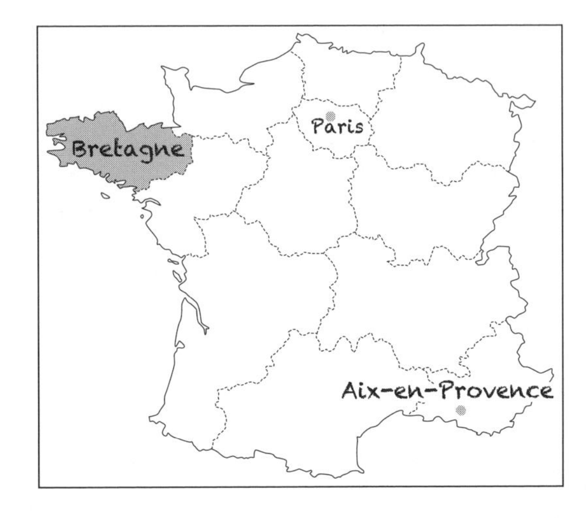

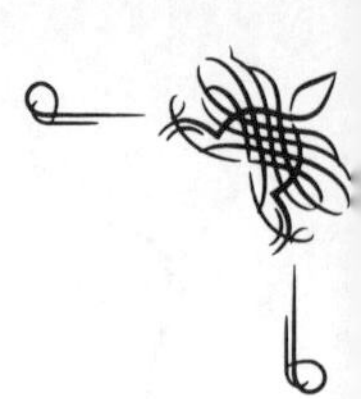

Dialogue

Alexandre est à son agence. Il discute avec une de ses collègues. Ils parlent des destinations où ils voudraient aller.

Collègue : Alexandre, quelle région est-ce que tu voudrais visiter en France ?

Alexandre : Si c'était possible, j'aimerais visiter la Bretagne.

Collègue : Pourquoi est-ce que tu voudrais aller en Bretagne ? Tu ne connais pas cette région ?

Alexandre : Non, je ne suis jamais allé en Bretagne.

Collègue : Si tu allais en Bretagne avec des touristes, qu'est-ce que tu ferais ?

Alexandre : Si je visitais la Bretagne avec des touristes, nous irions à Lorient. Il y aurait des groupes folkloriques. On danserait, on écouterait de la musique traditionnelle. On verrait des costumes traditionnels. On s'amuserait bien.

Collègue : Ah oui ! Ce serait super ! Mais en Bretagne, il pleut souvent...

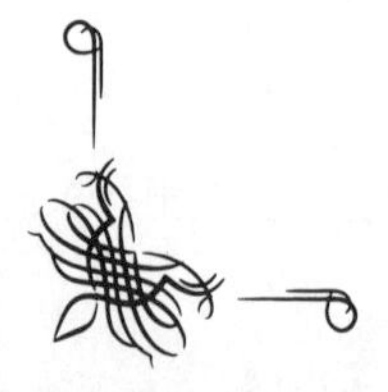

（アレクサンドルは旅行代理店にいる．同僚の 1 人と話している．2 人は行きたい場所について話している）

同僚 ：アレクサンドル，フランスでどの地方を訪ねたい？

アレクサンドル：もし可能なら，ブルターニュを訪れたいなあ．

同僚 ：どうしてブルターニュに行きたいの？その地方に行ったことはないの（その地方を知らないの）？

アレクサンドル：うん，ブルターニュには行ったことがないんだよ．

同僚 ：もしお客さんとブルターニュに行ったとしたら，何をするの？

アレクサンドル：もしお客さんとブルターニュを訪ねるとしたら，ロリアンに行くだろうね．民俗（文化保存）グループがあるかもしれないね．踊って，伝統的な音楽を聴くだろうね．伝統衣装を見るだろうね．たっぷり楽しむだろうね．

同僚 ：ああ，そう！それはすてきでしょうね！でもブルターニュでは，よく雨が降るわよね…

Vocabulaire

voudraient < vouloir, si もし～なら，aimerais < aimer, Bretagne ブルターニュ地方，pourquoi なぜ，connais < connaître 知っている，行ったことがある，non（否定疑問文に対して，その行為をしたことがないと答える場合には non と答える．日本語訳では「はい」となる．）ne ~ jamais 決して～ない，したことがない，suis allé < aller, ferais < faire, visitais < visiter, irions < aller, Lorient ロリアン（ブルターニュの街），aurait < avoir, folkloriques < folklorique 民俗芸能の，danserait < danser, écouterait < écouter, écouter de la musique 音楽を聴く，traditionnelle < traditionnel 伝統的な，verrait < voir, costumes < costume 衣装，s'amuserait < s'amuser, serait < être, super すごい，pleut < pleuvoir 雨が降る（非人称主語 il と用いる）

Alexandre : Oui, c'est vrai. S'il pleuvait, on resterait dans une crêperie. On boirait du cidre. On mangerait des spécialités bretonnes. On commanderait des crêpes au sarrasin par exemple. Et toi, où est-ce que tu voudrais aller ?

Collègue : Je voudrais aller en Provence. Je rêverais d'y habiter. Si j'étais riche, j'achèterais une grande maison à Aix-en-Provence. Ce serait merveilleux.

Alexandre : Comment est-ce que tu viendrais travailler à Paris ? Aix-en-Provence, c'est très loin !

Collègue : Oui, ce serait difficile. Je prendrais le TGV. Je dormirais à l'hôtel. Je rentrerais le vendredi et je passerais le week-end chez moi.

Alexandre : Oh là là ! C'est compliqué ! Heureusement, c'est un rêve, ce n'est pas la réalité !

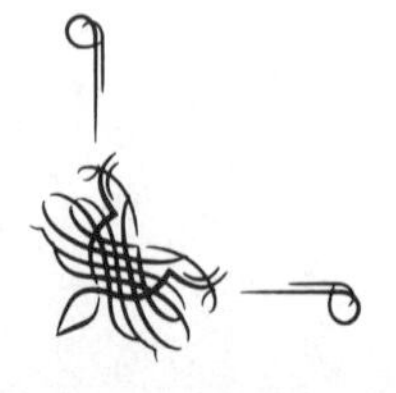

アレクサンドル：うん，そうだね．もし雨が降ったら，クレープ専門店（レストラン）にいるだろうね．シードルを飲むだろうね．ブルターニュ郷土料理を食べるだろうね．例えば，そば粉のクレープを注文するだろうね．それで，君はどこに行きたいの？

同僚　　　　　：プロヴァンスに行きたいわ．そこに住むことを夢見ているの．もしお金持ちだったら，エクサンプロヴァンスに1軒の大きな家を買うでしょうね．そうすれば，すばらしいでしょうね．

アレクサンドル：パリにはどのようにして働きに来るの？エクサンプロヴァンスは，とても遠いよ！

同僚　　　　　：ええ，それは難しいでしょうね．TGV に乗るわ．ホテルに泊まるでしょうね．金曜日に帰って，週末は家で過ごすでしょうね．

アレクサンドル：おい，おい，おい！それは大変なことだね！幸い，それは夢であって，現実じゃないけど！

pleuvait < pleuvoir, resterait < rester, crêperie クレープ専門店（レストラン），boirait < boire, cidre シードル（リンゴ酒，ブルターニュ地方の名産），mangerait < manger, spécialités < spécialité 郷土料理，特産品，bretonnes < breton ブルターニュの，commanderait < commander 注文する，crêpes < crêpe クレープ（フランスでは，小麦粉で作るクレープはデザート用，そば粉のクレープはメインディッシュに食することが多い），crêpe au sarrazin そば粉のクレープ（ブルターニュ地方の郷土料理），par exemple 例えば，voudrais < vouloir, Provence（南仏の）プロヴァンス地方，rêverais < rêver, rêver de ～を夢見る，achèterais < acheter, Aix en Provence エクサンプロヴァンス（南仏の都市），serait < être, merveilleux すばらしい，loin 遠い，TGV (= train à grande vitesse) TGV, フランス新幹線，dormirais < dormir, vendredi 金曜日，passerais < passer 過ごす，week-end 週末，heureusement 幸い，rêve 夢，réalité 現実

1. 婉曲表現の復習（条件法）

- **Alexandre, quelle région est-ce que tu <u>voudrais</u> visiter ?**
- **Pourquoi est-ce que tu <u>voudrais</u> aller en Bretagne ?**
- **Et toi, où est-ce que tu <u>voudrais</u> aller ?**

すでに前章までで，婉曲な表現や推定を表すために条件法を用いることを学びました．活用形を確認しましょう．

【条件法現在】**vouloir** （語幹 voud + 活用語尾）

	単数	複数
1人称	je voud**rais** ジュ ヴドゥれ	nous voud**rions** ヌ ヴドゥりヨン
2人称	tu voud**rais** チュ ヴドゥれ	vous voud**riez** ヴ ヴドゥりエ
3人称男性 女性	il voud**rait** イル ヴドゥれ elle voud**rait** エル ヴドゥれ	ils voud**raient** イル ヴドゥれ elles voud**raient** エル ヴドゥれ

vouloir 以外の動詞の活用も見ましょう．

活用語尾はすべての動詞に共通しています．

条件法現在の活用形で，語幹は，直説法単純未来と共通しています．（→第10章）

語幹は原則として，不定詞（動詞の原形）の末尾 r, re, oir を除いた部分ですが，例外が多いので，以下に挙げます．

er 動詞の変則的な活用をするものは，直説法現在形の3人称複数の活用から nt をとった部分です（例：acheter の直説法現在 ils achètent → 条件法現在の語幹 achète-）．

不規則動詞は，

avoir → au- (j'aurais)， aller → i- (j'irais)， boire → boi- (je boirais)， devoir → dev- (je devrais)， dormir → dormi- (je dormirais)， être → se-

(je serais), faire → fe- (je ferais), pouvoir → pour- (je pourrais), prendre → prend- (je prendrais), venir → viend- (je viendrais), voir → ver- (je verrais), savoir → sau- (je saurais)

2. 仮定をして，非現実の話をする（半過去，条件法）

Si tu allais en Bretagne avec des touristes, qu'est-ce que tu ferais ?

Si j'étais riche, j'achèterais une grand maison à Aix-en-Provence.

Ce serait merveilleux.

仮定して，それに基づく帰結を表すパターンは2つあります．si「もし」に導かれる部分を「条件節」もしくは「仮定文」，その後の部分を「帰結節」と呼ぶこともあります．

① 前提とする内容が現実的な場合，「Si + 直説法現在形，単純未来」

ありえそうな未来を表して，「～なら，～だろう」

② 前提が可能性でしかない場合や非現実的な場合，「Si + 半過去，条件法現在」

仮定にもとづく，非現実的な帰結を表して，「もし～なら～だろうに」（でも実際にはそうはならない）

①と②の違いを，例文で比べましょう．

① Si tu vas en Bretagne avec des touristes, qu'est-ce que tu feras ?
「もしお客さんとブルターニュに行ったら，何をするの？」

② Si tu allais en Bretagne avec des touristes, qu'est-ce que tu ferais ?
「もしお客さんとブルターニュに行ったとしたら，何をするの？」

①では，ブルターニュに行く前提で話されていますが，②では行くことは可能性としてあるかもしれない，あるいは，ほとんどありえないという前提で話しています．

① Si je visite la Bretagne avec des touristes, nous irons à Lorient.
「もしお客さんとブルターニュを訪ねたら，ロリアンに行くよ.」

② Si je visitais la Bretagne avec des touristes, nous irions à Lorient.
「もしお客さんとブルターニュを訪ねるとしたら，ロリアンに行くだろう.」

ここで，②の条件節に使われる直説法半過去の活用をおさらいしておきましょう.

半過去は，直説法現在の nous の活用形から ons を取った部分を語幹とし，共通の語尾をつけます (je -ais, tu -ais, il / elle / on -ait, nous -ions, vous -iez, ils / elles -aient).

* être の語幹は例外的に « ét » です．語尾はすべての動詞に共通しています.

【直説法半過去】**visiter**「訪れる」（語幹 visit + 活用語尾）

	単数	複数
1 人称	je visit**ais**	nous visit**ions**
2 人称	tu visit**ais**	vous visit**iez**
3 人称	il/elle visit**ait**	ils/elles visit**aient**

【直説法半過去】**être**「～である，～にいる」（語幹 ét + 活用語尾）

	単数	複数
1 人称	j' ét**ais**	nous ét**ions**
2 人称	tu ét**ais**	vous ét**iez**
3 人称	il/elle/ on ét**ait**	Ils/elles ét**aient**

では，帰結節の方の条件法現在の活用を見ておきましょう．1. では vouloir の活用形を見ましたが，母音で始まる aimer で発音も確認しましょう．エリジヨン，アンシェヌマン，リエゾンするので，発音時には注意が必要です.

【条件法現在】**aimer** （語幹 aime + 活用語尾）

	単数	複数
1人称	j'aime**rais** ジェムれ	nous aime**rions** ヌゼムりヨン
2人称	tu aime**rais** チュ エムれ	vous aime**riez** ヴゼムりエ
3人称男性 女性	il aime**rait** イレムれ elle aime**rait** エレムれ	ils aime**raient** イルゼムれ elles aime**raient** エルゼムれ

siがなく，条件法だけの文でも，Si ~ の部分が省略されているとみなして，同じように，非現実的な前提に立った帰結が述べられます．また，「～するのになあ」といった願望を表すこともできます．

« Si je visitais la Bretagne avec des touristes, nous irions à Lorient. On danserait, on écouterait de la musique traditionnelle. On verrait des costumes traditionnels. On s'amuserait bien. »

「もしお客さんとブルターニュを訪ねるとしたら，ロリアンに行くだろうね．踊って，伝統的な音楽を聴くだろうね．伝統衣装を見るだろうね．たっぷり楽しむだろうね．」

条件法には「推測」（～かもしれない）の用法もあります．

Il y aurait des groupes folkloriques.「民俗（文化保存）グループがあるかもしれないね．」

「もし～だったら」Si...

誰でも，「もし～だったら～するのに」と考えるのではないでしょうか．
『美女と野獣』*La Belle et la Bête* のお話では，魔法で野獣に変えられた王子は，美女に結婚の申し込みをするのですが…

- « Quand je pense à votre bon cœur, vous ne me paraissez pas si laid. » « Oh ! dame oui ! j'ai le cœur bon, mais je suis un monstre. » - « Il y a bien des hommes qui sont plus monstres que vous. » - « Si j'avais de l'esprit, je vous ferais un grand compliment pour vous remercier, mais je ne suis qu'une bête.

....

... La Belle, voulez-vous être ma femme ? » - « Non, la Bête… »

....

- « Je meurs content puisque j'ai le plaisir de vous revoir encore une fois. » - « Non, ma chère Bête, vous ne mourrez pas : vous vivrez pour devenir mon époux ! » …… La Bête avait disparu et elle ne vit plus à ses pieds qu'un prince plus beau que l'Amour qui la remerciait d'avoir fini son enchantement. (Mme Leprince de Beaumont)

Maurice Ravel, *Ma mère l'Oye, 5 pièces enfantines pour piano à 4 mains*
« IV. Les entretiens de la Belle et de la Bête »

「あなたの善良なお心を思うと，私にはあなたがそれほど醜いようには見えません」.「おお！ご婦人よ，そうなのです．私は善良な心を持っています．でも醜い者（怪物）なのです」.「あなたより，もっと醜い男性（怪物）はたくさんいますよ」.「もし私に才気があったら，あなたへの感謝を示すために最高の賛辞を捧げるのですが，私は野獣（おろかな者）にすぎないのです」.（…）「美しい人（ベル）よ，私の妻になってくれませんか」「いいえ，野獣（ベット）」（…）「私は幸せに死んでいきます．なぜなら，あなたに再び会えてうれしかったのですから」.「いいえ，私の親愛なる野獣（ベット）よ，あなたは死なないでしょう．あなたは私の夫となり，生きていくのです」．野獣（ベット）は姿を消し，彼女の足下には愛の神アムール（キューピット）より美しい王子しか見えませんでした．王子は彼女に魔法をといてくれたことを感謝しました」.

（ルプランス・ド・ボーモン夫人著，田口亜紀訳）

モーリス・ラヴェル　『マ・メール・ロワ（4手ピアノのための5小曲）』「美女と野獣の対話」の楽譜には，この一節が引用されています．

ラヴェルは，友人の夫妻の子どもたちのために連弾組曲を作曲しました．のちに管弦楽を編曲，また，曲の順番を入れ替え，新曲を加えたバレエ版も作りました．原題は「がちょうおばさん」，英語風にいえば「マザーグース」という意味ですが，かつての昔話を語る乳母や召使いの女性を指しているようです．組曲は，フランスのシャルル・ペローがまとめた昔話がもとになっています．『美女と野獣』は，ボーモン夫人がヴィルヌーヴ夫人の作品を短縮して発表した版が知られており，楽譜の冒頭に記された一節はボーモン夫人からの引用です．

引用の下線の文は，本章の「si + 半過去，条件法」で，仮定の上に成り立つ非現実を述べた文ですね．ボーモン夫人が書いた18世紀の文ですが，本日学んだ文法で読めますね！

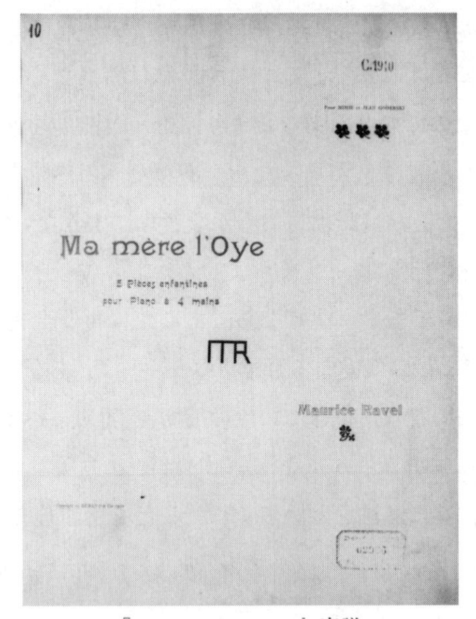

『マ・メール・ロワ』楽譜
Gallica-BnF

Gallica-BnF

Exercices 練習問題

1. 次の単語の順番を並べ替えて，正しいフランス語の文章にしましょう．なお，文頭に来るものも，小文字にしています．

(1) ___ ___ ___ ___ ___ ?

[① est-ce que ② quelle région ③ tu ④ visiter ⑤ voudrais]

(2) ___ ___ ___ ___ ___ en Bretagne ?

[① aller ② est-ce que ③ pourquoi ④ tu ⑤ voudrais]

(3) Et toi, ___ ___ ___ ___ ___ en Bretagne ?

[① aller ② est-ce que ③ où ④ tu ⑤ voudrais]

2. 正しい条件法現在の活用形を，選択肢から選びましょう．

(1) Il y (　　　) des groupes folkloriques.

[① aurais ② aurait ③ auraient ④ aurions]

(2) On (　　　) des costumes traditionnels.

[① verrais ② verrait ③ verrons ④ verriez]

(3) Je (　　　) le TGV.

[① prendrais ② prendrait ③ prendrons ④ prendriez]

(4) Ce (　　　) difficile.

[① serais ② serait ③ serons ④ seriez]

(5) Comment est-ce que tu (　　　) travailler à Paris ?

[① viendrais ② viendrait ③ viendrons ④ viendriez]

3. 仮定をして，非現実の話をする文で，直説法半過去，条件法現在に活用させましょう．

(1) Si c' (　　)[être] possible, j'(　　) [aimer] visiter la Bretagne.

(2) Si tu (　　)[aller] en Bretagne, qu'est-ce que tu (　　) [faire] ?

(3) Si nous (　　)[visiter] la Bretagne, nous (　　) [aller] à Lorient.

(4) S'il (　　) [pleuvoir], on (　　) [boire] du cidre.

(5) Si j'(　　) [avoir] de l'argent, j'(　　) [acheter] une grande maison.

(6) Si vous (　　) [être] riche, vous (　　) [dormir] à l'hôtel ?

(7) S'ils (　　)[habiter] au Japon, ils (　　)[visiter] Hokkaido.

理解したら，1つめの □ にチェックを入れましょう．1週間後に復習したら，2つめの □ にチェックを入れましょう．試験の前に確認したら，3つめの □ にチェックを入れましょう．

1. 婉曲表現の復習（条件法）

□□□ Alexandre, quelle région est-ce que tu voudrais visiter ?

□□□ Pourquoi est-ce que tu voudrais aller en Bretagne ?

□□□ Et toi, où est-ce que tu voudrais aller ?

2. 仮定をして，非現実の話をする（半過去，条件法）

□□□ Si tu allais en Bretagne avec des touristes, qu'est-ce que tu ferais ?

□□□ Si j'étais riche, j'achèterais une grande maison à Aix-en-Provence.

□□□ Ce serait merveilleux.

ブルターニュ民族衣装

ブルターニュ　海の男

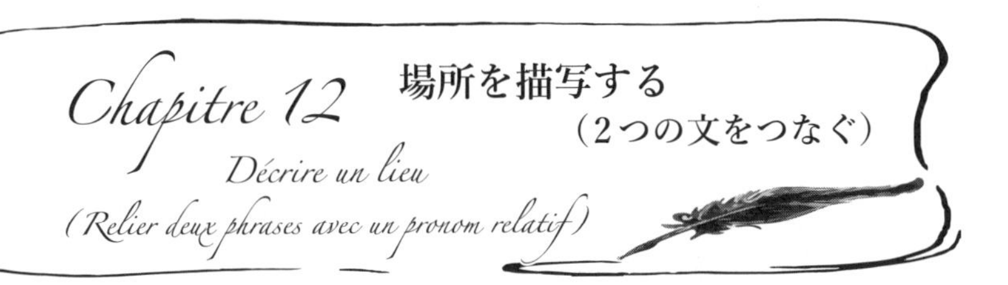

Chapitre 12 場所を描写する（2つの文をつなぐ）

Décrire un lieu (Relier deux phrases avec un pronom relatif)

できるようになること

1. 文と文をつなぐ１（関係代名詞　qui）
2. 文と文をつなぐ２（関係代名詞　que）
3. 文と文をつなぐ３（関係代名詞　où）
4. 文と文をつなぐ４（関係代名詞　dont）

わかるようになる表現（キーフレーズ）

1. Il y a une guinguette qui est devenue très célèbre.

C'est un restaurant qui a trois étoiles.

2. C'est un lieu qu'on voit souvent dans les tableaux de Renoir.

On peut manger les spécialités que tu aimes tellement.

3. Tu connais un endroit où on peut se promener ?

Le soir où il y a vraiment beaucoup de monde, c'est le vendredi.

4. Il y a le restaurant dont je t'ai parlé.

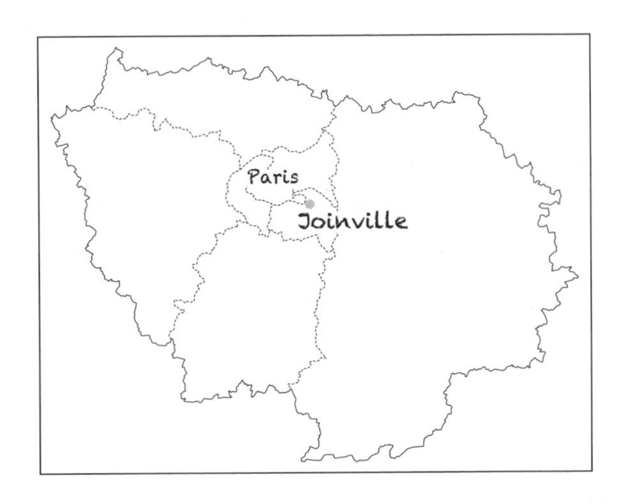

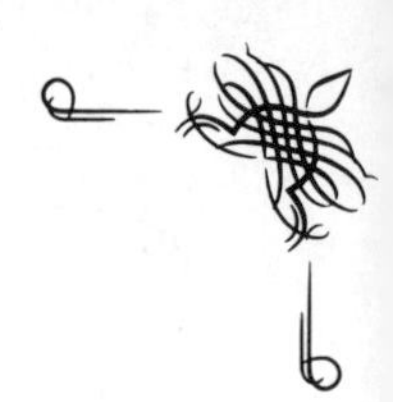

Dialogue

Alexandre et Hélène ont enfin un peu de temps pour eux. Ils parlent de leur prochain week-end.

Alexandre : On va enfin prendre un week-end !

Hélène : Où est-ce qu'on va aller ? Qu'est-ce qu'on va faire ?

Alexandre : Si on allait au bord de la Marne ? Comme à la Belle Époque !

Hélène : Ah oui ! Bonne idée !

Alexandre : Je connais un endroit agréable.

Hélène : Tu connais un endroit où on peut se promener ?

Alexandre : Oui, on pourrait aller à Joinville. Je connais aussi un endroit où on peut faire du bateau. Il y a une guinguette qui est devenue très célèbre. C'est un lieu qu'on voit souvent dans les tableaux de Renoir.

Hélène : J'aimerais déjeuner près de la rivière.

Alexandre : Il y a le restaurant dont je t'ai parlé. C'est un restaurant où on danse le soir. Le soir où il y a vraiment beaucoup de monde, c'est le vendredi.

Hélène : Le restaurant dont tu m'as parlé ? Je ne me souviens pas...

Alexandre : C'est le restaurant où ton frère s'est marié. C'est un restaurant qui a trois étoiles. On peut manger les spécialités que tu aimes tellement. On y va samedi ?

Hélène : Ah oui ! Je me souviens ! Oui, allons-y samedi !

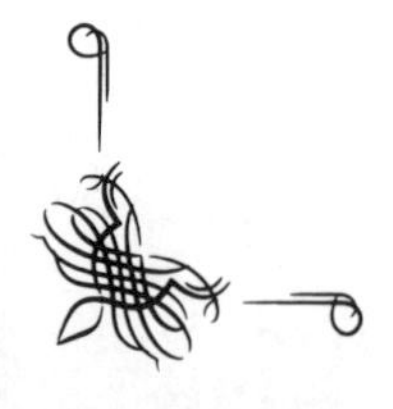

（アレクサンドルとエレーヌはやっと，自分たちの時間が少し持てるようになる．来週末の話をしている）

アレクサンドル：やっと週末（の休み）が取れるね！
エレーヌ　　　：どこに行きましょうか？何をしましょうか？
アレクサンドル：マルヌ川の川辺に行くのはどう？ベル･エポックの時のようにね！
エレーヌ　　　：ええ，そうね！いい考えね！
アレクサンドル：快適な場所を知っているよ．
エレーヌ　　　：散歩できる場所を知っているの？
アレクサンドル：うん，ジョワンヴィルに行けるだろうね．舟遊びできる場所も知っているよ．とても有名になったガンゲットがあるよ．ルノワールの絵画でよく見る場所なんだ．
エレーヌ　　　：川の近くで昼食をとりたいわ．
アレクサンドル：ぼくが君に話していたレストランがあるよ．夜には踊れるレストランなんだ．本当に大勢の人でにぎわっている夜は，金曜日だね．
エレーヌ　　　：あなたが私に話していたレストラン？思い出せないわ…
アレクサンドル：君の兄さんが結婚したレストランだよ．三つ星がついているレストランだよ．君がとっても好きな名物料理が食べられるよ．土曜日に行こうか？
エレーヌ　　　：あ，そうそう！思い出したわ！ええ，次の土曜日に行きましょう！

Si + 半過去 ～したらどうかな？，allait < aller, au bord de ～のほとりに／へ，la Marne マルヌ川（セーヌ川の支流），comme ～のように，la Belle Époque ベル・エポック（19世紀末から第一次世界大戦開始時までの時代を指して言う．直訳「美しき時代」），endroit 場所，pourrait < pouvoir, Joinville ジョワンヴィル（パリ郊外），faire du bateau 舟遊びをする，guinguette ガンゲット（郊外のレストラン．野外で飲食し，週末，祭日には賑わう．ダンスをしたり，昼食パーティも開かれたりする），qui 関係代名詞，est devenue < devenir なる，lieu 場所，voit < voir, tableaux < tableau 絵画，Renoir ルノワール（画家），près de ～の近くに，rivière 川，restaurant レストラン，dont（関係代名詞），ai parlé < parler, où 関係代名詞，danse < danser 踊る，vraiment 本当に，beaucoup de monde 大勢の人，vendredi 金曜日（定冠詞 le をつけると，「毎金曜日」），me souviens < se souvenir 思い出す，s'est marié < se marier 結婚する，trois étoiles（ガイドブックの格付けの）三つ星，tellement とても，allons < aller, samedi 土曜日（冠詞をつけずに使うと，一番近い土曜日を指す），allons-y そこに行こう

本章では関係代名詞を学びましょう．2つの文を，1つの文に結びつけるのが，「関係代名詞」です．「関係代名詞」の直前に置かれる単語を「先行詞」，先行詞が含まれる文の根幹の部分を「主節」，「関係代名詞」が含まれる部分を「関係節」と呼びます．関係代名詞には基本的なものが4つあります．

1. 文と文をつなぐ 1（関係代名詞　qui）

先行詞が関係節の主語のとき．先行詞は人，物・事（英語のように，先行詞が人ならwho，物・事ならwhichのように異なる，とはならず，フランス語では人でも物・事でも共通です）．

Il y a une guinguette. Cette guinguette est devenue très célèbre.

「ガンゲットがあります．」「そのガンゲットはとても有名になりました．」

→ **Il y a une guinguette qui est devenue très célèbre.**

先行詞　関係代名詞（関係節の主語　= une guinguette）

「とても有名になったガンゲットがあります．」

C'est un restaurant. Ce restaurant a trois étoiles.

「レストランです．」「そのレストランは三つ星がついています．」

→ **C'est un restaurant qui a trois étoiles.**

先行詞　関係代名詞（関係節の主語　= un restaurant）

「三つ星がついているレストランです．」

2. 文と文をつなぐ 2（関係代名詞　que）

先行詞が関係節の直接目的語のとき．先行詞は人，物・事（人と物・事で共通）です．（母音字又は無音のhで始まる単語の前ではエリジヨンしてqu'）

C'est un lieu. On voit souvent ce lieu dans les tableaux de Renoir.

「場所です．」「ルノワールの絵画でその場所をよく見ます．」

→ ❁ **C'est un lieu qu'on voit souvent dans les tableaux de Renoir.**

先行詞　関係代名詞（関係節での voit の直接目的語 = un lieu）

「ルノワールの絵画でよく見る場所なんだ.」

On peut manger les spécialités. Tu aimes tellement les spécialités.

「名物料理が食べられます.」「君はその名物料理がとても好きです.」

→ ❁ **On peut manger les spécialités que tu aimes tellement.**

先行詞　関係代名詞（関係節での aimes の直接目的語 = les spécialités）

「君がとっても好きな名物料理が食べられるよ.」

3. 文と文をつなぐ 3（関係代名詞　où）

先行詞は場所，時の名詞句で，関係節の状況補語のとき.

Tu connais un endroit ? On peut se promener à cet endroit.

「あなたは場所を知っているの？」「その場所では散歩できます.」

→ ❁ **Tu connais un endroit où on peut se promener ?**

先行詞　関係代名詞（関係節で状況補語 = à cet endroit「その場所で」）

「あなたは散歩できる場所を知っているの？」

Le soir. Il y a vraiment beaucoup de monde le soir.

「夜.」「夜には大勢の人で，にぎわいます（大勢の人がいます）.」

→ ❁ **Le soir où il y a vraiment beaucoup de monde, c'est le vendredi.**

先行詞　関係代名詞（関係節で状況補語 = le soir「夜に」）

「本当に大勢の人でにぎわっている夜は，金曜日だね.」

4. 文と文をつなぐ 4（関係代名詞　dont）

dont は「de + 先行詞」を受けます．関係節には，de を要求する語（句）があります．先行詞は物・事です.

Il y a le restaurant. Je t'ai parlé du restaurant.

「レストランがあります.」「私はあなたにそのレストランのことを話しました.」

→ ❁ **Il y a le restaurant dont je t'ai parlé.** * parler de ~ »「～について話す」

先行詞　関係代名詞（関係節での de + le restaurant）

「私があなたに話していたレストランがあります.」

フランス語の詩を読みましょう
Lisons un poème en français

ポール・エリュアール「自由」**Paul Éluard « Liberté »**

Sur mes cahiers d'écolier
Sur mon pupitre et les arbres
Sur le sable sur la neige
J'écris ton nom

Sur toutes les pages lues
Sur toutes les pages blanches
Pierre sang papier ou cendre
J'écris ton nom

Sur les images dorées
Sur les armes des guerriers
Sur la couronne des rois
J'écris ton nom

Sur la jungle et le désert
Sur les nids sur les genêts
Sur l'écho de mon enfance
J'écris ton nom

Sur les merveilles des nuits
Sur le pain blanc des journées
Sur les saisons fiancées
J'écris ton nom

Sur tous mes chiffons d'azur
Sur l'étang soleil moisi
Sur le lac lune vivante
J'écris ton nom

Sur les champs sur l'horizon
Sur les ailes des oiseaux
Et sur le moulin des ombres
J'écris ton nom

Sur chaque bouffée d'aurore
Sur la mer sur les bateaux
Sur la montagne démente
J'écris ton nom

Sur la mousse des nuages
Sur les sueurs de l'orage
Sur la pluie épaisse et fade
J'écris ton nom

Sur les formes scintillantes
Sur les cloches des couleurs
Sur la vérité physique
J'écris ton nom

Sur les sentiers éveillés
Sur les routes déployées
Sur les places qui débordent
J'écris ton nom

Sur la lampe qui s'allume
Sur la lampe qui s'éteint
Sur mes maisons réunies
J'écris ton nom

Sur le fruit coupé en deux
Du miroir et de ma chambre
Sur mon lit coquille vide
J'écris ton nom

Sur mon chien gourmand et tendre
Sur ses oreilles dressées
Sur sa patte maladroite
J'écris ton nom

Sur le tremplin de ma porte
Sur les objets familiers
Sur le flot du feu béni
J'écris ton nom

Sur toute chair accordée
Sur le front de mes amis
Sur chaque main qui se tend
J'écris ton nom

Sur la vitre des surprises
Sur les lèvres attentives
Bien au-dessus du silence
J'écris ton nom

Sur mes refuges détruits
Sur mes phares écroulés
Sur les murs de mon ennui
J'écris ton nom

Sur l'absence sans désir
Sur la solitude nue
Sur les marches de la mort
J'écris ton nom

Sur la santé revenue
Sur le risque disparu
Sur l'espoir sans souvenir
J'écris ton nom

Et par le pouvoir d'un mot
Je recommence ma vie
Je suis né pour te connaître
Pour te nommer
Liberté

Poésie et vérité 1942 (recueil clandestin)
巻末日本語訳　© 田口亜紀

本章で学習した関係代名詞を探してみてください.

« La Grenouillère » Auguste Renoir

2文を，関係代名詞を使って1文にしましょう．

(1) Il y a une guinguette. Cette guinguette est devenue très célèbre.

(2) C'est un restaurant. Ce restaurant a trois étoiles.

(3) C'est un lieu. On voit souvent ce lieu dans les tableaux de Renoir.

(4) On peut manger les spécialités. Tu aimes tellement les spécialités.

(5) Tu connais un endroit. On peut se promener à cet endroit.

(6) Je connais aussi un endroit. On peut faire du bateau à cet endroit.

(7) Le soir. Il y a vraiment beaucoup de monde...

(8) C'est un restaurant. On danse le soir dans ce restaurant.

(9) C'est le restaurant. Ton frère s'est marié dans ce restaurant.

(10) Il y a le restaurant. Je t'ai parlé du restaurant.

(11) Le restaurant. Tu m'as parlé du restaurant.

理解したら，1つめの □ にチェックを入れましょう．1週間後に復習したら，2つめの □ にチェックを入れましょう．試験の前に確認したら，3つめの □ にチェックを入れましょう．

1. 文と文をつなぐ1（関係代名詞　qui）

□□□ Il y a une guinguette qui est devenue très célèbre.

□□□ C'est un restaurant qui a trois étoiles.

2. 文と文をつなぐ2（関係代名詞　que）

□□□ C'est un lieu qu'on voit souvent dans les tableaux de Renoir.

□□□ On peut manger les spécialités que tu aimes tellement.

3. 文と文をつなぐ3（関係代名詞　où）

□□□ Tu connais un endroit où on peut se promener ?

□□□ Le soir où il y a vraiment beaucoup de monde, c'est le vendredi.

4. 文と文をつなぐ4（関係代名詞　dont）

□□□ Il y a le restaurant dont je t'ai parlé.

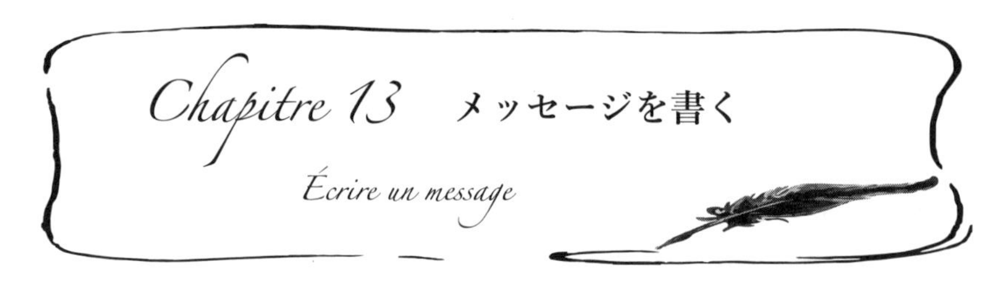

できるようになること

1. 「〜された」と受け身の文を言う（受動態）
2. 説明をする（現在分詞）
3. 「〜しながら」と言う（ジェロンディフ）

わかるようになる表現（キーフレーズ）

1. **Je suis accompagné par un interprète.**
   Le matin, je suis réveillé par les oiseaux.
   Le repas est préparé par des cuisiniers marocains.
   Il est servi par des femmes en costume traditionnel.
   Est-ce que tu es aidée par Laurent à l'agence ?
   Ici, les touristes sont impressionnés par les paysages.
   Ils sont un peu surpris par la nourriture épicée.
2. **Ils aiment beaucoup les spectacles montrant la culture traditionnelle.**
3. **Je prends mon petit déjeuner en regardant la mer.**
   Le midi, je me repose en buvant du thé à la menthe.
   Puis, je lis en écoutant de la musique dans ma chambre.
   Ils s'amusent en visitant la ville.

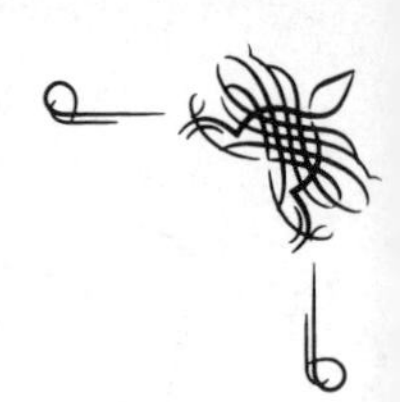

Dialogue

Alexandre écrit une carte postale à des amis. Puis, il envoie un courriel à une collègue de son agence.

Cher Pierre, Chère Nathalie,

Comment allez-vous ? Je vous écris de Casablanca que je visite avec un groupe. Je suis accompagné par un interprète. Mon séjour est très agréable. Le matin, je suis réveillé par les oiseaux et je prends mon petit déjeuner en regardant la mer. Le midi, je me repose en buvant du thé à la menthe. Le soir, je dîne avec les touristes. Le repas est préparé par des cuisiniers marocains. C'est délicieux ! Il est servi par des femmes en costume traditionnel. Puis, je lis en écoutant de la musique dans ma chambre.

À bientôt,

Prenez soin de vous.
Amicalement,
Alexandre

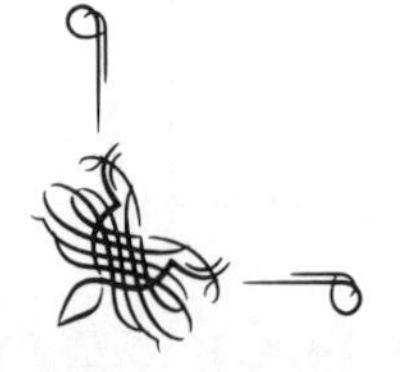

（アレクサンドルは友人にポスト・カードを書く．それから，代理店の一人の同僚にメールを送る）

親愛なるピエール，親愛なるナタリー

元気にしていますか？私がグループとともに訪れているカサブランカから，あなた方に書いています．私には通訳がついています．滞在はとても快適です．朝には，鳥たちによって起こされ，海を見ながら朝食をとっています．昼には，ミントティーを飲みながら休んでいます．夜には，お客さんと一緒に夕食をとります．食事はモロッコ人の料理人によって準備されます．美味しいんです！伝統衣装を着た女性たちによってそれが出されます．そして，部屋で音楽を聴きながら読書をしています．

近いうちに．

お身体をご自愛ください．
友情をこめて，
アレクサンドル

cher（男性に対して）親愛なる，chère（女性に対して）親愛なる（手紙の書き出し），« Comment allez-vous ? »「お元気ですか？」，écris < écrire（手紙を）書く，Casablanca カサブランカ（モロッコの都市），que（関係代名詞），suis accompagné < être accompagné（accompagner「同伴する」の受動態），par 〜によって，interprète 通訳，séjour 滞在，suis réveillé < être réveillé（réveiller「目を覚まさせる」の受動態），oiseaux < oiseau 鳥，petit déjeuner 朝食，en regardant < regarder のジェロンディフ，mer 海，en buvant < boire のジェロンディフ，thé à la menthe ミントティー，dîne < dîner, repas 食事，est préparé < être préparé（préparer「準備する」の受動態），cuisiniers < cuisinier 料理人，marocains < marocain モロッコの，モロッコ人の，délicieux 美味しい，est servi < être servi（servir「〜を出す，給仕する」の受動態），lis < lire, en écoutant < écouter のジェロンディフ，bientôt 近いうちに，prenez < prendre, prendre soin de 自愛する，自分の健康に気をつける，amicalement 友情を込めて（形容詞 amical（友情の）の女性形に，ment をつけて副詞を作る）

Salut Amélie,

Comment vas-tu ? Je suis arrivé à Casablanca hier. J'ai de la chance. Maintenant, je lis ton mail en prenant mon petit déjeuner devant la mer. Tout se passe bien. Et toi, tu es très occupée ? Prends-tu toujours ton déjeuner en continuant à travailler sur ton ordinateur ? Est-ce que tu es aidée par Laurent à l'agence ? Ici, les touristes sont impressionnés par les paysages. Ils aiment beaucoup les spectacles montrant la culture traditionnelle. Ils s'amusent en visitant la ville. Ils sont un peu surpris par la nourriture épicée.

Bon courage,
À bientôt,
Alexandre

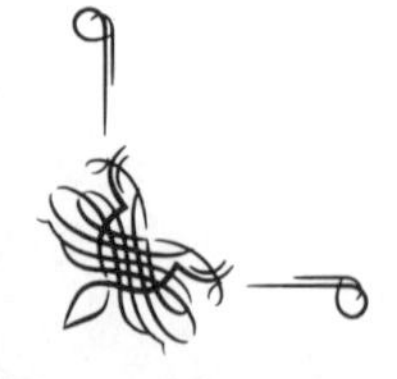

アメリーへ

元気？ぼくは昨日カサブランカに着いたよ．ぼくはついているね．今，海の前で朝食をとりながら，君のメールを読んでいる．すべてはうまく行っているよ．それで君の方はとても忙しいの？相変わらず，パソコンで仕事をしながら昼食をとっているの？代理店では，ロランによってアシストしてもらっているの？ここでは，お客さんたちは，風景に強い印象を受けているよ．彼らは，伝統文化を見せてくれる演目が大好きなんだ．（彼らは）街を訪ねては楽しんでいるよ．（彼らは）香辛料のきいた食べ物にちょっと驚いているけど．

がんばって，
近いうちに，
アレクサンドル

salut やあ，こんにちは（親しい間柄で，メッセージの初めにつける．その後に名前を続けて「～へ」），« Comment vas-tu ? »「元気？」，suis arrivé < arriver, hier 昨日，mail メール，en prenant < prendre のジェロンディフ，se passe < se passer, déjeuner 昼食，en continuant < continuer のジェロンディフ，occupée < occupé 忙しい，continuer à ～し続ける，es aidée < être aidé（aider「手伝う」の受動態），agence 代理店，sont impressionnés < être impressionné（impressionner「印象づける」の受動態），paysages < paysage 風景，spectacles < spectacle ステージアート，ショーの演目，montrant < montrer「見せる」の現在分詞，en visitant < visiter のジェロンディフ，sont surpris < être surpris（surprendre「驚かせる」の受動態），épicée < épicé スパイスのきいた，« Bon courage. »「がんばって」，à bientôt 近いうちに

1.「〜された」と受け身の文を言う（受動態）

主語Aが目的語Bを対象として「〜する」という文の形式を「能動態」と言います．Bの方を出発点として主語を立て，「Bが，Aによって〜される」という受け身の意味を表す形式が「受動態」です．ここでいう「目的語」と言われているのは，「直接目的語」だけです．

受動態 ＝ **être（活用形）** ＋ **過去分詞** ＋ **par 〜**

par は「〜によって」の意味になり「動作主」を表します．動詞によって par の代わりに de を用いることもあります．感情を表す動詞（aimer など）の場合です．

また，par, de を用いない文も可能です．

過去分詞は，複合過去を学習したときに学びましたね．（→第4，5章）過去分詞は主語の人称（性・数）に一致します．女性単数なら e，男性複数なら s，女性複数なら es がつきます．

では能動態の文を受動態の文に書き直してみましょう．

Un interprète m'accompagne.
→ **Je suis accompagné par un interprète.**（je は男性）
Le matin, les oiseaux me réveillent.
→ **Le matin, je suis réveillé par les oiseaux.**（je は男性）
Des cuisiniers marocains préparent le repas.
→ **Le repas est préparé par des cuisiniers marocains.**
Des femmes en costume traditionnel le servent.（le = le repas）
→ **Il est servi par des femmes en costume traditionnel.**

Est-ce que Laurent t'aide à l'agence ?

→ **Est-ce que tu es aidée par Laurent à l'agence ?**（tu は女性単数なので，過去分詞の語末に e がつく）

Ici, les paysages impressionnent les touristes.

→ **Ici, les touristes sont impressionnés par les paysages.**（les touristes は男性複数なので，過去分詞の語末に s がつく）

La nourriture épicée les surprend un peu.（les = les touristes）

→ **Ils sont un peu surpris par la nourriture épicée.**（ils は男性複数．surprendre の過去分詞 surpris はもともと s で終わっているため，男性複数でも同形）

2. 説明をする（現在分詞）

現在分詞は，名詞を修飾します．

直説法現在の 1 人称複数の語幹（nous の活用で ons を取った部分）+ **ant**

例　montrer → montrant（直説法現在の 1 人称複数の活用形は montrons），boire → buvant（直説法現在の 1 人称複数は buvons）

例外は，être → étant，avoir → ayant，など．

Ils aiment beaucoup les spectacles montrant la culture traditionnelle.

「彼ら（お客さんたち）は，伝統文化を見せてくれる演目が大好きなんだ．」の中の現在分詞を見ましょう．

Ils aiment beaucoup les spectacles.「彼らは演目が大好きなんだ」の直接目的語 les spectacles に現在分詞がついています．montrant la culture traditionnelle「伝統文化を見せてくれる」です．montrant は montrer「見せる」の現在分詞で，この動詞は直接目的語をとります．ここで montrant (montrer) の直接目的語は，la culture traditionnelle「伝統文化」です．現在分詞 montrant 以下は直前の les spectacles を修飾していますが，直前の名詞の性数に一致しませんので，気をつけましょう．

3.「～しながら」と言う（ジェロンディフ）

en + 現在分詞

ジェロンディフとは，前置詞 en + 現在分詞という形式のことです．動詞を副詞的に機能させるためのものです．動詞の機能もあるので，目的語や状況補語をつけることができます．ジェロンディフの主語は主節の主語に一致します．ジェロンディフは，主節の後について，「～しながら」という「同時性」の意味で用いられることが多いです．

同時性（～しながら）

❁ **Je prends mon petit déjeuner en regardant la mer.** (regarder)
「海を見ながら」

❁ **Le midi, je me repose en buvant du thé à la menthe.** (boire)
「ミントティーを飲みながら」

❁ **Puis, je lis en écoutant de la musique dans ma chambre.** (écouter)
「部屋で音楽を聴きながら」

Maintenant, je lis ton mail en prenant mon petit déjeuner devant la mer. (prendre)「海の前で朝食をとりながら」

Prends-tu toujours ton déjeuner en continuant à travailler sur ton ordinateur ? (continuer)「パソコンで仕事を続けながら」

そのほかにも，ジェロンディフは手段・条件，理由・原因，対立・譲歩を表すことができます．

手段・条件（～して，～することで）

❁ **Ils s'amusent en visitant la ville.** (visiter)「街を訪ねて＝訪ねることで」

ジェロンディフの他の用例

理由・原因（～して，～することによって）

Pierre est devenu malade en buvant trop d'alcool.
「ピエールはアルコールの飲みすぎで，病気になった.」

対立・譲歩（～なのに，～にもかかわらず）

Tout en étant d'accord avec Alexandre, je pense qu'il y a d'autres solutions.「アレクサンドルに賛成するが，他の解決策もあると思う.」

ゾラとセザンヌの手紙
Lettres croisées entre Zola et Cézanne

今回のテーマ，手紙にちなんで，文学者と芸術家の交流を紹介しましょう．

ポール・セザンヌは，印象派グループで活動していたこともありましたが，独自の絵画様式を探究し，20 世紀にキュービスムに多大な影響を与えた画家です．代表作〈サント・ヴィクトワール山〉はご存じですか？

エミール・ゾラは小説家，劇作家，批評家で，とりわけドレフュス事件でスパイ容疑をかけられたユダヤ人太尉ドレフュスを擁護して「私は弾劾する！」« J'accuse ! » を発表したことで知られています．家族の物語をシリーズ化した『ルーゴン＝マッカール叢書』で成功していたゾラは，自身に迫り来る危険を顧みずに冤罪，ひいてはフランスにはびこる反ユダヤ人的風潮に警鐘を鳴らしたのです．

セザンヌとゾラはエクサンプロヴァンスの中等学校で知り合い，長い間，友情で結ばれ，離れていたときは文通をしていました．

ゾラは『制作』*L'Œuvre* を発表し，これが契機になって二人は絶交したと考えられていました．というのも，この小説では，主人公が天才的な画家でありながら，満足のいく作品を完成させられずに，自殺するという結末ゆえに，研究者ジョン・リウォルドは 1886 年 4 月 4 日以降，主人公と同じく画家であるセザンヌがゾラと絶交したと述べ，それが世に流布して通説となりました．ところが，2013 年，1887 年 11 月 28 日付のセザンヌからゾラに宛てた手紙が発見され，そこでは『制作』の次作『大地』*La Terre* を受け取ったお礼を述べています．この手紙の発見は，『制作』の刊行によって二人の関係が損なわれたという通説を覆すことになりました．セザンヌとゾラの創造的関係について見直す機運が高まり，あらたに研究が生まれています．1887年にセザンヌがゾラに宛てて送った，2人の友情を示す手紙をフランス語で読んでみましょう．

« Paris, 28 9bre* 1887 / Mon cher Émile, je viens de recevoir de retour d'Aix le volume *La Terre*, que tu as bien voulu m'adresser. Je te remercie pour l'envoi de ce nouveau rameau poussé sur l'arbre généalogique des *Rougon-Macquart*. Je te prie d'accepter mes remerciements et mes plus sincères salutations. / Quand tu seras de retour, j'irai te voir pour te serrer la main. / Paul Cézanne »

* 9bre = novembre

（Paul Cézanne, Émile Zola, *Lettres croisées 1858-1887*, édition établie, présentée et annotée par Henri Mitterand, Gallimard, 2019, p.419 より引用）

「パリ，1887年11月28日／親愛なるエミール，エクスから戻り，君が送ってくれた『大地』を受け取ったところだ．『ルーゴン＝マッカール叢書』の系統樹から出たこの新しい枝を送ってくれてありがとう．僕の感謝の気持ちと心からの挨拶を受け取ってもらいたい．／君が帰ってきたら，会いに行って握手するよ．ポール・セザンヌ」

（『セザンヌ＝ゾラ往復書簡 1858-1887』ゾラ，セザンヌ著，アンリ・ミトラン校訂・解説・注，吉田典子・高橋愛訳，法政大学出版局，2019，p. 498.）

カサブランカ Casablanca

カサブランカは1468年に到来したポルトガル人がローマ帝国の港町アンファを破壊して建設した都市です．イスラムの支配にあったモロッコをフランスは1912年に保護領にします．大西洋に面するカサブランカはモロッコ最大の都市に発展しました．

フランスの占領後，町は都市開発され，フランスの近代都市のような町並みに変貌を遂げました．アール・デコ様式の建築もフランスから持ち込まれ，イスラム建築特有の幾何学的文様が取り入れられた建築が，幹線道路や街区道路に沿って建ってます．現地人の居住区であるメディナは，昔ながらの面影をとどめています．

モロッコ　カサブランカ　旧市街
https://commons.wikimedia.org/wiki/File:Casablanca,_Morocco_-_panoramio_(25).jpg

1. 次の能動態の文を受動態の文に書き換えましょう.

(1) Un interprète m'accompagne.（m' = 男性）

(2) Le matin, les oiseaux me réveillent.（me = 男性）

(3) Des cuisiniers marocains préparent le repas.

(4) Des femmes en costume traditionnel le servent.

(5) Est-ce que Laurent t'aide à l'agence ?（t' = 女性）

(6) Les paysages impressionnent les touristes.

(7) La nourriture épicée les surprend un peu.

2. 次の動詞を現在分詞に書き換えましょう.

Ils aiment beaucoup les spectacles (　　　　　　) [montrer] la culture traditionnelle.

3. 次の文の日本語の訳にあうフランス語を選択肢から選び，動詞をジェロンディフに書き換えて補い，文を完成させましょう．

(1) Je prends mon petit déjeuner (　　　). 「海を見ながら」

(2) Le midi, je me repose (　　　). 「ミントティーを飲みながら」

(3) Je lis (　　　). 「部屋で音楽を聴きながら」

(4) Je lis ton mail (　　　). 「海の前で朝食をとりながら」

(5) Prends-tu toujours ton déjeuner (　　　) ?
「パソコンで仕事を続けながら」

(6) Ils s'amusent (　　　). 「街を訪ねて」

[boire du thé à la menthe]
[continuer à travailler sur ton ordinateur]
[écouter de la musique dans ma chambre]
[prendre mon petit déjeuner devant la mer]
[regarder la mer]
[visiter la ville]

理解したら，1つめの □ にチェックを入れましょう．1週間後に復習したら，2つめの □ にチェックを入れましょう．試験の前に確認したら，3つめの □ にチェックを入れましょう．

1.「～された」と受け身の文を言う（受動態）

□□□ Je suis accompagné par un interprète.

□□□ Le matin, je suis réveillé par les oiseaux.

□□□ Le repas est préparé par des cuisiniers marocains.

□□□ Il est servi par des femmes en costume traditionnel.

□□□ Est-ce que tu es aidée par Laurent à l'agence ?

□□□ Ici, les touristes sont impressionnés par les paysages.

□□□ Ils sont un peu surpris par la nourriture épicée.

2. 説明をする（現在分詞）

□□□ Ils aiment beaucoup les spectacles montrant la culture traditionnelle.

3.「～しながら」と言う（ジェロンディフ）

□□□ Je prends mon petit déjeuner en regardant la mer.

□□□ Le midi, je me repose en buvant du thé à la menthe.

□□□ Puis, je lis en écoutant de la musique dans ma chambre.

□□□ Ils s'amusent en visitant la ville.

モロッコ　カサブランカ　海

https://web.archive.org/web/20161101095752/http://www.panoramio.com/photo/11588201

モロッコ　カサブランカ　市内

https://commons.wikimedia.org/wiki/File:Casablanca_20000,_Morocco_-_panoramio_(1).jpg

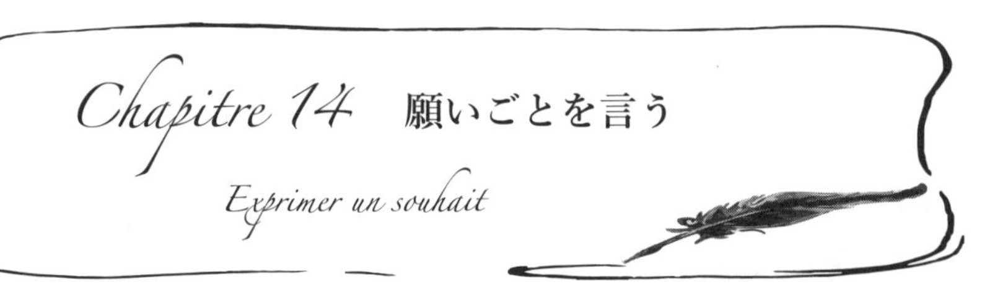

Chapitre 14 願いごとを言う

Exprimer un souhait

できるようになること

願いごとや実現できるかどうか不確かなこと，必要なことや目的を言う（接続法現在）

わかるようになる表現（キーフレーズ）

Demain, j'aimerais qu'il fasse beau.

Je voudrais que nous allions à Kamakura.

Ils désirent aussi que nous regardions un match de sumo.

Nous aimerions que tu ailles à Kyoto.

Nous souhaitons que tu prennes des photos de Kyoto.

Il faut qu'on mette des photos sur la page Internet.

Je ne suis pas certain que nous puissions voir tous les temples.

Je ne suis pas sûre qu'il y ait des magasins ouverts à minuit !

J'aimerais que vous fassiez le ménage dans mon bureau.

Pour que ce soit fait rapidement, merci de demander à la femme de ménage.

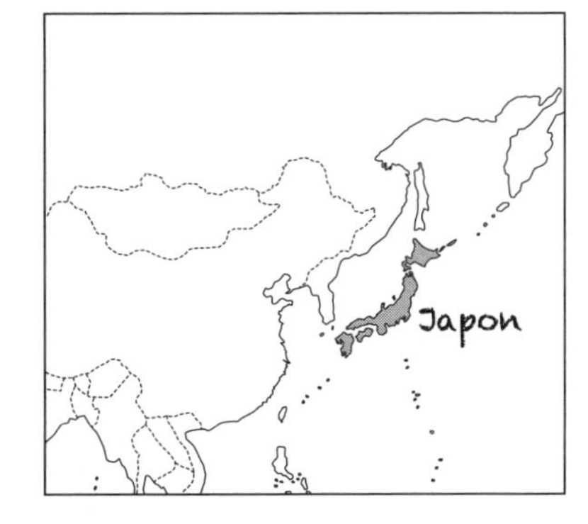

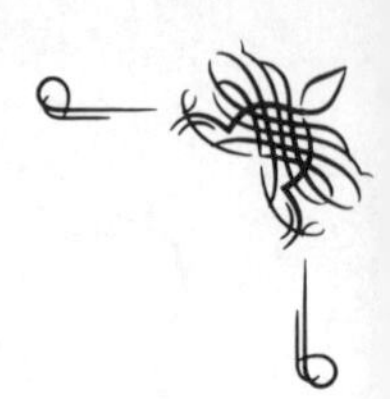

Dialogue

Alexandre est en voyage au Japon. Il échange en ligne avec une collègue de son agence.

Collègue : Bonjour Alexandre. Comment vas-tu ?

Alexandre : Ça va bien, merci. Et toi ?

Collègue : Ça va, ça va. Il est quelle heure à Tokyo ?

Alexandre : Il est minuit. C'est la saison des pluies. Demain, j'aimerais qu'il fasse beau. Je voudrais que nous allions à Kamakura. Les touristes souhaitent que nous visitions le Grand Bouddha. Ils désirent aussi que nous regardions un match de sumo.

Collègue : Alexandre, nous aimerions que tu ailles à Kyoto. Nous souhaitons que tu prennes des photos de Kyoto. C'est pour l'agence. Il faut qu'on mette des photos sur la page Internet.

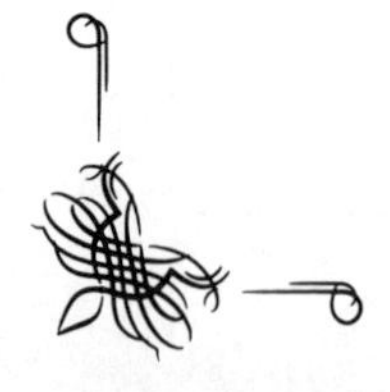

（アレクサンドルは日本を旅行している．オンラインで彼の代理店の同僚と交流している）

同僚：こんにちは，アレクサンドル．元気？

アレクサンドル：元気だよ．それで，君の方は？

同僚：元気，元気．東京では何時なの？

アレクサンドル：午前零時だよ．梅雨なんだ．明日は快晴になってくれるといいんだけど．ぼくたちが鎌倉に行くことを，ぼくは望んでいるんだよね．お客さんたちは，ぼくたちが大仏を見に行くことを望んでいる．ぼくたちが相撲を見に行くことも希望しているんだ．

同僚：アレクサンドル，私たちは，あなたに京都に行ってもらいたいの．あなたに京都の写真を撮ってきてもらいたいのよ．代理店のためにね．インターネットのページに写真を載せないといけないの．

minuit 午前零時， saison des pluies 梅雨， fasse < faire， allions < aller， souhaitent < souhaiter 願う，望む，visitions < visiter，le Grand Bouddha 大仏，désirent < désirer 望む，regardions < regarder， match 試合， sumo 相撲， aimerions < aimer， ailles < aller，souhaitons < souhaiter，prennes < prendre，prendre des photos 写真を撮る，mette < mettre 載せる，page Internet インターネットのページ

Alexandre : D'accord. Je ne suis pas certain que nous puissions voir tous les temples. C'est dommage. Bon, j'ai un peu faim. Je vais acheter quelque chose à manger.

Collègue : Je ne suis pas sûre qu'il y ait des magasins ouverts à minuit !

Alexandre : Si ! Il y a des konbini. Ils sont ouverts toute la nuit. Moi aussi, j'ai un souhait... J'aimerais que vous fassiez le ménage dans mon bureau. Pour que ce soit fait rapidement, merci de demander à la femme de ménage.

Collègue : Alexandre ! Tu exagères ! Au revoir. À la semaine prochaine. Bon séjour au Japon !

アレクサンドル：いいよ．ぼくたちがすべての仏閣を見ることができるとは思えないけど．残念だね．よし，お腹が空いてきたなあ．何か食べるものを買ってこよう．

同僚　　　　　：午前零時に開いているお店があるとは思えないけど！

アレクサンドル：それがあるんだよ！コンビニがあるからね．夜中じゅう，開いているんだよ．ぼくの方でも，お願いがあるんだけど… ぼくのデスクを掃除しておいてくれると嬉しいんだけど．早くそうしてくれるように，掃除の女性に頼んでくれるとありがたいんだけど．

同僚　　　　　：アレクサンドル！ずうずうしいわよ！さようなら．また来週ね．日本ではよい滞在を！

d'accord 了解した，puissions < pouvoir, tous < tout すべての，temples < temple 寺，« C'est dommage. »「残念だ．」，Bon よし，avoir faim お腹が空いた，quelque chose à manger 何か食べるもの，ait < avoir, magasins < magasin 店，ouverts < ouvert 開いた（ouvrir の過去分詞から派生した形容詞），si そんなことはない（否定の質問に対する肯定の答えに用いる），konbini コンビニ，toute la nuit 一晩中，souhait お願い，望み，fassiez < faire, faire le ménage 掃除をする，bureau デスク，オフィス，pour que ～するために，soit fait < être fait（faire の受動態），merci de ～してくれることに感謝する，～してくれるとありがたい，femme de ménage 掃除担当の女性，« Tu exagères ! »「あなたはずうずうしい，やりすぎ（言い過ぎ）だ！」，Japon 日本

願いごとや実現できるかどうか不確かなこと，必要なことや目的を言う（接続法現在）

Dialogueの会話文に出てきた以下の文には，それぞれ主節と従属節があります．主節の動詞は直説法現在，もしくは条件法現在（婉曲表現）です．従属節はque (qu') に導かれ，動詞の活用形は「接続法」です．下線部の動詞活用形について見ましょう．

- **Demain, j'aimerais qu'il <u>fasse</u> beau.**
- **Nous aimerions que tu <u>ailles</u> à Kyoto.**
- **J'aimerais que vous <u>fassiez</u> le ménage dans mon bureau.**
- **Je voudrais que nous <u>allions</u> à Kamakura.**
- **Ils désirent aussi que nous <u>regardions</u> un match de sumo.**

  Les touristes souhaitent que nous <u>visitions</u> le Grand Bouddha.
- **Nous souhaitons que tu <u>prennes</u> des photos de Kyoto.**
- **Il faut qu'on <u>mette</u> des photos sur la page Internet.**
- **Je ne suis pas certain que nous <u>puissions</u> voir tous les temples.**
- **Je ne suis pas sûre qu'il y <u>ait</u> des magasins ouverts à minuit !**
- **Pour que ce <u>soit</u> fait rapidement, merci de demander à la femme de ménage.**

直説法と接続法の違い

これまで出てきた現在形，複合過去形，半過去形は「直説法」とよばれる叙法（文法的カテゴリー）です（→第15章）．直説法では文の意味内容を，話し手が「事実・現実」であるととらえて述べます．一方，接続法では，文の意味内容を，事実でも反事実でもなく，「頭の中で考えたこと」としてとらえて述べます．現実にはないかもしれないことも接続法で言い表します．頭の中で考えただけのことは，断定できないので，このように断定しきれないこと，不確かなことを表すのにも接続法を用います．

接続法の活用形 ＊この章で扱う「接続法」はすべて「接続法現在」です．

語幹は大多数の動詞で直説法現在形の ils の活用形の語幹と同じです（例外は後述）．

例：visiter → ils visitent → visit が接続法の語幹

活用語尾は，**-e, -es, -e, -ions, -iez, -ent** です．

être と avoir のみ例外的な活用語尾になります．

【接続法現在】**visiter**

	単数	複数
1 人称	que je visit**e**	que nous visit**ions**
2 人称	que tu visit**es**	que vous visit**iez**
3 人称男性 女性	qu'il visit**e** qu'elle visit**e**	qu'ils visit**ent** qu'elles visit**ent**

（接続法は大部分が que で導かれますので，活用表にも que か qu' が入っています．）

活用語尾が変則的で，例外的な活用をする 2 つの動詞を見ましょう．

【接続法現在】**être**

	単数	複数
1 人称	que je **sois**	que nous **soyons**
2 人称	que tu **sois**	que vous **soyez**
3 人称男性 女性	qu'il **soit** qu'elle **soit**	qu'ils **soient** qu'elles **soient**

【接続法現在】**avoir**

	単数	複数
1人称	que j'**aie**	que nous **ayons**
2人称	que tu **aies**	que vous **ayez**
3人称男性 女性	qu'il **ait** qu'elle **ait**	qu'ils **aient** qu'elles **aient**

例外的な語幹になる動詞を見ましょう.（活用語尾は，接続法のもの）

・faire → fass- (je fasse), pouvoir → puiss- (je puisse)

次に，語幹が nous, vous と他の4つの人称で異なる動詞を見ましょう.

・aller (j'aille, tu ailles, il aille, nous allions, vous alliez, ils aillent)

・venir (je vienne, tu viennes, il vienne, nous venions, vous veniez, ils viennent)

・prendre (je prenne, tu prennes, il prenne, nous prenions, vous preniez, ils prennent)

接続法を用いる構文

1)「こうあってほしい」「こうあるべきだ」といった願望や要求などを表す文では，内容の部分（従属節）では動詞は接続法になります.（頭の中で考えたことだからです.）

• 主節に aimer, vouloir, désirer, souhaiter など，「願望する，希望する」という動詞が置かれた場合の例（aimer, vouloir は条件法で，婉曲表現になっています）．かっこ内は接続法に活用している不定詞.

Demain, j'aimerais qu'il fasse beau. (faire)

Nous aimerions que tu ailles à Kyoto. (aller)

J'aimerais que vous fassiez le ménage dans mon bureau. (faire)

Je voudrais que nous allions à Kamakura. (aller)

Ils désirent aussi que nous regardions un match de sumo. (regarder)

Les touristes souhaitent que nous visitions le Grand Bouddha. (visiter)

Nous souhaitons que tu prennes des photos de Kyoto. (prendre)

• 非人称構文で「～は～しなければならない」

Il faut qu'on mette des photos sur la page Internet. (mettre)

2）ある事態の成立を断定せず，不確実である場合に接続法を用います．（断定できないことを言う場合でも，頭の中で考えて，そうではないだろうと判断している場合は接続法を用います．）

être certain que ~，être sûr que ~ で「～を確信している」という意味です．

Je suis sûre qu'il y a des magasins ouverts à minuit !（形容詞 sûr に e がついていることから je は女性）（a は avoir の直説法現在の活用形）

「真夜中に開いている店があることは確実です！」

従属節（que 以下）の動詞は a で，avoir の直説法現在です．しかし，「確実ではない」と言いたいときに，文（主節）は否定文になり，従属節（que 以下の部分）の動詞は接続法になります．

Je ne suis pas sûre qu'il y ait des magasins ouverts à minuit !（je は女性）（ait は avoir の接続法現在の活用形）

同じように，

Je suis certain que nous pouvons voir tous les temples.（pouvons は pouvoir の直説法の活用形）

「僕たちがすべての仏閣を見ることができるのは確実です.」

従属節（que 以下の部分）の動詞は pouvons で，pouvoir の直説法現在です．しかし，「確実ではない」と言いたいときに，文（主節）は否定文になり，従属節の動詞は接続法になります．

Je ne suis pas certain que nous puissions voir tous les temples.（puissions は pouvoir の接続法現在の活用形）

つまり，主節が「確信する」Je suis sûr(e), Je suis certain(e) のように肯定形なら，従属節の動詞は直説法になります．従属節が「確かではない」Je ne suis pas sûr(e), Je ne suis pas certain(e) のように否定形なら，従属節の動詞は接続法になります.

3)「～のために」という目的を表す pour que で始まる従属節では動詞は接続法になります.（目的は頭の中で「こうしよう」と考えただけのことだからです.）

Pour que ce soit fait rapidement, merci de demander à la femme de ménage.

他にも，接続法の活用形を使う場合がありますが，ひとまず，よく使われる本章の用例が理解できれば，大丈夫です.

non / si

肯定疑問文に対する返事のしかたは知っていますね.

例　Tu as faim ?「お腹空いてる？」

Non, je n'ai pas faim.「いいえ，空いてない.」

Oui, j'ai faim.「うん，空いてる.」

疑問文に対して，oui, non で答えます.

では，否定疑問文ではどう答えればいいでしょうか.

Tu n'as pas faim ?「お腹空いてない？」

Non, je n'ai pas faim.「うん，空いてない.」

Si, j'ai faim.「いいえ（そんなことはない)，空いてる.」

というように，non, si で答えます.

フランス語ではお腹が空いているか空いていないという質問内容について空いているなら，肯定疑問文には oui で，否定疑問文には si で，空いていないなら，肯定疑問文・否定疑問文のどちらにも non で答えます.

本文中では，« Je ne suis pas sûre qu'il y ait des magasins ouverts à minuit ! »「午前零時に開いているお店があるとは思えないけど！」に対して，Si !「そんなことはない」と答えていました.

旅行記作家ニコラ・ブーヴィエ
Écrivain-voyageur Nicolas Bouvier

ジュネーヴ出身のスイス人ニコラ・ブーヴィエ（1929-1998）は日本を旅しました．バックパッカーの元祖とも言われ，人と人との交流を人生の糧に旅をし，ルポルタージュと写真を発表しつづけました．代表作『世界の使い方』（*L'usage du monde*, 1963）は，旅のバイブルとも言われるほどで，仏・英語圏をはじめ，ヨーロッパで大きな評価を受けました．原題にある usage には「使用」のほかに「慣習」という意味もあります．本書でブーヴィエが世界の人々の暮らしを描写するというよりは，旅人がいかに世界と向き合うか，そして世界と向かい合うことで自分がいかに変容するかに関心があったからです．「旅立って生きるべきか，留まって死ぬべきか」というシェイクスピアの一節をもじった冒頭句からも，ブーヴィエは生き続けるために旅したといえるでしょう．

« C'est la contemplation silencieuse des atlas, à plat ventre sur le tapis, entre dix et treize ans, qui donne ainsi l'envie de tout planter là. Songez à des régions comme le Banat, la Caspienne, le Cachemire, aux musiques qui y résonnent, aux regards qu'on y croise, aux idées qui vous y attendent... Lorsque le désir résiste aux premières atteintes du bon sens, on lui cherche des raisons. Et on en trouve qui ne valent rien. La vérité, c'est qu'on ne sait comment nommer ce qui vous pousse. Quelque chose en vous grandit et détache les amarres, jusqu'au jour où, pas trop sûr de soi, on s'en va pour de bon. »

「10歳から13歳の頃，絨毯の上に腹ばいになって，じっと世界地図を見ていると，すべてを投げ出したくなるのだ．バナトとカスピ海沿岸，カシミールといった地方，そこで鳴り響く音楽，交わされる視線，そこで待ち受けるさまざまな概念を思い浮かべてほしい…最初に良識があったとしても，旅への欲望が勝って，その理由を探そうとする．だが，もっともらしい理由は見つからないのだ．本当のことを言えば，あなたを駆り立てるものをどう名づけるべきなのかがわからない．あなたの中で何かが大きくなっていき，繋ぎとめられていたものから身をほどくのだ．自分の行動に自信が持てなくても結局旅立つことになる．」

そこに世界があるから，旅に出るのですね．続きを読みましょう．

« Un voyage se passe de motifs. Il ne tarde pas à prouver qu'il se suffit à lui-même. On croit qu'on va faire un voyage, mais bientôt c'est le voyage qui vous fait, ou vous défait. »

「旅に動機はない．旅は旅であるというだけで十分なのだとすぐに証明できる．自分が旅を作るのだと思っていても，まもなく旅のほうがあなたを作るか，あなたを作り変える．」

（田口亜紀訳）

（Nicolas Bouvier, *L'usage du monde*, *Œuvres*, « Quatro »，Gallimard, pp. 79-80. より）

ブーヴィエは24歳のとき，ベオグラードで友達と落ち合い，当時としてはめずらしく，車で，バルカン半島，トルコ，イラン，アゼルバイジャン，アフガニスタン，パキスタン，インドを踏破しました．この旅は大学の休暇を利用するつもりで始めたのでしたが，結局，ブーヴィエの人生を決定づけることになりました．そしてユーラシア大陸からセイロン（現スリランカ）に向かい，船で皿洗いとして働きながら船倉に寝泊まりし，日本にたどり着きました．1955年に初来日し，その約10年後には妻子を伴って滞在しました．日本滞在記『日本年代記』（*La chronique japonaise*）では，日本が世界と出会った時に焦点をあわせながら，ブーヴィエ自身の体験が，生き生きとした臨場感とユーモアに満ちた筆致でよみがえります．

動詞 faire には，「する」という意味と「作る」という意味があります．ここでは « faire un voyage » を「旅を作る」と訳しましたが，実は「旅をする」という決まった言い方です．「ひとつの旅をする」と信じているのですが，やがて « c'est le voyage qui vous fait, ou vous défait »「あなたを作るか，あなたを作り変えるのは，旅である」と述べられています．動詞の意味はそれぞれ，faire は「作る」，défaire は「解体する，（縛られていたものを）ほどく，作りかえる」です．ここでは，ある意味で逆転現象が起き，人間が旅を作るのではなく，旅の方が人間を作ると言われています．この文で，人間を作ったり，作りかえたりするのは，c'est le voyage qui ...「旅である」と強調されています（→第15章「強調構文」）．

* 読書案内　ニコラ・ブーヴィエ
『ブーヴィエの世界』高橋啓訳，みすず書房，2007年
『日本の原像を求めて』高橋啓訳，草思社，1994年.
『世界の使い方』ティエリ・ヴェルネ 絵，山田浩之 訳，英治出版，2011年.

ニコラ・ブーヴィエ（1987年）

Exercices 練習問題

動詞を接続法現在の適切な形に活用させて，次の文を完成させましょう．

Demain, j'aimerais qu'il (①)[faire] beau.

Je voudrais que nous (②)[aller] à Kamakura.

Les touristes souhaitent que nous (③)[visiter] le Grand Bouddha.

Ils désirent aussi que nous (④)[regarder] un match de sumo.

Nous aimerions que tu (⑤)[aller] à Kyoto.

Nous souhaitons que tu (⑥)[prendre] des photos de Kyoto.

Il faut qu'on (⑦)[mettre] des photos sur la page Internet.

Je ne suis pas certain que nous (⑧)[pouvoir] voir tous les temples.

Je ne suis pas sûre qu'il y (⑨)[avoir] des magasins ouverts à minuit !

J'aimerais que vous (⑩)[faire] le ménage dans mon bureau.

Pour que ce (⑪)[être] fait rapidement, merci de demander à la femme de ménage.

理解したら，1つめの □ にチェックを入れましょう．1週間後に復習したら，2つめの □ にチェックを入れましょう．試験の前に確認したら，3つめの □ にチェックを入れましょう．

願いごとや実現できるかどうか不確かなこと，必要なことや目的を言う（接続法現在）

□□□ Demain, j'aimerais qu'il fasse beau.

□□□ Je voudrais que nous allions à Kamakura.

□□□ Ils désirent aussi que nous regardions un match de sumo.

□□□ Nous aimerions que tu ailles à Kyoto.

□□□ Nous souhaitons que tu prennes des photos de Kyoto.

□□□ Il faut qu'on mette des photos sur la page Internet.

□□□ Je ne suis pas certain que nous puissions voir tous les temples.

□□□ Je ne suis pas sûre qu'il y ait des magasins ouverts à minuit !

□□□ J'aimerais que vous fassiez le ménage dans mon bureau.

□□□ Pour que ce soit fait rapidement, merci de demander à la femme de ménage.

ベルギーのカルボナード

市場の魚

牡蠣

そば粉のクレープ

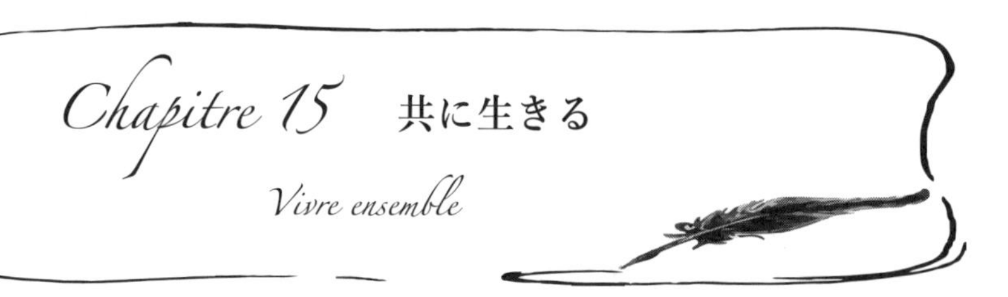

Chapitre 15 共に生きる

Vivre ensemble

できるように なること

1. 文の中で伝えたい部分を強調する（強調構文）
2. avoir を助動詞とする過去時制での性数一致を理解する
3. 否定表現のバリエーションを知る（ne ... jamais）

わかるようになる表現（キーフレーズ）

1. **C'est vous qui avez organisé un étonnant voyage au Vietnam, à Hô Chi Minh-Ville, en 1999.**
   C'est un autre voyage dans le nord du Japon que je veux faire maintenant.
   C'est pour les partager avec vous que je voudrais les lire.
2. **Les temples que nous avons visités étaient magnifiques !**
   La bière que nous avons bue était délicieuse !
3. **Je n'oublierai jamais ce voyage.**

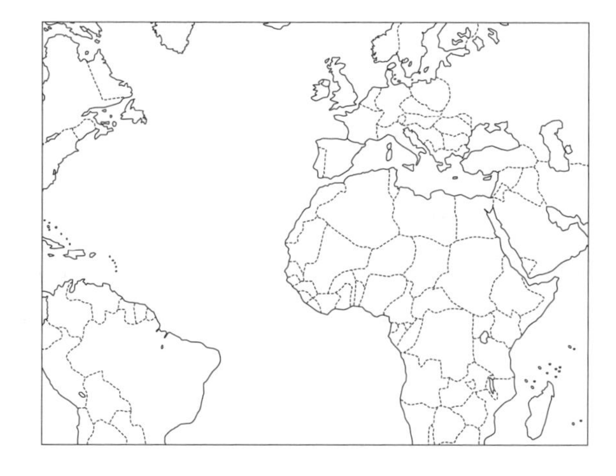

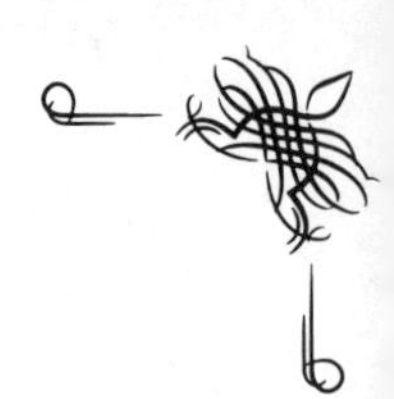

Dialogue

L'agence de voyages où travaille Alexandre a organisé une petite fête pour commémorer ses 30 [trente] ans d'existence. À cette occasion, Alexandre fait un discours et lit des messages de sympathie des personnes qu'il a rencontrées lors de ses voyages.

Alexandre : Mes chers amis, notre agence a trente ans aujourd'hui. Je suis ému. Je travaille ici depuis 1994 [mille-neuf-cent-quatre-vingt-quatorze]. J'ai voyagé en Europe, en Asie, en Afrique, en Amérique. J'ai aussi rencontré beaucoup de gens. Pour moi, c'est une expérience importante et précieuse.
Nos clients nous ont envoyé des messages sympathiques. C'est pour les partager avec vous que je voudrais les lire.

Monsieur X « Monsieur Lefebvre, c'est vous qui avez organisé un étonnant voyage au Vietnam, à Hô Chi Minh-Ville, en 1999 [mille-neuf-cent-quatre-vingt-dix-neuf]. Il faisait beau, chaud et humide. Je n'oublierai jamais ce voyage. Je voudrais voyager encore avec vous. Merci. »

Madame Z « Comment allez-vous ? C'était le 25 [vingt-cinq] février 2001 [deux-mille-un]. Nous sommes partis de Paris à huit heures du matin. Nous sommes arrivés un peu avant treize heures à Dakar, au Sénégal. L'après-midi, nous nous sommes promenés sur la plage. Puis, nous avons visité le marché aux poissons. Nous sommes rentrés à l'hôtel. C'était merveilleux. Merci. »

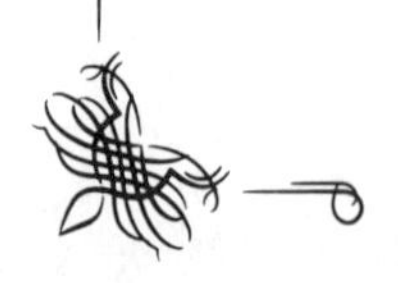

(アレクサンドルが働く旅行代理店は，創立30年を祝うために，ささやかなパーティを企画した．この機会に，アレクサンドルは挨拶をし，旅行で出会った人からの思いやりのこもったメッセージを読み上げる)

アレクサンドル：みなさん，私たちの代理店は今日で30年になりました．私には感慨深いことです．私は1994年からここで働いてきました．ヨーロッパ，アジア，アフリカ，アメリカを旅してきました．多くの人にも会いました．私にとって，それは大切で貴重な体験です．お客さまが，私たちに好意的なメッセージを送ってくれました．これらを読み上げたいと思うのは，これらをあなた方と共有するためなのです．

Xさん（男性）「ルフェーヴルさん，1999年にベトナムのホーチミン市への驚くべき旅行を企画したのはあなたですね．快晴で，暑くて，蒸し蒸ししていました．この旅行を決して忘れないでしょう．またあなたと旅行したいです．ありがとう．」

Zさん（女性）「お元気ですか？ 2001年2月25日のことでした．私たちはパリを朝8時に発ちました．セネガルのダカールには13時ちょっと前に着きました．午後に，浜辺を散歩しました．それから魚市場（うおいちば）を訪れました．ホテルに帰りましたね．すばらしかったです．ありがとう．」

avoir ~ ans（ものに使って）~年経つ，ému 感動している，depuis ~以来，ai voyagé < voyager, Asie アジア，Afrique アフリカ，Amérique アメリカ，ai rencontré < rencontrer 出会う，expérience 経験，précieuse < précieux 貴重な，clients < client 客，ont envoyé < envoyer 送る，messages < message メッセージ，partager 共有する，avez organisé < organiser 企画する，étonnant 驚くべき，Hô Chi Minh-Ville ホーチミン市（昔の Saigon サイゴン），oublierai < oublier, n' → ne, ne ~ jamais 決して~ない，sommes arrivés < arriver, un peu 少し，avant ~前，Dakar ダカール（セネガルの首都），Sénégal セネガル，sommes promenés < se promener, avons visité < visiter, marché 市場，marché aux poissons 魚市場，sommes rentrés < rentrer, merveilleux すばらしい

Madame Y « Monsieur Lefebvre, j'espère que vous allez bien. Ça fait longtemps ! Si c'était possible, j'aimerais partir avec l'agence encore une fois. Je voudrais aller dans un pays que je ne connais pas. Ce serait super ! Merci. À bientôt ! »

Monsieur W « Bonjour ! Nous étions ensemble à Tokyo l'année dernière. Nous avons pris le shinkansen jusqu'à Kyoto où il y avait beaucoup de monde. Nous avons mangé des sushis en regardant le paysage. Les temples que nous avons visités étaient magnifiques ! Quel voyage formidable ! C'est un autre voyage dans le nord du Japon que je veux faire maintenant. »

Mademoiselle P « Monsieur Lefebvre, j'ai appris que c'était l'anniversaire de l'agence. Je vous écris ce message à cette occasion. J'ai fait un voyage avec mes parents à Bruxelles il y a dix ans. J'avais seize ans. La bière que nous avons bue était délicieuse ! Nous nous sommes bien amusés. Je me souviendrai toujours de ce voyage ! Il faut que vous organisiez un nouveau week-end en Belgique. C'était génial ! Merci. »

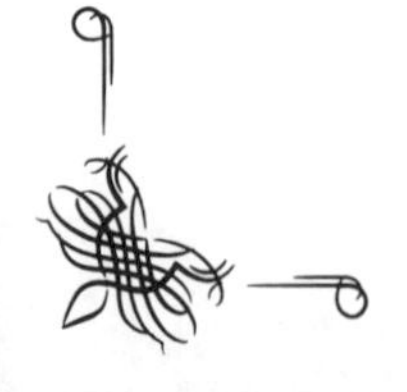

Y さん（女性）「ルフェーヴルさん，お元気だといいのですが．久しぶりです！もし可能なら，もう一度，お店の方と旅に出たいです．私の知らない国に行きたいです．最高でしょうね！ありがとう．近いうちに！」

W さん（男性）「こんにちは！私たちは昨年，一緒に東京に行きました．京都まで新幹線に乗りましたが，京都では大勢の人がいました．風景を眺めながら，お寿司を食べました．私たちが見学したお寺はすばらしかったです！何というすばらしい旅！今，私がしたいのは，日本の北部への別の旅行です．」

P さん（女性）「ルフェーヴルさん，代理店の記念日だと知りました．この機会にあなたにメッセージを書きます．10 年前に両親とブリュッセルに旅行をしました．私は 16 歳でした．私たちが飲んだビールは美味しかったです！私たちは大いに楽しみました．私はこの旅行のことをずっと思い出すでしょう！あなたには，ベルギーへ，新しく週末旅行を企画していただかないとね．最高でした！ありがとう．」

* 注）ベルギーでは，低アルコール飲料は未成年でも 16 歳から購入できる．

espère < espérer 希望する，« Ça fait longtemps. »「久しぶりです.」，possible 可能な，encore une fois もう一回，pays 国，connais < connaître, super すごい，最高の，étions < être, ensemble 一緒に，l'année dernière 昨年，avons pris < prendre, jusqu'à 〜まで，avait < avoir, beaucoup de monde 大勢の人，avons mangé < manger, sushis < sushi 寿司，en regardant < regarder のジェロンディフ，temples < temple 寺，avons visités < visiter（過去分詞は visité），magnifiques < magnifique すばらしい，formidable すばらしい，nord 北，veux < vouloir, ai appris < apprendre 学ぶ，知る，anniversaire 記念日，à cette occasion この機会に，il y a 〜前，avons bue < boire（過去分詞は bu），délicieuse < délicieux, nous sommes amusés < s'amuser, me souviendrai < se souvenir, se souvenir de 〜を思い出す，organisiez < organiser 企画する，nouveau 新しい，week-end 週末（ここでは週末旅行），génial すばらしい

1. 文の中で伝えたい部分を強調する（強調構文）

❁ 例 1 **C'est vous qui avez organisé un étonnant voyage au Vietnam, à Hô Chi Minh-Ville, en 1999.**

❁ 例 2 **C'est un autre voyage dans le nord du Japon que je veux faire maintenant.**

❁ 例 3 **C'est pour les partager avec vous que je voudrais les lire.**

の 3 つの文では C'est の後に qui または que が置かれています．これらの文では，c'est の後に強調したい内容が置かれています．

例 1 Vous avez organisé un étonnant voyage au Vietnam, à Hô Chi Minh-Ville, en 1999.

「あなたは 1999 年にベトナムのホーチミン市への驚くべき旅行を企画しましたね．」

[C'est] vous [qui] avez organisé un étonnant voyage au Vietnam, à Hô Chi Minh-Ville, en 1999.

「1999 年にベトナムのホーチミン市への旅行を企画したのはあなたですね．」

→ 文の主語を強調したいときには，その部分を c'est の後に置き，次に qui の後に残りの部分を続けます．

例 2 Je veux faire maintenant un autre voyage dans le nord du Japon.

「今，私は日本の北部への別の旅行をしたいです．」

[C'est] un autre voyage dans le nord du Japon [que] je veux faire maintenant.

「今，私がしたいのは，日本の北部への別の旅行です．」

例3　Je voudrais les lire pour les partager avec vous.

「これらをあなた方と共有するために，これらを読み上げたいと思います.」

C'est pour les partager avec vous que je voudrais les lire.

「これらを読み上げたいと思うのは，これらをあなた方と共有するためなのです.」(les = des messages sympathiques「好意的なメッセージ」)

→　文の主語以外の部分を強調したいときには，その部分を c'est の後に置き，次に que の後に残りの部分を続けます.

C'est ~ qui ~	文の主語を強調する.
C'est ~ que ~	文の主語以外を強調する（目的語，状況補語，副詞節など）

2. avoir を助動詞とする過去時制での性数一致を理解する

例1　**Les temples que nous avons visités étaient magnifiques !**

例2　**La bière que nous avons bue était délicieuse !**

avoir を助動詞に用いた複合過去において，何らかの理由で，直接目的語が動詞よりも前に置かれた場合に，過去分詞は直接目的語に性数一致します．ここでは「何らかの理由」として，関係代名詞が用いられている場合について見ましょう.

まず，関係代名詞を使わずに，①の文を書き直してみましょう.

例1　Nous avons visité les temples. Les temples étaient magnifiques !

「私たちは（それらの）お寺を見学しました．お寺は素晴らしかったです！」

Nous avons visité les temples. では，visiter「訪れる」の複合過去が用いられています．visiter は avoir を助動詞に取り，直接目的語は les temples です．その次の文は être の半過去の文で「〜だった」という意味でしたね.

これを関係代名詞 que でつなげると，「私たちが見学したお寺（複数）」が文の主語になります．Les temples で文を始めるのです．すると，visiter の直接目的語の les temples が動詞より前に置かれます．その場合，動詞の過去分詞，つまり visité は，直接目的語 les temples の男性複数に一致することになります．男性複数に一致させるために，visité に s をつけます．（語末の s は読まないので，visité も visités も発音は同じです．）

Les temples que nous avons visités étaient magnifiques !
「私たちが見学したお寺は素晴らしかったです！」

例 2 でも同じ現象が起きています．

Nous avons bu la bière. La bière était délicieuse !
「私たちは（その）ビールを飲みました．ビールは美味しかったです！」

動詞 boire「飲む」の過去分詞は不規則で bu です．bière ビールは女性名詞なので，女性名詞単数形の直接目的語 la bière が，avoir を助動詞に取る動詞より前に置かれているので，

La bière que nous avons bue était délicieuse !
「私たちが飲んだビールは美味しかったです！」
（語末の e は発音しないので，bu も bue も同じ発音です）

* être を助動詞に取る複合過去では，過去分詞は主語の人称に一致しますので，ごっちゃにならないようにしましょう！（第 5 章を復習しましょう）
例：Nous sommes rentrés à l'hôtel.（主語 nous の男性複数に合わせて過去分詞 rentré に s がついている）

3. 否定表現のバリエーションを知る（ne ... jamais）

否定文の ne…pas の pas を別の語に置き換えると，さまざまな否定表現になります．

ne ... jamais「決して～ない」

Je n'oublierai jamais ce voyage.
「私は決してこの旅行を忘れないでしょう．」

ne ... plus 「もう～ない」	Je ne suis plus étudiant. 「私はもう学生ではありません.」 (「私」＝男性)
ne ... rien 「何も～ない」	Il n'y a rien dans cette salle. 「部屋には何もありません.」
ne ... personne 「誰も～ない」	Je ne vois personne. 「私は誰も見えません.」

また，ne を使った表現に ne ... que「～しか～ない」という限定の表現もあります.

Je ne bois que du café le matin.「朝にはコーヒーしか飲みません.」(le matin は状況補語で「朝に」の意味)

ほかに前置詞を使って sans「～なしに」という表現もあります.

Je bois du thé sans sucre.「紅茶には砂糖を入れないで飲みます.」(sans の後に単独で名詞が置かれるときには冠詞はつけません)

叙法

動詞の活用を分類するときに用いられる概念を叙法（モード）といいます．文の内容に対する話し手の心的態度のあり方に対応します．以下の 4 つがあります．

直説法	事実，現実のことを表す
条件法	仮定に基づくものとして，事実・現実とは反対のことがらを想定して言い表す
接続法	頭の中でのことを提示する，願望，要求，義務，目的などを述べる．(文の意味内容を，事実でも，反事実でもなく，頭で考えただけのことを表す．断定できない不確実なことも表す)
命令法	指令，命令勧誘を表す (相手に，文の意味内容の実現を要求する)

直説法では，これまで，現在形，複合過去形，半過去形，単純未来形を学習しました．ほかにも，歴史記述や伝統的な記述の小説などで用いられる書き言葉の単純過去形があります．ある時点を起点にして，それより前に完了した未来，過去のことを述べる時制もありますが，これまで学習した時制を発展させるだけです．

フランス語の成り立ちと発展，フランス語圏
le français, la francophonie

フランス語は民衆の間で話されていたラテン語が変化してできた言語です．ロマンス語の一種で，スペイン語，イタリア語と親戚関係にあります．フランス自体が，現在のフランスに当たるガリアに住んでいたケルト系民族を征服したローマ人，そこに北から入ってきたゲルマン系のフランク民族という複数の出自を持っているので，フランス語もその痕跡をとどめています．15世紀のルネサンス期にギリシャ語や外国語の語彙を増やしました．ラブレーの『ガルガンチュアとパンタグリュエル』にはその豊穣さが見て取れます．

1539年にフランソワ1世がヴィレール・コトレの勅令を出し，法律文書にフランス語を使用することが義務づけられました．つまりフランスでフランス語が公用語と位置づけられたと言えます．17世紀にアカデミー・フランセーズが創設され，辞書が編纂され，「これがフランス語」という規範ができました．ルイ14世はみずからバレエを踊るなど，国を治めるためや，誇示するために，芸術・文化を利用しました．先進国フランスはヨーロッパ各国のモデルとなり，メディア（当時は雑誌新聞や書簡）を通じて広がりました．当然そこで使われていたのはフランス語であり，フランス語が文化にアクセスできる共通語でした．また，各国の宮廷では，フランス人の家庭教師がいたり，日常会話でもフランス語が用いられていたりと，20世紀初頭までその地位を維持していました．やがてその地位を英語に譲り渡します．国際法や国際条約はすべてフランス語で書かれていた状況が変わったのは，第一次世界大戦後のヴェルサイユ条約です．それ以降，フランス語は，世界では，英語についで，外国語として学ばれる第2位の地位にあります．

一方で，コロンブスのアメリカ大陸到達以降，フランスも海外進出に乗り出し，16世紀から17世紀には，カリブ海地域，北アメリカ，インド（ポンディシェリ）を領土にしました．19世紀から20世紀にかけては，北アフリカ，西アフリカ，インド洋，太平洋の島々，仏領インドシナ（ベトナム，カンボジア，ラオス）を領土として，フランス語が広がりました．

現在，フランスに留まっている海外県（DROM），海外準県（COM）などを除いて，1960年代に大部分の旧植民地は独立しました．

「フランコフォニー国際機構」Organisation internationale de la Francophonie（OIF）は，フランス語を共有する国や地域が連携することを目指して1970年（2006年に現在の名に改称）に設立されました．前身の機構の発起人のひとり，セネガルの詩人で大統領のサンゴールは « Dans les décombres de la colonisation, nous avons trouvé un outil merveilleux, la langue française. »「植民地主義の残したがれきの中に，私たちはすばらしい道具を見つけた．それはフランス語だ」と述べています．

« La Francophonie, c'est cet Humanisme intégral qui se tisse autour de la terre : cette symbiose des énergies dormantes de tous les continents, de toutes les races, qui se réveillent à leur chaleur complémentaire… Le français, Soleil qui brille hors de l'Hexagone. »

(Léopold Sédar Senghor, « Le français, langue de culture », *Esprit*, novembre 1962)

「フランコフォニー，それは地球の周りに織り上げられた，この完全な人間至上主義です．全大陸の，全人類の眠っていたエネルギーの共生であり，補完しあう熱によって目覚めたのです… フランス語はフランス本国の外で輝く太陽なのです．」

（田口亜紀訳）

1. 下線部を強調する文に書き直しましょう.

(1) Vous avez organisé un étonnant voyage au Vietnam, à Hô Chi Minh-Ville, en 1999.

(2) Je veux faire maintenant un autre voyage dans le nord du Japon.

(3) Je voudrais les lire pour les partager avec vous.

(4) Nous sommes partis de Paris à huit heures du matin.

2. 次の２つの文を関係代名詞を使って，つなげましょう.（1）は２つ目の文の冒頭 Les temples から，（2）は２つ目の文の冒頭 La bière から文を始めます. 過去分詞の性数一致に気をつけましょう.

(1) Nous avons visité les temples. Les temples étaient magnifiques !

(2) Nous avons bu la bière. La bière était délicieuse !

3. 次の文を，かっこ内の表現を使って，否定文にしましょう.（エリジヨンにも気をつけましょう.）

(1) J'oublierai ce voyage. [ne ... pas]

(2) J'oublierai ce voyage. [ne ... jamais]

理解したら，1つめの □ にチェックを入れましょう．1週間後に復習したら，2つめの □ にチェックを入れましょう．試験の前に確認したら，3つめの □ にチェックを入れましょう．

1. 文の中で伝えたい部分を強調する（強調構文）

□□□ C'est vous qui avez organisé un étonnant voyage au Vietnam, à Hô Chi Minh-Ville, en 1999.

□□□ C'est un autre voyage dans le nord du Japon que je veux faire maintenant.

□□□ C'est pour les partager avec vous que je voudrais les lire.

2. avoir を助動詞とする過去時制での性数一致を理解する

□□□ Les temples que nous avons visités étaient magnifiques !

□□□ La bière que nous avons bue était délicieuse !

3. 否定表現のバリエーションを知る（ne ... jamais）

□□□ Je n'oublierai jamais ce voyage.

Point Culture 文化コーナー・日本語訳

第１章

（ケベック人へのインタビュー）

1. シェニエ・ラサールさんの自己紹介

（概要）事務所では，ケベックの企業が日本でビジネス・チャンスをつかめるように，コンサルティングやサポートを行なっています．また，日本企業に向けては，ケベックへの誘致活動を行ない，文化面では，ケベックのアーティストの日本進出を援助しています．自分自身，通算 15 年ほど日本に滞在，日本に造詣が深く，親日家で，この仕事が好きです．

2. ケベック州について（シェニエ・ラサールさんのインタビュー続き）

（概要）ケベックはフランコフォン francophone（フランス語話者）がマジョリティで，フランス語で生活しています．産業面では，航空宇宙，ICT，情報の産業が活発です．中心都市モントリオールは，ビデオゲームの分野で世界一の都市で，人工知能の分野でもリードしています．

芸術，ビジュアル，情報，ICT を総合するマルチメディアに長けていて，（建物に立体的に映像を投影する）プロジェクション・マッピングも得意です．シルク・ドゥ・ソレイユの拠点はケベック・モントリオールです．

3. ロラン・トランプさんのお話

（概要）モントリオールの北にある街，ラヴァルに 32 年間，暮らしました．フランス語圏のケベックは，音楽でも映画でもクリエイティブです．グザヴィエ・ドラン，ドゥニ・ヴィルヌーヴはカナダを代表する映画監督で，国際的にも評価されています．グルメでは，「プーティン」は国民的料理です．これは，フライドポテト，グレイビー・ソースと，粒になったチェダー・チーズをあわせた料理です．

（概要：田口亜紀）

第2章

（アドニスさんのお話）

ベナンは西アフリカに位置し，熱帯地域であり，114,763平方キロメートルの面積を占めています．人口は1千2百万人で，北はニジェール共和国，北西はブルキナファソ，西はトーゴ，東はナイジェリア，南は大西洋と接しています．首都はポルト＝ノヴォで，気温は26度から32度．ベナンの原始宗教であるブードゥー信仰の発祥地だと見なされています．

ベナンには46もの民族がいて，異なる方言を話し，異なる宗教を信仰しています．27％はイスラム教徒，25％はキリスト教カトリック教徒，13％はプロテスタント教徒，11％はブードゥー教徒です．その他の宗教もあります．とても仲良く共存しています．

ベナンには多様な言語がありますが，意思疎通に困ることはありません．とはいえ，フランス語が公用語として，共有されています．

一般的にアフリカでは，フランス語話者の地域で話されているフランス語は，なまりや声の抑揚の面で，現地語と日常の生活習慣に影響を受けています．いくつかの表現は，現地語そのままの翻訳になっています．このように，それぞれの国で使われている，独自の語いによって，（フランス語圏の国の間でも）違いがあります．

ベナンでの例は複数ありますが，その中から次の表現が挙げられるでしょう．

Bonne arrivée.「歓迎します.」旅から，または外出から戻った人に歓迎の意を表して使う．

Tu as fait un peu ?「よい一日を過ごしましたか？」という時に使う．

Doucement.「わざとではないが，ぶつかってしまった相手に謝るときの丁寧な表現．

Il y a trois jours.「ひさしぶりだね」「長い間会わなかったね」「ひさびさだね」

Bonsoir. :「こんにちは」ベナンではこのあいさつは正午以降に使う．

acheter un carré : 土地の一画か，家を買うこと．

faire le point : レストランで会計を頼むこと．

en cas de qu'est-ce qu'il y a :「問題がある場合」という表現．例えば，« Je t'appelle en cas de qu'est-ce qu'il y a. »「問題があれば呼ぶよ」

Je vais vous demander la route. :「出かけます」の意味．

他にも私たちベナン人のイメージを悪くしていた表現や態度があります．例えば

l'heure béninoise「ベナン時間」. この表現で，私たちベナン人が約束の時間を守らないことがはっきりわかります．だいたい1時間の遅刻のこと．

la béninoiserie「ベナン気性」：相手のことを卑しい性格だ，あるいは自分本位の，または狭量だと言う．

（日本語訳：田口亜紀）

第4章

（サムさんのインタビュー）

こんにちは．私の名前はサムです．ベルギー人です．日本に8年前から住んでいます．可能な限りベルギーの話し方でお話しようと思います．つまり，その，ブリュッセルから来ました．生まれは… 生まれは… 日本に来る前に，24年（そこで）大きくなりました [24年暮らしました]．ベルギーでは，かなりスタンダードで，（フランスと）共通のフランス語を話します．しかし，私たちベルギー人にはある種の言語的な特性があります．例えば，典型的なブリュッセルの表現で，ベルギーの一般的な表現でもないのですが，それはどちらかというと，ブリュッセルの言い方で，皮肉たっぷりに，「もちろん」「当然」と言うのです．皮肉をこめて相手に，こういうアクセントで，「いいや，もちろん」と言うのです．ですので，例えば，誰かが私たちに「ぼくの誕生日パーティに来てくれる？」と聞いたら，「ええと，いいや，もちろん！」と言うのですが，それは「もちろん，君の誕生日パーティに行くよ！」という意味なのです．それで，これは典型的なブリュッセルの言い方なのです．何か，ベルギー各地で話されているフランス語に共通するものがあるとすると，それは，動詞 savoir の使い方です．これはお隣のフランス人とはかなり違っています．この場合，例えば私が友達に何かしてもらえるかを聞くとしたら，「塩を取ってもらえる」（～できると言う意味で savoir を使用）と言って，「塩を取っていただけますか」あるいは「塩を取ってもらえますか」（動詞は pouvoir を使用）「塩を取っていただけますか」（動詞は vouloir を使用）ということを意味するのです．動詞 savoir（本来は「能力としてできる」の意味）は，pouvoir の意味，つまり，「（状況として）できる」という意味で使うのです，そうすると，フランス人は当惑して，相手が何を言おうとしたいのか理解できません．フランス人や，スイス人も同様に当惑するのです．

（日本語訳：田口亜紀）

(ナタリー・ロブエさんによるスイス紹介文)

スイスへようこそ！

ヨーロッパの中心に位置するこの小さな国（東西 348 km，南北 220 km）は多くの湖と山がある平和の避難所です．アルプス山脈が，領土の 60%を占めています．人口は 870 万人で，5 人に 1 人は外国人です．45 もの国際機関があり，そのうち，39 の機関はフランス語圏であるジュネーヴにあります．特に知られているのは，国連（の欧州本部）と世界保健機関（WHO）です．アンリ・デュナンは 1901 年にノーベル平和賞を受賞しましたが，19 世紀に赤十字を設立し，人道支援を確立しました．

スイスは 1848 年に生まれました，26 の州（カントン）があります．首都ベルンはドイツ語地域に位置しています．建国記念日は 8 月 1 日です．中立国で，政治の形態は直接民主制です．EU には加盟していません．スイスの独自性は，4 つの文化，4 つの公用語です．地域ごとに話されているフランス語，ドイツ語，イタリア語とロマンシュ語は，そこから複数の文化が共存する国を作り出しています．テレビ局は各国語ごとに 1 つあるので，4 つあります．

世界でよく知られているスイス人は，アインシュタイン（1921 年にノーベル物理学賞受賞），アルベルト・ジャコメッティ（画家・彫刻家），カール＝グスタフ・ユング（精神分析医），ジャン＝ジャック・ルソー（作家で思想家），ヘルマン・ヘッセ（1946 年にノーベル文学賞），ル・コルビュジエ（建築家），ロドルフ・テプフェール（挿絵画家で漫画の先駆者），ジャン＝ジャック・ゴダール（映画監督），クニー一家（1803 年以来の家系で，国民的サーカス）．

私たちは世界で一番チョコレートを消費します．大体年間，ひとり約 9 キロ食べます．そしてチーズが大好きです．時計産業，とりわけスキーといったウインタースポーツも有名です．伝統的なさまざまなフォンデュで鍋を囲むことも好きです．チーズ・フォンデュ，ブルゴーニュ風フォンデュ（肉鍋），チョコレート・フォンデュ，そしてチーズのラクレットです．

小さなフランス語圏の町であるラヴォー（ユネスコ世界遺産に登録）はワインで有名です．フランス語圏であるジュネーヴ，ローザンヌ，モントルーはレマン湖畔にありますが，フランスとスイスの国境にあるという特徴があります．半分はフランスなのです．フランスの村でかわいらしいのが 2 つあって，イヴォワールは 14 世紀の中世都市で，フランスの一番美しい村に選ばれており，エヴィアンは，温泉とスパがあります．スイスといえば，「アルプスの少女ハイジ」でもありますね．高畑勲，小田部洋一と，当時若い助手だった宮崎駿はアニメを制作しました．

フランス語圏スイスでは，ゆっくりと，少し歌うように話します．

フランスと同じフランス語なのですが，数字の数え方の70と90は違います．

(最後にスイスのアクセントで話すと…)

「こんにちは！今日はいい天気です．湖畔をサイクリングします．」，

それでスイスには「湖には火はない」という慣用句がありますが，急がず，ゆっくり進むという意味です．

(日本語訳：田口亜紀)

第6章

(ヴァランティーヌ＝英美・山田さんのお話)

みなさん，こんにちは．私はヴァランティーヌ＝英美・山田です．フランス人であり，日本人です．トゥールーズ出身です．

トゥールーズはピレネー山脈と地中海から近い南フランスの街です．

歴史的には，パステルの花のおかげで街が豊かになりました．一時的にヨーロッパ全体でその花でしか青い色を抽出出来ませんでした．当時の好景気から多くのバラ色のレンガで作られた建物が残っています．一番象徴となるのは世界遺産に登録されているサン＝セルナン大聖堂です．

現在，トゥールーズは他の面でも有名です．

まず，ダイナミックでスポーツ好きな街です．特にラグビーは人気です．スタド・トゥルザンと呼ばれている現地のチームは世界的に有名です．トゥールーズはまさにラグビーの街とも言えますね！

その他，トゥールーズは航空宇宙，イノベーションと新エネルギーを中心にしています．飛行機会社，エアバスの本社と下請会社があります．その分野に関する様々な研究所（CNES「クネス」＝宇宙センター）や博物館（トゥールーズ宇宙都市，アエロスコピア博物館）があります．

トゥールーズは学生の多い活発な街です．フランスで3番目に学生の多い街で，大学の数も多いです．学生のおかげで何時も賑やかな楽しい雰囲気を感じます．イベントやバーでの集まり，または，アペロ*がいつも行なわれています．さらに，トゥールーズの伝統的な料理は美味しいです．カスレや鴨肉でも作られている食事は大人気です．

トゥールーズ人の大好きな活動は，カフェやレストランのテラスでゆっくりすること．又は，友達とガロンヌ川沿いを散歩するか，家族とミディ運河を自転車で巡るのは，心地よいです．

トゥールーズが好きでしかいられません！

＊アペロ（Apéro）：夕食の前に飲む食前酒「Apéritif」を略した言葉．より広い意味で，夕食前に1，2杯のお酒と軽いおつまみを楽しむ時間，習慣のこと．

（日本語訳：ヴァランティーヌ＝英美・山田）

第8章

（『突然炎のごとく』挿入歌「つむじ風」歌：ジャンヌ・モロー）

『つむじ風』

彼女は指という指に指輪をはめて
何重にも腕輪を手首にはめて
それで歌っていた声に
すぐに私は誘惑された

彼女は目を，オパールの目をしていて
私を魅了した，私を魅了した
青ざめた彼女の顔は卵形をしていた
運命の女（ファム・ファタル）は私にとって運命的だった
運命の女（ファム・ファタル）は私にとって運命的だった

私たちは知り合った，私たちはまた知り合った
私たちは会わなくなった，私たちはまた会わなくなった
私たちはまた会った，私たちはまた熱くなった
そして私たちは別れた

それぞれ，おのれのためにまた旅立っていった
人生のつむじ風の中に
ある晩，私は彼女にまた会った，やれやれ！
もうずいぶんと久しぶりだ

もうずいぶんと久しぶりだ

バンジョの音で私は彼女だとわかった
あの不思議な微笑みがどれほど好きだったか
彼女の運命的なほどの声，美しく青ざめた顔は
かつてないほど私を感動させた

私は彼女の声を聞きながら酔っていた
アルコールは時間を忘れさせる
私は感じながら，目を覚ました
くちづけを，私の燃える頬に
くちづけを，私の燃える頬に

私たちは知り合った，私たちはまた知り合った
私たちは会わなくなった，私たちはまた会わなくなった
私たちはまた会った，私たちは別れた
そして私たちはまた熱くなった

それぞれ，おのれのためにまた旅立っていった
人生のつむじ風の中に
ある晩，私は彼女にまた会った，やれやれ！
彼女はまた私の腕の中に落ちた
彼女はまた私の腕の中に落ちた

私たちが知り合ったとき
私たちがまた知り合ったとき
どうして私たちは会わなくなったのか
私たちはまた会わなくなったのか
私たちがまた会ったとき
私たちがまた熱くなったとき
どうして別れたのか？

それでふたりでまた旅立っていった
人生のつむじ風の中に

私たちは回り続ける

ふたりが絡み合って抱き合いながら / ふたりが絡み合って抱き合いながら / ふたりが絡み合って抱き合いながら

（日本語訳：田口亜紀）

第 10 章

（セバスティアン・ルベーグさんへのインタビュー）

1. 自己紹介をしてくださいますか？

こんにちは．私はセバスティアン・ルベーグと申します．

私はフランス人で，2010 年から東京に暮らしています．日本で仕事をしていますが，太平洋地域，特にフランス領ポリネシアとニューカレドニアでも仕事をしています．私は旅する写真家で，イラストレーターの仕事もしています．

つまり，私は観察するテーマごとに，写真機と鉛筆，あるいは絵の具を使い分けています．2013 年から 2015 年まで行った，ニューカレドニア探訪の報告は，『カナックの慣習』（オ・ヴァン・デ・ジル出版社 / チバウ文化センター刊）という本となり，出版されましたが，それが一番よい例でしょう．私は生活の場面をスナップショットや，慣習に従った儀式を写真に撮りました．それと平行して 105 枚の人物画をアクリル絵の具で描きました．これはインタビューした人たちの言葉に添える挿絵となりました．

2. ニューカレドニアの特徴は何ですか（地理，文化，歴史）？

ニューカレドニアは，南太平洋はオーストラリアの東北に位置します．パプア（パプアニューギニア島南東部）からフィジーまでの，メラネシアの弓状の島の連なりで言えば，バヌアツのすぐ南にあります．ニューカレドニアは，複数の島から成りますが，最も長い島は，グランド・テール島で，400 キロ以上の長さがあります．南はイル・デ・パン島まで延び，東北はマレ，リフ，ウベア，というロワイヨテ諸島の 3 つの島が並んでいます．

日本人女性作家である森村桂が書いた『天国に一番近い島』* では，ウベアを本の出発点としています．この場所，自然の，珊瑚の美しさをお伝えしますと，ニューカレドニアの島々は世界で一番大きな珊瑚礁に囲まれており，ユネスコ（の世界遺産）に登録されました．

住民は，民族集団の複数の共同体から構成されています．一番規模が大きいのは，原住民のカナック族です．ニューカレドニアでは，人口移動の波が何回か起こり，ヨーロッパ人，その大部分はフランス人ですが，ポリネシア人，アジア人が定着しました．その中の日本人コミュニティはニッケル採掘のために何世代にもわたって定着するためにやってきました．

ニューカレドニアの特徴のひとつは，その構造にあります．フランスの行政・政治システムはカナックの伝統と慣習のシステムと平行して，調和して機能しています．例えば，国は3地方と33地方自治体に行政区分されていますが，慣習という視点で見れば，8つの慣習による区域と300以上もの部族が，族長のもとに集まって構成されています．同様に，公式語で共通語はフランス語です．しかし，28のカナックの言語も存在し，土地全域で話されています．そのうち最大の話者がいる言語は，ドレウ語で，1万5千人以上の話者がいます．

3. カナック族についてのご著書を出版されましたね．それについてお話してください．

カナックの社会の基盤は部族です．話をわかりやすくすると，部族を同じ家系を起源にもつ大きな家族と同じだと見なせます．カナックの神話によると，原始の先祖は自然の諸要素との出会いから生まれました．部族は，蜥蜴(とかげ)，亀，鮫といった動物，それだけではなく，太陽，風，雨といった自然の諸要素と結びついていることがあります．部族のトーテムといえます．自然はカナック族にとって重要ですが，それぞれの部族はひとつの土地に結びついているからなのです．部族はそれぞれの人間同様に，その土地の名前がついています．

部族の族長は，本家の長老で，部族のすべての男性は名前と大地の守り神なのです．部族の女性はというと，彼女たちは，血と生命を保証してくれるものなのです．他の部族の男と結婚するとき，妻たちは，出身の部族を離れ，夫の部族に加わり，そこに新しい命をもたらすのです．カナックの結婚は，2人の結合というだけではなく，数世代にわたって続く2つの部族の結び付きなのです．結婚がカナック社会を作り上げると言われています．

4. 結婚式はどのように執り行われるのですか？

結婚の準備のため，慣習に従った複数の式が1週間行われ，夫側では家族全員と，系列の部族が集まります．妻の方の部族でも同じようにして準備を行います．

結婚式当日，2つの大部族が集まり，慣習に従った大きな結婚式が執り行われます．贈り物を持ってきて，贈り物はそれぞれ相手の部族に渡します．ヤムイモ，布，茣蓙(ござ)

や，他にも，カナックの貨幣のような象徴的なものがあります．

式の間，2つの部族が向かい合います．沈黙します．やがて言葉が神聖なものとされ，慣例に従った祝詞が，結合の宣誓を発します．

最後に，贈り物の交換で，式は終わります．これで2つの部族は結合したのです．

夜中，祭りと盛大な宴会が続きます．伝統的な踊りの1つが「ピルピル」です．2つの部族は支柱の周りを円になって踊り，結びつきを確固たるものにするために，布を交換します．朝には，妻の部族は結合の象徴として，支柱を持って帰ります．

（日本語訳：田口亜紀）

＊森村桂『天国にいちばん近い島』（新潮文庫），同名の映画は大林宣彦監督による．

第12章

「自由」ポール・エリュアール

わたしの小学生のノートの上に
わたしの教室机と木々
砂の上に　雪の上に
わたしは書く　あなたの名を

読まれたすべてのページの上に
すべての真っ白なページの上に
石　血　紙　あるいは灰
わたしは書く　あなたの名を

金色の絵の上に
戦士たちの武器の上に
王たちの冠の上に
わたしは書く　あなたの名を

密林と砂漠の上に
巣の上に　エニシダの上に
わたしの幼年期のこだまの上に
わたしは書く　あなたの名を

夜々の驚異の上に
日々の白いパンの上に
婚約の季節の上に
わたしは書く　あなたの名を

わたしの紺碧のすべてのぼろの上に
池　かびの生えた太陽の上に
湖　生き生きとした月の上に
わたしは書く　あなたの名を

野の上に　地平線の上に
鳥の翼の上に
そして影たちの粉挽き場の上に
わたしは書く　あなたの名を

あけぼのの一吹き　一吹きの上に
海の上に　船の上に
途方もない山の上に
わたしは書く　あなたの名を

雲の泡の上に
雷雨の汗の上に
濃くむっとする雨の上に
わたしは書く　あなたの名を

きらきらした形の上に
色とりどりの鐘の上に
物体の真実の上に
わたしは書く　あなたの名を

目の覚めた小道の上に
広がった道の上に
あふれた広場の上に
わたしは書く　あなたの名を

明かりのついたランプの上に
明かりの消えたランプの上に
集まったわたしの家たちの上に
わたしは書く　あなたの名を

2つに切った果物の上に
その鏡の　わたしの部屋の
わたしのベッド　からの貝殻の上に
わたしは書く　あなたの名を

食いしん坊でおだやかなわたしの犬の上に
犬のそばだてた耳の上に
犬の不器用な脚の上に
わたしは書く　あなたの名を

わたしのドアのスプリングボードの上に
見慣れたものの上に
祝福された火の流れの上に
わたしは書く　あなたの名を

すべての合わさった肉体の上に
わたしの友の額の上に
差し出された手のひとつひとつの上に
わたしは書く　あなたの名を

思いがけないものたちのガラスの上に
注意深い唇の上に
沈黙をさらに超えて
わたしは書く　あなたの名を

破壊されたわたしの隠れ家の上に
崩れ落ちたわたしの灯台の上に
わたしの倦怠の壁の上に
わたしは書く　あなたの名を

欲望なき不在の上に
裸の孤独の上に
死の行進の上に
わたしは書く　あなたの名を

戻ってきた健康の上に
消え去った危険の上に
記憶なき希望の上に
わたしは書く　あなたの名を

そしてひとつの言葉の力によって
わたしはふたたび人生を始める
わたしは生まれてきた あなたを知るために
あなたを名づけるために
自由　と

（日本語訳：田口亜紀）

*ポール・エリュアール『詩と真実　1942』

Exercices 練習問題・解答

第 1 章

1. (1) me lève (2) m’intéresse (3) t’occupes (4) vous couchez (5) se passe (6) s’amuse
2. (1) combien d’employés (2) quelle heure (3) quel temps (4) quelle température
3. (1) (B) (2) (A) (3) (D) (4) (C)
4. (1) toi (2) vous (3) lui (4) elle (5) toi (6) toi

(発展問題) 5. (1) Combien d’employés y a-t-il dans ta société ?
(2) Quelle heure est-il ? (3) Quel temps fait-il ? (4) Quelle température fait-il ?

第 2 章

1. (1) Dépêchons-nous (2) Amusez-vous (3) vous perdez (4) me perdre (5) se rassemble (6) m’appelle
2. (1) ③ (2) ③ (3) ⑤ (4) ⑥
3. (1) Qu’est-ce que (2) Quel

第 3 章

1. (1) ④ (2) ② (3) ⑤ (4) ① (5) ①
2. (1) ④ (2) ⑤ (3) ① (4) ② (5) ③
3. (1) ① (2) ② (3) ③ (4) ① (5) ③
4. (1) ④ (2) ① (3) ① (4) ③

第 4 章

1. (1) avez (2) ai (3) a (4) ont (5) as (6) avons
2. (1) avons déjeuné (2) as pris (3) ont lu (4) a bu (5) ai eu (6) avez fait
3. (1) 私たちはいっしょに昼食をとりました. (2) きみは8時の電車に乗ったの？ (3) 彼らは新聞を読みました. (4) 私たちはビールを飲みました. (5) 私は運が良かった. (6) あなた（方）は何をしましたか？
4. (1) A) (2) C) (3) E) (4) D) (5) B)

第 5 章

1. (1) suis (2) sont (3) êtes (4) est (5) sommes (6) es
2. (1) A) (2) C) (3) B) (4) D) (5) C) (6) D) (7) B)
3. (1) suis né (2) sommes sortis (3) es arrivée (4) est devenue (5) est rentrés (6) est morte (7) sont partis
4. (1) 私は 1964 年に生まれました. (2) 私たちはホテルを出ました. (3) きみは駅に着いたの？ (4) 私の母は 2000 年にガイドになりました. (5) 私たちはホテルに帰りました. (6) マリー・キュリーは 1934 年に亡くなりました. (7) 彼らは 5 時半頃に立ち去りました.
5. (1) Il est ensuite devenu écrivain. (2) Tu as bien dormi ?
6. (1) ont dansé (2) est allée (3) sont arrivées (4) a fait (5) a pris (6) ont passé (7) sont passés

第 6 章

① a changé ② était ③ est ④ était ⑤ avait ⑥ trouvait ⑦ appelait ⑧ fabriquait ⑨ a enrichi ⑩ appelle ⑪ sont ⑫ est ⑬ fabrique ⑭ a ⑮ allaient ⑯ venaient ⑰ passaient ⑱ vivaient ⑲ habitaient ⑳ parlaient ㉑ parle ㉒ parlait ㉓ faisaient ㉔ avaient ㉕ joue ㉖ jouait ㉗ mangeait ㉘ mangeaient ㉙ buvaient ㉚ mangent ㉛ boivent

第 7 章

1. (1) ② ③ ① (2) ① ③ ② (3) ② ④ ③ ①
2. (1) ③ (2) ③ (3) ④
3. (1) ③ ④ ② ① (2) ④ ② ① ③ (3) ① ④ ③ ②

第 8 章

1. ① me suis levée ② ne me suis pas encore douchée ③ ne me suis pas maquillée
2. ① vivait ② était ③ était ④ avaient ⑤ se levait ⑥ allait ⑦ aidait ⑧ travaillait ⑨ était ⑩ adorait
3. ① A) ② B) ③ C)
4. ① B) ② A)

第 9 章

1. ① viens ② suis allé ③ faisait ④ était ⑤ avait ⑥ ai fait ⑦ ai commencé ⑧ ai peint ⑨ ai mangé ⑩ ai bu ⑪ avais ⑫ étais ⑬ suis rentré ⑭ me suis couché ⑮ ai dormi
2. ① ○ ② ×

第 10 章

1. ① arrivera ② repartira ③ sera ④ prendra ⑤ irons ⑥ changerons ⑦ ira ⑧ visitera ⑨ restera ⑩ louerons ⑪ nous promènerons ⑫ se baladera ⑬ mangera ⑭ boirons ⑮ fera ⑯ achètera ⑰ verra ⑱ voyagera ⑲ s'amusera ⑳ travailleront
2. ① va ② va ③ va ④ vais ⑤ va ⑥ va ⑦ va

第 11 章

1. (1) ② ① ③ ⑤ ④ (2) ③ ② ④ ⑤ ① (3) ③ ② ④ ⑤ ①
2. (1) ② (2) ② (3) ① (4) ② (5) ①
3. (1) était, aimerais (2) allais, ferais (3) visitions, irions (4) pleuvait, boirait (5) avais, achèterais (6) étiez, dormiriez (7) habitaient, visiteraient

第 12 章

(1) Il y a une guinguette qui est devenue très célèbre.
(2) C'est un restaurant qui a trois étoiles.
(3) C'est un lieu qu'on voit souvent dans les tableaux de Renoir.
(4) On peut manger les spécialités que tu aimes tellement.
(5) Tu connais un endroit où on peut se promener ?
(6) Je connais aussi un endroit où on peut faire du bateau.
(7) Le soir où il y a vraiment beaucoup de monde...
(8) C'est un restaurant où on danse le soir.
(9) C'est le restaurant où ton frère s'est marié.
(10) Il y a le restaurant dont je t'ai parlé.
(11) Le restaurant dont tu m'as parlé.

第13章

1. (1) Je suis accompagné par un interprète.
   (2) Le matin, je suis réveillé par les oiseaux.
   (3) Le repas est préparé par des cuisiniers marocains.
   (4) Il est servi par des femmes en costume traditionnel.
   (5) Est-ce que tu es aidée par Laurent à l'agence ?
   (6) Ici, les touristes sont impressionnés par les paysages.
   (7) Ils sont un peu surpris par la nourriture épicée.
2. montrant
3. (1) Je prends mon petit déjeuner en regardant la mer.
   (2) Je me repose en buvant du thé à la menthe.
   (3) Je lis en écoutant de la musique dans ma chambre.
   (4) Je lis ton mail en prenant mon petit déjeuner devant la mer.
   (5) Prends-tu toujours ton déjeuner en continuant à travailler sur ton ordinateur ?
   (6) Ils s'amusent en visitant la ville.

第14章

① fasse ② allions ③ visitions ④ regardions ⑤ ailles ⑥ prennes ⑦ mette
⑧ puissions ⑨ ait ⑩ fassiez ⑪ soit

第15章

1. (1) C'est vous qui avez organisé un étonnant voyage au Vietnam, à Hô Chi Minh-Ville, en 1999.
   (2) C'est un autre voyage dans le nord du Japon que je veux faire maintenant.
   (3) C'est pour les partager avec vous que je voudrais les lire.
   (4) C'est à huit heures du matin que nous sommes partis de Paris.
2. (1) Les temples que nous avons visités étaient magnifiques !
   (2) La bière que nous avons bue était délicieuse !
3. (1) Je n'oublierai pas ce voyage.
   (2) Je n'oublierai jamais ce voyage.

動詞活用表

【直説法現在】

-er 型規則動詞（第 1 群規則動詞）

活用語尾（er に代わる部分）

	単数	複数
1 人称	je -**e**	nous -**ons**
2 人称	tu -**es**	vous -**ez**
3 人称	il -**e**	ils -**ent**
	elle -**e**	elles -**ent**
	on -**e**	

travailler「働く，勉強する」

je travaille	nous travaillons
tu travailles	vous travaillez
il travaille	ils travaillent
elle travaille	elles travaillent

［母音字で始まる動詞］

aimer「好きだ」

j' aime	nous aimons
tu aimes	vous aimez
il aime	ils aiment

［無音の h で始まる動詞］

habiter「住む」

j'habite	nous habitons
tu habites	vous habitez
il habite	ils habitent

［-er 型規則動詞　変則］

• e → **è**

acheter「買う」

j' ach**è**te	nous achetons
tu ach**è**tes	vous achetez
il ach**è**te	ils ach**è**tent
elle ach**è**te	elles ach**è**tent

• é → **è**

préférer (A à B)「(B より A を）好む」

je préf**è**re	nous préférons
tu préf**è**res	vous préférez
il préf**è**re	ils préf**è**rent

• 子音字を重ねる

appeler「呼ぶ，電話する」

j' appe**ll**e	nous appelons
tu appe**ll**es	vous appelez
il appe**ll**e	ils appe**ll**ent

• g → ge

manger「食べる，食事をする」(voyager「旅行する」)

nous man**ge**ons

他の人称では規則的な活用形

• c → ç

commencer「始まる，始める」

nous commen**ç**ons

他の人称では規則的な活用形

★代名動詞

[-er 型規則動詞（第 1 群規則動詞）]

se coucher「寝る」

je me couche	nous nous couchons
tu te couches	vous vous couchez
il se couche	ils se couchent

[母音字で始まる動詞の代名動詞]

s'occuper (de ～)「(～の) 面倒を見る，担当する」

je m'occupe	nous nous occupons
tu t'occupes	vous vous occupez
il s'occupe	ils s'occupent
elle s'occupe	elles s'occupent

se lever「起きる」

je me l**è**ve	nous nous levons
tu te l**è**ves	vous vous levez
il se l**è**ve	ils se l**è**vent

[母音字で始まる変則的な -er 動詞の代名動詞]

s'appeler「～という名前である」

je m'appe**ll**e	nous nous appelons
tu t'appe**ll**es	vous vous appelez
il s'appe**ll**e	ils s'appe**ll**ent

-ir 型規則動詞（第 2 群規則動詞）

活用語尾（ir に代わる部分）

	単数	複数
1 人称	je -**is**	nous -**issons**
2 人称	tu -**is**	vous -**issez**
3 人称	il -**it**	ils -**issent**
	elle -**it**	elles -**issent**
	on -**it**	

finir「終える，終わる」

je finis	nous finissons
tu finis	vous finissez
il finit	ils finissent
elle finit	elles finissent

不規則動詞

[これだけは覚えましょう]

être「～である，ある，いる，存在する」

je suis	nous sommes
tu es	vous êtes
il est	ils sont
elle est	elles sont

avoir「持つ，持っている，〈+数詞+an(s)〉～歳である」

j'ai	nous avons
tu as	vous avez
il a	ils ont

faire「作る，する，値段が～である」

je fais	nous faisons
tu fais	vous faites
il fait	ils font

prendre「手に取る，買う，乗る，（道を）進む，（休暇や写真を）とる，食べる，飲む，注文する」

je prends	nous prenons
tu prends	vous prenez
il prend	ils prennent

pouvoir「（可能）～できる，（許可）～してよい，（依頼）（疑問形で）～してくれませんか」

je peux	nous pouvons
tu peux	vous pouvez
il peut	ils peuvent

vouloir「〈＋名詞〉～を望む，～がほしい，〈＋不定詞〉～したい」

je veux	nous voulons
tu veux	vous voulez
il veut	ils veulent

aller「行く，〈aller bien〉元気である，〈＋不定詞〉～するところだ（近接未来），～しに行く（目的）」

je vais	nous allons
tu vas	vous allez
il va	ils vont

venir「来る，〈de＋不定詞〉～したところだ（近接過去）」

je viens	nous venons
tu viens	vous venez
il vient	ils viennent

［その他の重要な不規則動詞］
本書に既出の動詞以外に，重要な動詞を紹介しています．（仏検［実用フランス語技能検定試験］4級レベル）

attendre「待つ」
j'attends, tu attends, il attend,
nous attendons, vous attendez,
ils attendent

boire「飲む，酒を飲む」
je bois, tu bois, il boit,
nous buvons, vous buvez, ils boivent

comprendre「わかる，理解する」
je comprends, tu comprends,
il comprend, nous comprenons,
vous comprenez, ils comprennent

conduire「運転する，連れて行く」
je conduis, tu conduis, il conduit,
nous conduisons, vous conduisez,
ils conduisent

connaître「（人を）知っている，知り合いである，（場所を）知っている」
je connais, tu connais, il connaît,
nous connaissons, vous connaissez,
ils connaissent

courir「走る」
je cours, tu cours, il court,
nous courons, vous courez, ils courent

croire「信じる，思う」
je crois, tu crois, il croit,
nous croyons, vous croyez, ils croient

descendre「降りる，下る」
je descends, tu descends, il descend,
nous descendons, vous descendez,
ils descendent

devoir〈＋不定詞〉「～すべきである，しなければならない，にちがいない」
je dois, tu dois, il doit,
nous devons, vous devez, ils doivent

dire「言う」
je dis, tu dis, il dit,
nous disons, vous dites, ils disent

dormir「眠る」
je dors, tu dors, il dort,
nous dormons, vous dormez,
ils dorment

écrire「書く」
j'écris, tu écris, il écrit,
nous écrivons, vous écrivez,
ils écrivent

entendre「聞こえる，理解する」
j'entends, tu entends, il entend,
nous entendons, vous entendez,
ils entendent

lire「読む，読書する」
je lis, tu lis, il lit,
nous lisons, vous lisez, ils lisent

mettre「置く，入れる，身につける，記入する」
je mets, tu mets, il met,
nous mettons, vous mettez,
ils mettent

offrir「提供する，贈る」
j'offre, tu offres, il offre,
nous offrons, vous offrez, ils offrent

ouvrir「開ける，開く」
j'ouvre, tu ouvres, il ouvre,
nous ouvrons, vous ouvrez, ils ouvrent

partir「出発する，出かける，行ってしまう」
je pars, tu pars, il part,
nous partons, vous partez, ils partent

perdre「失う」
je perds, tu perds, il perd,
nous perdons, vous perdez, ils perdent

recevoir「受け取る，迎える」
je reçois, tu reçois, il reçoit,
nous recevons, vous recevez,
ils reçoivent

rendre「返す」
je rends, tu rends, il rend,
nous rendons, vous rendez, ils rendent

rire「笑う」
je ris, tu ris, il rit,
nous rions, vous riez, ils rient

savoir「知っている」
je sais, tu sais, il sait,
nous savons, vous savez, ils savent

servir「サービスする，提供する」

je sers, tu sers, il sert,

nous servons, vous servez, ils servent

sortir「出る，外出する」

je sors, tu sors, il sort,

nous sortons, vous sortez, ils sortent

tenir「握る，つかむ」

je tiens, tu tiens, il tient,

nous tenons, vous tenez, ils tiennent

vendre「売る」

je vends, tu vends, il vend,

nous vendons, vous vendez,

ils vendent

vivre「生きる，生活する」

je vis, tu vis, il vit,

nous vivons, vous vivez, ils vivent

voir「見る，見える，会う」

je vois, tu vois, il voit,

nous voyons, vous voyez, ils voient

非人称動詞

falloir「〈＋不定詞〉～しなければならない，～が必要である，～かかる」

il faut

pleuvoir「雨が降る」

il pleut

neiger「雪が降る」（第１群規則動詞）

il neige

【命令法】

couper「切る」（第１群規則動詞）

	単数	複数
１人称	je 活用形なし	nous coupons → **coupons**
２人称	tu coupes → **coupe**	vous coupez → **coupez**
３人称	il 活用形なし	ils 活用形なし

prendre（不規則動詞）

原則的に，直説法現在形の活用形と同じスペル

	~~nous~~ prenons
~~tu~~ prends	~~vous~~ prenez

【直説法複合過去】

［助動詞 avoir（他動詞と多くの自動詞）］

dîner「夕食をとる」（第１群規則動詞）

（肯定形）

	単数	複数
１人称	j'ai dîné	nous avons dîné
２人称	tu as dîné	vous avez dîné
３人称	il a dîné	ils ont dîné
	elle a dîné	elles ont dîné

（否定形）

je n'ai pas dîné	nous n'avons pas dîné
tu n'as pas dîné	vous n'avez pas dîné
il n'a pas dîné	ils n'ont pas dîné
elle n'a pas dîné	elles n'ont pas dîné

［助動詞 être（移動，生死や変化に関する動詞）］

（肯定形）

aller「行く」

	単数	複数
1人称	je suis allé(e)	nous sommes allé(e)s
2人称	tu es allé(e)	vous êtes allé(e)(s)
3人称 男性	il est allé	ils sont allés
女性	elle est allée	elles sont allées

（否定形）

Je ne suis pas allé(e)	nous ne sommes pas allé(e)s
tu n'es pas allé(e)	vous n'êtes pas allé(e)(s)
il n'est pas allé	ils ne sont pas allés
elle n'est pas allée	elles ne sont pas allées

［代名動詞］

se coucher「寝る」（se が直接目的語のとき）

（肯定形）

	単数	複数
1人称	男性 je me suis couché 女性 je me suis couchée	nous nous sommes couchés nous nous sommes couchées
2人称	男性 tu t'es couché 女性 tu t'es couchée	男単 vous vous êtes couché 女単 vous vous êtes couchée 男複 vous vous êtes couchés 女複 vous vous êtes couchées
3人称	男性 il s'est couché	ils se sont couchés
	女性 elle s'est couchée	elles se sont couchées

（否定形）

je ne me suis pas couché(e)	nous ne nous sommes pas couché(s)
tu ne t'es pas couché(e)	vous ne vous êtes pas couché(e)(s)
il ne s'est pas couché	ils ne se sont pas couchés
elle ne s'est pas couchée	elles ne se sont pas couchées

【直説法半過去】

活用語尾（すべての動詞に共通）

	単数	複数
1人称	je **-ais**	nous **-ions**
2人称	tu **-ais**	vous **-iez**
3人称	il **-ait**	ils **-aient**
	elle **-ait**	elles **-aient**

parler「話す」（第1群規則動詞）

je parlais	nous parlions
tu parlais	vous parliez
il parlait	ils parlaient
elle parlait	elles parlaient

avoir

j'avais	nous avions
tu avais	vous aviez
il avait	ils avaient
elle avait	elles avaient

être

j' étais	nous étions
tu étais	vous étiez
il était	ils étaient
elle était	elles étaient

【直説法単純未来】

活用語尾（すべての動詞に共通）

	単数	複数
1 人称	je -**rai**	nous -**rons**
2 人称	tu -**ras**	vous -**rez**
3 人称	il -**ra**	ils -**ront**
	elle -**ra**	elles -**ront**

travailler「働く」（第 1 群規則動詞）

je travaillerai	nous travaillerons
tu travailleras	vous travaillerez
il travaillera	ils travailleront
elle travaillera	elles travailleront

avoir

j'aurai	nous aurons
tu auras	vous aurez
il aura	ils auront
elle aura	elles auront

【条件法現在】

活用語尾（すべての動詞に共通）

	単数	複数
1 人称	je -**rais**	nous -**rions**
2 人称	tu -**rais**	vous -**riez**
3 人称	il -**rait**	ils -**raient**
	elle -**rait**	elles -**raient**

aimer「～したい」

j'aimerais	nous aimerions
tu aimerais	vous aimeriez
il aimerait	ils aimeraient

vouloir「～したい，ほしい」

je voudrais	nous voudrions
tu voudrais	vous voudriez
il voudrait	ils voudraient

pouvoir「～できる」

je pourrais	nous pourrions
tu pourrais	vous pourriez
il pourrait	ils pourraient

devoir「～すべきだ，～にちがいない」

je devrais	nous devrions
tu devrais	vous devriez
il devrait	ils devraient

【接続法現在】

活用語尾（avoir と être 以外すべての動詞に共通）

	単数	複数
1 人称	je -**e**	nous -**ions**
2 人称	tu -**es**	vous -**iez**
3 人称	il -**e**	ils -**ent**
	elle -**e**	elles -**ent**

visiter「訪れる，訪ねる」（第 1 群規則動詞）

que je visite	que nous visitions
que tu visites	que vous visitiez
qu'il visite	qu'ils visitent

finir「終わる，終える」（第 2 群規則動詞）

que je fasse	que nous fassions
que tu fasses	que vous fassiez
qu'il fasse	qu'ils fassent

avoir

que j'aie	que nous ayons
que tu aies	que vous ayez
qu'il ait	qu'ils aient

être

que je sois	que nous soyons
que tu sois	que vous soyez
qu'il soit	qu'ils soient

faire「する，つくる，値段が～である」

que je fasse	que nous fassions
que tu fasses	que vous fassiez
qu'il fasse	qu'ils fassent

prendre「とる」

que je prenne	que nous prenions
que tu prennes	que vous preniez
qu'il prenne	qu'ils prennent

mettre「置く」

que je mette	que nous mettions
que tu mettes	que vous mettiez
qu'il mette	qu'ils mettent

aller「行く」

que j'aille	que nous allions
que tu ailles	que vous alliez
qu'il aille	qu'ils aillent

venir「来る」

que je vienne	que nous venions
que tu viennes	que vous veniez
qu'il vienne	qu'ils viennent

pouvoir「～できる」

que je puisse	que nous puissions
que tu puisses	que vous puissiez
qu'il puisse	qu'ils puissent

vouloir「～したい，ほしい」

que je veuille	que nous voulions
que tu veuilles	que vous vouliez
qu'il veuille	qu'ils veuillent

savoir「知る」

que je sache	que nous sachions
que tu saches	que vous sachiez
qu'il sache	qu'ils sachent

基本語い集

＊仏検４級レベルの単語です．本書に既出の単語以外も紹介しています．『フランス語Ｉ（'24)』巻末の「基本語い集」と合わせてマスターしましょう．

品詞記号

［名男］男性名詞	［名女］女性名詞	［固有］固有名詞
［固男］固有名詞・男性	［固女］固有名詞・女性	［動］動詞
［代動］代名動詞	［非動］非人称動詞	［形］形容詞
［副］副詞	［前］前置詞	［代］代名詞

食物・飲物

addition	［名女］	（飲食店などの）勘定
baguette	［名女］	バゲット，（複数で）箸
beurre	［名男］	バター
boisson	［名女］	飲み物
bouteille	［名女］	ビン
café	［名男］	コーヒー
chocolat	［名男］	チョコレート，ココア
confiture	［名女］	ジャム
couteau	［名男］	ナイフ，包丁
croissant	［名男］	クロワッサン
dessert	［名男］	デザート
eau	［名女］	水
gâteau	［名男］	菓子，ケーキ
lait	［名男］	ミルク，牛乳
œuf	［名男］	たまご
plat	［名男］	皿，料理
poisson	［名男］	魚
repas	［名男］	食事
riz	［名男］	米，米飯
salade	［名女］	サラダ
sandwich	［名男］	サンドイッチ
sel	［名男］	塩
soupe	［名女］	スープ
sucre	［名男］	砂糖
tarte	［名女］	タルト
thé	［名男］	紅茶
verre	［名男］	コップ，グラス
viande	［名女］	肉，肉料理
vin	［名男］	ワイン

国

Allemagne	［固女］	ドイツ
Amérique	［固女］	アメリカ（大陸）
Angleterre	［固女］	イギリス
Asie	［固女］	アジア
Canada	［固男］	カナダ
Chine	［固女］	中国
Espagne	［固女］	スペイン
États-Unis	［固男］（複数）	アメリカ合衆国
Europe	［固女］	ヨーロッパ
France	［固女］	フランス
Italie	［固女］	イタリア
Japon	［固男］	日本

人

Allemand	［名男］	ドイツ人（男性）
Allemande	［名女］	ドイツ人（女性）
Américain	［名男］	アメリカ人（男性）
Américaine	［名女］	アメリカ人（女性）
ami	［名男］	男のともだち，友人
amie	［名女］	女のともだち，友人
Anglais	［名男］	イギリス人（男性）
Anglaise	［名女］	イギリス人（女性）
bébé	［名男］	赤ん坊
camarade	［名男］［名女］	仲間，友だち
Chinois	［名男］	中国人（男性）
Chinoise	［名女］	中国人（女性）
copain	［名男］	男の仲間，男友だち（話言葉で）
copine	［名女］	女の仲間，女友だち（話言葉で）

cousin [名男] 従兄弟
cousine [名女] 従姉妹
dame [名女] 女性，婦人
élève [名男][名女] 生徒
enfant [名男][名女] （大人に対して）子ども；（親に対して）子
étranger [名男] 外国人（男性）
étrangère [名女] 外国人（女性）
étudiant [名男] 男子学生
étudiante [名女] 女子学生
famille [名女] 家族
femme [名女] （男に対して）女；（夫に対して）妻
fille [名女] （男子に対して）女子；（息子に対して）娘
fils [名男] （娘に対して）息子
Français [名男] フランス人（男性）
Française [名女] フランス人（女性）
frère [名男] 兄，弟，兄弟
garçon [名男] 少年，男子；（レストランやカフェの）ウェイター，ボーイ
gens [名男] 人々
grand-mère [名女] 祖母，おばあさん
grand-père [名男] 祖父，おじいさん
grands-parents [名男]（複数） 祖父母
homme [名男] （女に対して）男；（男女含めて）人間，人々
Italien [名男] イタリア人（男性）
Italienne [名女] イタリア人（女性）
Japonais [名男] 日本人（男性）
Japonaise [名女] 日本人（女性）
maman [名女] ママン，ママ
mari [名男] 夫
mère [名女] 母
monsieur [名男] （男性に対する呼びかけ）；〈＋姓〉～さん，～氏；男性
oncle [名男] おじ
papa [名男] パパ
parents [名男]（複数） 両親，父母
Parisien [名男] パリ育ちの人，パリの住民（男性）
Parisienne [名女] パリ育ちの人，パリの住民（女性）
père [名男] 父親
personne [名女] 人，人間
sœur [名女] 姉，妹，姉妹
tante [名女] おば
touriste [名男][名女] 観光客

動物

animal [名男] 動物
chat [名男] 猫
cheval [名男] 馬
chien [名男] 犬
oiseau [名男] 鳥

言語

allemand [名男] ドイツ語
anglais [名男] 英語
chinois [名男] 中国語
français [名男] フランス語
italien [名男] イタリア語
japonais [名男] 日本語
langue [名女] 言語

乗り物

autobus [名男] 路線バス
avion [名男] 飛行機
bateau [名男] 船
bus [名男] バス
chemin [名男] 道
　chemin de fer 鉄道
métro [名男] 地下鉄
moto [名女] オートバイ
taxi [名男] タクシー
TGV [名男] フランス新幹線
train [名男] 列車，電車
vélo [名男] 自転車
voiture [名女] 車，自動車

もの

arbre [名男] 木
argent [名男] お金
bagage [名男] （多く複数で）荷物
billet [名男] （列車，飛行機の）切符；（劇場などの）入場券；紙幣
boîte [名女] 箱
bureau [名男] 机，デスク
cadeau [名男] プレゼント
cahier [名男] ノート

carte	[名女]	カード；はがき；地図，マップ；メニュー
CD	[名男]	コンパクトディスク，CD
chaise	[名女]	椅子
chose	[名女]	もの，こと
clé	[名女]	鍵，キー
clef	[名女]	鍵，キー
couteau	[名男]	ナイフ，包丁
crayon	[名男]	鉛筆
dictionnaire	[名男]	辞書
fenêtre	[名女]	窓
fleur	[名女]	花
journal	[名男]	新聞
lettre	[名女]	手紙；文字
lit	[名男]	ベッド
livre	[名男]	本
lunettes	[名女](複数形)	眼鏡
ordinateur	[名男]	コンピューター
papier	[名男]	紙，書類
paquet	[名男]	小包み，パック
parapluie	[名男]	雨傘
passeport	[名男]	パスポート
photo	[名女]	写真
plante	[名女]	植物
rose	[名女]	バラ
sac	[名男]	バッグ，袋
stylo	[名男]	万年筆，ボールペン
table	[名女]	テーブル，食卓，席
tableau	[名男]	絵；板；表
téléphone	[名男]	電話
ticket	[名男]	切符，チケット
valise	[名女]	スーツケース，旅行かばん

部位

bouche	[名女]	口
bras	[名男]	腕；アーム
cheveu	[名男]	髪
dent	[名女]	歯
jambe	[名女]	脚
main	[名女]	手
nez	[名男]	鼻
œil	[名男]	目
oreille	[名女]	耳
pied	[名男]	（人や動物の）足；（家具などの）脚
tête	[名女]	頭
ventre	[名男]	腹，腹部
visage	[名男]	顔，顔色
voix	[名女]	声
yeux	[名男](複数形)	目

抽象物・情報

accident	[名男]	事故
adresse	[名女]	住所，メールアドレス
anniversaire	[名男]	記念日，誕生日
arrivée	[名女]	到着
bruit	[名男]	物音，騒音
chaleur	[名女]	暑さ，熱
chance	[名女]	チャンス，幸運
corps	[名男]	身体，物体
course	[名女]	走ること，レース；（複数で）買い物
devoir	[名男]	宿題；義務
danger	[名男]	危険
début	[名男]	初め，初期
départ	[名男]	出発
étoile	[名女]	（ホテルやレストランの格付け用の）星
étude	[名女]	勉強，学業
force	[名女]	力，勢力，暴力
habitude	[名女]	習慣
histoire	[名女]	話；歴史
leçon	[名女]	レッスン，授業；（教科書の）課
maladie	[名女]	病気
médecine	[名女]	医学
mot	[名男]	言葉，単語
naissance	[名女]	誕生
nom	[名男]	（ものの）名前；（人の）姓
nouvelle	[名女]	ニュース，知らせ，便り
numéro	[名男]	番号
personne	[名女]	人
plaisir	[名男]	喜び，楽しみ
prix	[名男]	価格，物価；賞
problème	[名男]	問題
promenade	[名女]	散歩；散歩道
question	[名女]	疑問，問題
raison	[名女]	理性；理由
santé	[名女]	健康
À votre santé !		乾杯

service ［名男］ 奉仕；サービス料；(交通の) 便
suite ［名女］ 続き
toilette ［名女］ 身支度，洗面，化粧
travail ［名男］ 仕事；勉強
tout ［名男］ 全体
ne ~ pas du tout 全然〜しない，ちっとも〜しない (否定の強調)
vacances ［名女］(複数形) バカンス，休暇
vérité ［名女］ 真実
vie ［名女］ 人生；生命；生活
vitesse ［名女］ 速さ，速度
vue ［名女］ 見ること，眺め，見方

服飾

chapeau ［名男］ 帽子
chaussure ［名女］ 靴，履物
chemise ［名女］ (男性用) シャツ
cravate ［名女］ ネクタイ
jupe ［名女］ スカート
montre ［名女］ 腕時計
pantalon ［名男］ ズボン，スラックス
robe ［名女］ ドレス，ワンピース
veste ［名女］ 上着
vêtement ［名男］ 服，衣服

趣味

chanson ［名女］ 歌
cinéma ［名男］ (ジャンルとしての) 映画
concert ［名男］ 音楽会，コンサート
couleur ［名女］ 色
cuisine ［名女］ 料理
film ［名男］ (作品としての) 映画
foot, football ［名男］ サッカー
guitare ［名女］ ギター
musique ［名女］ 音楽
piano ［名男］ ピアノ
radio ［名女］ ラジオ
ski ［名男］ スキー
sport ［名男］ スポーツ
télé ［名女］ → télévision
télévision ［名女］ テレビ
tennis ［名男］ テニス
théâtre ［名男］ 演劇
violon ［名男］ ヴァイオリン
voyage ［名男］ 旅行

自然・天気

feu ［名男］ 火
Il fait mauvais. (非人称) 天気が悪い
nature ［名女］ 自然
neige ［名女］ 雪
nuage ［名男］ 雲
pluie ［名女］ 雨
soleil ［名男］ (du ~) 日光
temps ［名男］ 天気
vent ［名男］ 風

位置・場所

appartement ［名男］ アパルトマン，マンションの1戸
arrêt ［名男］ バス停
ascenseur ［名男］ エレベーター
banque ［名女］ 銀行
bibliothèque ［名女］ 図書館，図書室；書棚
bois ［名男］ 木；森
bord ［名男］ 縁；岸
boucherie ［名女］ 精肉店
boulangerie ［名女］ パン屋
boulevard ［名男］ 大通り
boutique ［名女］ 小売店，既製服店，ブティック
bureau ［名男］ 会社，オフィス，役所；書斎
café ［名男］ カフェ，喫茶店
campagne ［名女］ 田舎
centre ［名男］ 中心，センター
chaise ［名女］ 椅子
chambre ［名女］ 個人の部屋，寝室；(ホテルの) 部屋
château ［名男］ 城，館
ciel ［名男］ 空
cinéma ［名男］ 映画館
classe ［名女］ クラス，等級
couloir ［名男］ 廊下，通路
cour ［名女］ 中庭；校庭
cuisine ［名女］ キッチン，台所
école ［名女］ 学校
église ［名女］ 教会
entrée ［名女］ 入口
escalier ［名男］ 階段
étage ［名男］ 〜階
étranger ［名男］ 外国
étoile ［名女］ 星

fenêtre ［名女］ 窓
feu ［名男］ 信号
gare ［名女］ （鉄道の）駅
hôpital ［名男］ 病院
hôtel ［名男］ ホテル
jardin ［名男］ 庭，公園
lune ［名女］ （天文）月
magasin ［名男］ 店
maison ［名女］ 家
mer ［名女］ 海
monde ［名男］ 世界
montagne ［名女］ 山
musée ［名男］ 美術館，博物館
parc ［名男］ 公園
pâtisserie ［名女］ ケーキ店
pays ［名男］ 国；地方
pièce ［名女］ 部屋
piscine ［名女］ プール
place ［名女］ 広場；座席
plage ［名女］ 浜辺，海岸
police ［名女］ 警察
pont ［名男］ 橋
porte ［名女］ 扉，ドア，門
poste ［名女］ 郵便局
quartier ［名男］ 地区，街区
restaurant ［名男］ レストラン
rez-de-chaussée ［名男］ 1 階
rivière ［名女］ 川
rue ［名女］ 通り，～街
salle ［名女］ （共用の）部屋，ホール
soleil ［名男］ 太陽
sortie ［名女］ 出口
station ［名女］ 地下鉄の駅
table ［名女］ テーブル，食卓，席
terre ［名女］ 土地；地球
théâtre ［名男］ 劇場
toilettes ［名女］（複数形） トイレ
tour ［名女］ タワー，塔
université ［名女］ 大学
village ［名男］ 村
ville ［名女］ 都市，市，町

職業

chanteur ［名男］ 歌手（男性）
chanteuse ［名女］ 歌手（女性）
docteur ［名］ 医者；博士；（医師に対する呼びかけ）先生
médecin ［名］ 医師
musicien ［名男］ 音楽家（男性）
musicienne ［名女］ 音楽家（女性）
pâtissier ［名男］ ケーキ職人，ケーキ店の店員（男性）
pâtissière ［名女］ ケーキ職人，ケーキ店の店員（女性）
pianiste ［名男］［名女］ ピアニスト
professeur ［名男］ 教師，教授，先生

単位

euro ［名男］ ユーロ（ヨーロッパ統一通貨）
fois ［名女］ ～回，～度
journée ［名女］ 1 日；昼間
kilo ［名男］ キログラム
kilogramme → kilo（キログラム）
kilomètre ［名男］ キロメートル
litre ［名男］ リットル
longueur ［名女］ 長さ
mètre ［名男］ メートル
page ［名女］ ページ
quart ［名男］ 4 分の 1；15 分（時刻・時間）
seconde ［名女］ 秒
siècle ［名男］ 世紀
soirée ［名女］ 晩（夕方から寝るまでの時間帯）
yen ［名男］ 円（日本通貨）

時

fin ［名女］ 終わり
temps ［名男］ 時間
week-end ［名男］ 週末

avoir と使える表現（無冠詞の名詞と使う）

avoir mal à + 定冠詞 + 体の部位 ～が痛い
avoir chaud 暑い
avoir faim お腹が空いた
avoir froid 寒い
avoir peur 怖い
　avoir peur de + 名詞・不定詞 ～が怖い，～を怖がっている
avoir soif 喉が渇いた
avoir sommeil 眠い
avoir besoin de + 名詞・不定詞 ～が必要である

avoir envie de + 名詞・不定詞　～がほしい，～したい
avoir raison　(言うことは) もっともだ，正しい
avoir tort　間違っている
avoir cours　授業・講義がある
avoir l'air + 形容詞　～のように見える
avoir le courage de + 不定詞　～する勇気がある
avoir (de) la fièvre　熱がある
avoir (un) rendez-vous avec + 人　人と約束がある

prendre を使った表現

bain	[名男]	風呂
douche	[名女]	シャワー

成句

à cause de + 名詞	～のせいで，～が原因で
à côté de + 名詞	～の横に，そばに
à droite	右に，へ
à gauche	左に，へ
au contraire	反対に
au fond	奥に
Au revoir.	さようなら.
Bon appétit !	めしあがれ！
Bon courage !	頑張って！
bon marché	安い
Bonne idée !	いい考えです！
Ce n'est pas la peine.	それにはおよびません.
d'abord	初めに，第一に
dommage [名男]	残念なこと，損害
Dommage !	残念！
C'est dommage !	残念だ.
en face (de)	～の正面 (に)
en retard	遅れて
n'est-ce pas ?	(付加疑問文をつくる) ～ですね，そうでしょう？
par la poste	郵送で
Un moment, SVP.	少々お待ちください.

形容詞

âgé	[形]	年をとった
agréable	[形]	心地よい，快適な
allemand	[形]	ドイツの，ドイツ語の，ドイツ人の
américain	[形]	アメリカの，アメリカ人の
ancien, ancienne	[形]	古い，旧～，元～
anglais	[形]	イギリスの，英語の，イギリス人の
assis	[形]	座った，椅子にかけた
bas, basse	[形]	(高さ，値段，声などが) 低い
blond	[形]	ブロンドの
chaque	[形]	それぞれの，毎～
chinois	[形]	中国の，中国語の，中国人の
clair	[形]	明るい，明確な
contraire	[形]	反対の，逆向きの
désolé	[形]	申し訳ない
différent	[形]	別の，異なる
difficile	[形]	難しい
doux, douce	[形]	甘い，穏やかな，やさしい
Il fait doux.		(非人称) 気候が暖かい.
droit	[形]	右の，右側の
droit	[形]	まっすぐな
dur	[形]	堅い，ハードな，つらい
épais, épaisse	[形]	厚い
étranger, étrangère	[形]	外国の，外国人の
faible	[形]	弱い
fermé	[形]	閉まった
fini	[形]	終わった
frais, fraîche	[形]	涼しい，冷たい
français	[形]	フランスの，フランス語の，フランス人の
grave	[形]	重大な，深刻な
haut	[形]	(高さ・値段などが) 高い；(声が) 高い
impossible	[形]	不可能な，ありえない
intelligent	[形]	頭のいい，知的な
italien, italienne	[形]	イタリアの，イタリア語の，イタリア人の
japonais	[形]	日本の，日本語の，日本人の
lent	[形]	遅い，ゆっくりした
marié	[形]	結婚している
méchant	[形]	意地の悪い
mécontent	[形]	～に不満な
meilleur	[形]	もっと良い (bon の優等比較級)
le (la, les) meilleur(e)(s)		一番良い (bon の優等最上級)
même	[形]	(名詞の前で) 同じ

強勢形人称代名詞 -même　～自身
mort ［形］ 死んだ → mourir（過去分詞）
né ［形］ 生まれた → naître（過去分詞）
neuf, neuve ［形］ 新品の
occupé ［形］ 忙しい，ふさがっている
plein ［形］ 満ちた，満員の，～でいっぱいの
plusieurs ［形］ 何人もの，いくつもの
prêt ［形］ 準備ができた
profond ［形］ 深い
propre ［形］ 清潔な；（名詞の前で）～自身の
quelque ［形］ （複数で）いくつかの
rapide ［形］ 速い
sec, sèche ［形］ 乾燥した，干した
second ［形］ 2番目の
seul ［形］ 唯一の，ひとりだけの；ひとりで，単独で（同格の形容詞として）
simple ［形］ 簡単な，単純な
sûr ［形］ 確信した，確かな
tous ［形］ すべての，〈＋定冠詞／指示形容詞／所有形容詞など＋名詞〉すべての～（男性・複数形）
tout ［形］ すべての，〈＋定冠詞／指示形容詞／所有形容詞など＋名詞〉すべての～（男性・単数形）
toute ［形］ すべての，〈＋定冠詞／指示形容詞／所有形容詞など＋名詞〉すべての～（女性・単数形）
toutes ［形］ すべての，〈＋定冠詞／指示形容詞／所有形容詞など＋名詞〉すべての～（女性・複数形）
utile ［形］ 役に立つ
voisin ［形］ 隣の，近い
vrai ［形］ ほんとうの，正しい

副詞

alors ［副］ そのとき
après-demain ［副］ あさって，明後日
aussi ［副］ 〈＋形容詞・副詞〉（同等比較級）同じくらい～である
autant ［副］ 〈que ~〉～と同じくらい；〈de＋名詞〉同じだけの～
autour ［副］ 周囲に；〈de＋名詞〉～の周囲を，に
avant ［副］ 以前に
bien ［副］ 上手に，しっかりと
　aller bien 元気である
bon ［副］ よく
　Ça sent bon. よい匂いがする．
debout ［副］ 立って
dehors ［副］ 外で，外へ
donc ［副］ まったく，さあ
droit ［副］ まっすぐに
encore ［副］ （追加）もっと，さらに，まだ，相変わらず；（否定文で）まだ～ない；（反復）また，再び
enfin ［副］ とうとう，最後に，結局
ensuite ［副］ 次に，その後で
facilement ［副］ 容易に，簡単に
jamais ［副］
　ne ~ jamais 決して～ない
juste ［副］ 正確に，ちょうど
lentement ［副］ ゆっくりと
mal ［副］ 悪く，下手に
même ［副］ ～さえ
mieux ［副］ よりよく，より上手に（bien の優等比較級）
　le mieux 一番上手に（bien の優等最上級）
moins ［副］ （劣等比較級）より少なく～である
　定冠詞＋moins＋形容詞 （劣等最上級）もっとも少なく～だ，一番～でない
　le moins＋副詞 （劣等最上級）〈de＋名詞〉より少ない～
parfois ［副］ 時折，時には
partout ［副］ いたるところに
plus ［副］ （優等比較級）より～である
　定冠詞＋plus＋形容詞 （優等最上級）もっとも～だ，一番～だ

le plus + 副詞		(優等最上級)〈de + 名詞〉一番〜
le plus		一番多く (beaucoup の優等最上級)
ne ~ plus		もう〜ない
non plus		…も〜でない
plutôt	[副]	むしろ
puis	[副]	それから, 次に
seulement	[副]	ただ〜だけ
surtout	[副]	とりわけ, 特に
tellement	[副]	それほど, とても
tout	[副]	まったく, とても

動詞

accompagner	[動]	一緒に行く, 来る
adorer	[動]	大好きである, 熱愛する
aider	[動]	手伝う, 援助する
aller	[動]	行く；(ものが) 似合う
aller bien		元気である
aller + 不定詞		〜するところだ (近接未来), 〜しに行く (目的)
apporter	[動]	持ってくる, 持っていく
arriver	[動]	(ものごとが) 起きる, 発生する
assister	[動]	〈à ~〉〜に出席する
avons		→ avoir (活用) 直説法現在・1人称複数
ayez		→ avoir (活用) 命令法・2人称複数
ayons		→ avoir (活用) 命令法・1人称複数
boire	[動]	飲む；酒を飲む
casser	[動]	こわす
changer	[動]	変える, 替える；変わる
chanter	[動]	歌う
chercher	[動]	探す
aller chercher		迎えに行く
choisir	[動]	選ぶ
commencer	[動]	始まる；始める；〈à + 不定詞〉〜し始める
comprendre	[動]	わかる, 理解する
conduire	[動]	運転する
connaître	[動]	(人を) 知っている, 知り合いである；(場所を) 知っている
continuer	[動]	続ける
couper	[動]	切る；切れる
courir	[動]	走る, 駆ける；(乗り物が) 進む
coûter	[動]	値段が〜である
croire	[動]	思う；信じる
danser	[動]	踊る
déjeuner	[動]	昼食をとる
demander	[動]	たずねる；頼む
descendre	[動]	降りる, 下る
désirer	[動]	望む
devenir	[動]	〜になる
devoir	[動]	〈+ 不定詞〉〜すべきである, しなければならない
dîner	[動]	夕食をとる
dire	[動]	言う
donner	[動]	与える
dormir	[動]	眠る
écouter	[動]	聞く, 耳を傾ける
écrire	[動]	書く
élever	[動]	上げる；建てる；育てる
entendre	[動]	聞こえる；理解する
entrer	[動]	入る
envoyer	[動]	送る
es		→ être (活用) 直説法現在・2人称単数
espérer	[動]	願う, 期待する
essayer	[動]	試す, 試着する
est		→ être (活用) 直説法・現在・3人称単数
été		→ être (活用) 過去分詞
êtes		→ être (活用) 直説法現在・2人称複数
être	[動]	〜である, ある, いる, 存在する
étudier	[動]	勉強する；研究する
excuser	[動]	許す
faire	[動]	作る；する；値段が〜である；時間がかかる；(非人称) 天候が〜である
falloir	[非動]	〜が必要である；〜かかる；〈+ 不定詞〉〜しなければならない
fermer	[動]	閉まる, 閉じる；閉める
finir	[動]	終える；終わる
font		→ faire (活用) 直説法現在・3人称複数

fumer	［動］	（目的語なしで）タバコを吸う
garder	［動］	保つ，持っておく
habiter	［動］	住む
inviter	［動］	招待する
jouer	［動］	遊ぶ；〈de＋定冠詞＋楽器〉～を弾く；〈à＋定冠詞＋スポーツなど〉～をする，～で遊ぶ
laisser	［動］	～させておく（放置・放任）
laver	［動］	洗う
lire	［動］	読む，読書する
manger	［動］	食べる，食事をする
marcher	［動］	歩く；（機械などが）動く
mettre	［動］	置く，入れる；身につける；記入する；時間をかける
monter	［動］	登る；乗り込む；上昇する
montrer	［動］	見せる，示す
mourir	［動］	死ぬ
nager	［動］	泳ぐ
naître	［動］	生まれる
neiger	［非動］	雪が降る
offrir	［動］	プレゼントする
ont		→ avoir（活用）直説法現在・3人称複数
oublier	［動］	忘れる
ouvrir	［動］	開ける，開く
parler	［動］	話す
partir	［動］	出発する，出かける
passer	［動］	通る；立ち寄る；過ぎる；過ごす
payer	［動］	支払う
penser	［動］	考える，～のことを考える
perdre	［動］	失う，紛失する；（スポーツで）敗れる
plaire	［動］	〈à ~〉～に気に入る
pleurer	［動］	泣く
pleuvoir	［非動］	雨が降る
porter	［動］	運ぶ；身につけている
poser	［動］	置く；提出する
pousser	［動］	押す
pouvoir	［動］	（可能）～できる；（許可）～してよい；（依頼）～してくれませんか（疑問形で）
préférer	［動］	〈+A à B〉BよりAを好む
prendre	［動］	手に取る；買う；乗る；（道を）進む；（休暇や写真を）とる；食べる，飲む；注文する
préparer	［動］	準備をする；調理する；作る
présenter	［動］	紹介する
prêter	［動］	貸す
prier	［動］	（勧め）どうぞ；（依頼）どうか；（返礼）どういたしまして；祈る；頼む
promener	［動］	散歩させる
quitter	［動］	去る；捨てる
rappeler	［動］	再び呼ぶ；電話をかけ直す；思い出させる
recevoir	［動］	受け取る；迎える
regarder	［動］	見る，見つめる
remercier	［動］	感謝する
rencontrer	［動］	出会う
rendre	［動］	返す
rentrer	［動］	帰宅する，戻る
répéter	［動］	繰り返す
répondre	［動］	～に答える，返事をだす
réserver	［動］	予約する
rester	［動］	（ある場所に）残る；（ある状態に）とどまる
retourner	［動］	戻る
retrouver	［動］	（なくしたものを）見つける
réussir	［動］	〈à ~〉～に成功する；合格する
réveiller	［動］	目を覚まさせる，起こす
revenir	［動］	帰る，戻る
revoir	［動］	再会する
rire	［動］	笑う
savoir	［動］	知っている；〈+不定詞〉～する技能を持っている；〈que＋直説法〉～ということを知っている
se coucher	［代動］	寝る
se couper	［代動］	自分の～を切る

se dépêcher ［代動］ 急ぐ
se laver ［代動］ 自分の〜を洗う
se lever ［代動］ 起きる
se marier ［代動］ 〜と結婚する
sembler ［動］ 〜のように見える
se promener ［代動］ 散歩する
se reposer ［代動］ 休息する
se réveiller ［代動］ 目覚める，起きる
servir ［動］ 奉仕する；給仕する；役立つ
se souvenir ［代動］ 〜を思い出す，覚えている
se trouver ［代動］ 〜にいる，ある
s'habiller ［代動］ 服を着る
sommes → être（活用）直説法現在・1人称複数
sont → être（活用）直説法現在・3人称複数
sortir ［動］ 出る，外出する
suis → être（活用）直説法現在・1人称単数
téléphoner ［動］ 電話する
tenir ［動］ 持つ；保つ
tirer ［動］ 引く
tomber ［動］ 落ちる；転ぶ
toucher ［動］ 触れる，〈à ~〉〜にさわる
tourner ［動］ 曲げる；曲がる
travailler ［動］ 勉強する；働く
traverser ［動］ 渡る，横切る
trouver ［動］ 〜だと思う；見つける
utiliser ［動］ 利用する
va → aller（活用）直説法現在・3人称単数
vais → aller（活用）直説法現在・1人称単数
vas → aller（活用）直説法現在・2人称単数
vendre ［動］ 売る
venir ［動］ 来る；〈de + 不定詞〉〜したところだ（近接過去）
viennent → venir（活用）直説法現在，接続法現在・3人称複数
viens → venir（活用）直説法現在・1人称，2人称単数
vient → venir（活用）直説法現在・3人称単数
visiter ［動］ 訪問する，見物する
vivre ［動］ 生きる，生活する
voir ［動］ 見る，見える；会う
vont → aller（活用）直説法・現在・3人称複数
vouloir ［動］ 〈+名詞〉〜を望む，〜がほしい；〈+不定詞〉〜したい；〈~ bien〉歓迎する，望む
  Voulez-vous / Veux-tu + 不定詞？ 〜してくれませんか（依頼）
  Je voudrais / Nous voudrions + 不定詞. できれば〜したいのですが
voyager ［動］ 旅行する

前置詞

à ［前］ （場所・方向・位置）〜で，〜へ，〜に；（時刻）〜に；（対象）〜に；（手段）〜で；（特徴）〜の入った，〜を持った；（所属）〜のもの
avant ［前］ （時間）〜の前に，〜までに；〈de + 不定詞〉〜する前に
dans ［前］ （場所）〜の中で，〜の中に；（時期）〜の間に；（時間）〜後に
en ［前］ （場所）〜で，〜に；（年号・月）〜に；（手段・方法）〜で；（材質）〜でできた；（所要時間）〜で；（状態・性質）〜の
entre ［前］ AとBの間に
hors ［前］ 〈de ~〉〜の外に
jusque ［前］ （場所について）〜まで；（時刻・期日について）〜まで

par	［前］	（手段・方法）〜で；（基準・単位）〜あたり，〜ごとに；（通過）〜を通って；（動作主）〜によって
parmi	［前］	〜の間で，〜の間の
pour	［前］	（目的・用途）〜のために，〜用の；（目的地）〜に向けて，〜行の；（対象）〜にとって，〜への；（予定・期間）〜の間
sans	［前］	〜なしに，〜せずに
sur	［前］	（位置）〜の上に；（方向）〜のほうに，〜に面した
vers	［前］	（概略の時刻）〜頃；（方向）〜の方へ，〜に向かって

代名詞

ce	［代］	これは，それは，あれは（主語として用いられる）
cela	［代］	あれ，それ，これ（非人称主語として）（対比せずに）
celle	［代］	〜のそれ，〜の人（女性・単数形）
celles	［代］	〜のそれ，〜の人（女性・複数形）
celui	［代］	〜のそれ，〜の人（男性・単数形）
ceux	［代］	〜のそれ，〜の人（男性・複数形）
~-ci	［代］	この〜，こっちの〜

分担執筆者紹介

ロドルフ・ブルジョワ (Rodolphe Bourgeois)

2001年　パリ第10大学（ナンテール校）文化人類学専門修士課程後期修了，E.H.E.S.S. 博士課程準備論文修了

2008年　グルノーブル第3大学（スタンダール校）F.L.E.（外国語としてのフランス語教授法）修士課程修了

現在　横浜日仏学院 専任講師．立教大学，共立女子大学，白百合女子大学 非常勤講師
フランス語検定試験 DELF DALF 養成教員・試験官

専攻　文化人類学，F.L.E.（外国語としてのフランス語教授法）

主な著書　*Ethnographie militaire et Politique des races à Madagascar (1895-1914)*, Université Paris X (Paris-Nanterre), 1999

Les représentations de la parenté au Japon : Pseudo-parenté et parenté consanguine, Université Paris X (Paris-Nanterre), 2011

Lecture du *Petit Prince*,『まいにちフランス語』NHK出版，2020-2021.

横浜日仏学院のフランス語教科書の作成（2016年～）

『やさしくはじめるフランス語リスニング』（共著，白水社，2020年）

『これからはじめるフランス語入門』（共著，NHK出版，2021年）

編著者紹介

田口　亜紀（たぐち・あき）

2005年	東京大学大学院 人文社会系研究科 欧米系文化研究専攻 フランス語フランス文学専攻分野 博士課程満期退学
2008年	パリ第4（パリ＝ソルボンヌ）大学大学院 博士課程修了（文学博士）
現在	共立女子大学 文芸学部 言語・文学領域 フランス語・フランス文学専修 教授
専攻	近現代フランス文学，フランス語圏旅行文学，観光文化論，日仏比較文化論，外国語（フランス語）教授法

主な著書　*Nerval. Recherche de l'autre et conquête de soi. Contribution au suivi d'une genèse dans le* Voyage en Orient. Peter Lang, Berne, 2011

『NHK 旅するフランス語 常盤貴子の旅の手帖 パリ，アルザス，南仏を巡る（語学シリーズ）』（NHK 出版，2018年）

NHK テキスト『旅するフランス語』（2016〜18年）（NHK 出版）テレビ番組　テキスト執筆と監修

NHK テキスト『まいにちフランス語』（2017〜19年）（NHK 出版）ラジオ番組　講師およびテキスト執筆

『エスカパード！ フランス語への旅—文法とアクティヴィテの15課』（共著，駿河台出版社，2016年）

『仏検公式ガイドブック3級・4級・5級』2022年度版および2023年度版（共著，公益財団法人フランス語教育振興会）

『満鉄と日仏文化交流誌「フランス・ジャポン」』（共著，ゆまに書房，2012年）

『両大戦間の日仏文化交流』（共著，ゆまに書房，2015年）

『近代日本とフランス象徴主義』（共著，水声社，2016年）

『フランス文学を旅する50章』（共著，明石書店，2018年）

Ethnographes et voyageurs. Les défis de l'écriture « Nicolas Bouvier et le Japon : un regard ethnologique ? »（共著，CTHS, Paris, 2008）

Nicolas Bouvier, Espace et Écriture. « Nicolas Bouvier, ou le besoin littéraire »（共著，Éditions Zoé, Genève, 2010）

『100語でたのしむオペラ』（共訳，白水社，2016年）

『ネルヴァル伝』（共訳，水声社，2024年）

放送大学教材　1440047-1-2411（ラジオ）

フランス語Ⅱ（'24）

発　行　　2024年3月20日　第1刷
編著者　　田口亜紀
発行所　　一般財団法人　放送大学教育振興会
〒105-0001　東京都港区虎ノ門1-14-1　郵政福祉琴平ビル
電話　03（3502）2750

市販用は放送大学教材と同じ内容です。定価はカバーに表示してあります。
落丁本・乱丁本はお取り替えいたします。

Printed in Japan　ISBN978-4-595-32493-2　C1385